陈扬炯　冯巧英　校注

古清凉传
广清凉传
续清凉传

山西出版传媒集团
山西人民出版社

图书在版编目（CIP）数据

古清凉传·广清凉传·续清凉传 / 陈扬炯，冯巧英校注. -- 太原：山西人民出版社，2013.8
ISBN 978-7-203-08268-2

Ⅰ.①古… Ⅱ.①陈…②冯… Ⅲ.①五台山—佛教史—中国—古代②《古清凉传》—注释 ③《广清凉传》—注释④《续清凉传》—注释Ⅳ.①B949.2

中国版本图书馆CIP数据核字（2013）第169356号

古清凉传·广清凉传·续清凉传

校　　注：陈扬炯　冯巧英
责任编辑：冯灵芝
装帧设计：陈　婷

出 版 者：山西出版传媒集团·山西人民出版社
地　　址：太原市建设南路 21 号
邮　　编：030012
发行营销：0351-4922220　4955996　4956039
　　　　　0351-4922127（传真）　　4956038（邮购）
E－mail：sxskcb@163.com　发行部
　　　　　sxskcb@126.com　总编室
网　　址：www.sxskcb.com

经 销 者：山西出版传媒集团·山西人民出版社
承 印 者：山西嘉祥印刷包装有限公司
开　　本：787mm×1092mm　1/16
印　　张：14.75
字　　数：300 千字
印　　数：1-2000 册
版　　次：2013 年 8 月　第 1 版
印　　次：2013 年 8 月　第 1 次印刷
书　　号：ISBN 978-7-203-08268-2
定　　价：36.00 元

如有印装质量问题请与本社联系调换

总　序

　　五台山又名清凉山,相传为文殊菩萨道场,由于历代的经营,成为我国佛教圣地之一,闻名中外。《清凉传》是我国古代关于五台山佛教的史传,主要由三部分构成,即:唐代慧祥的《古清凉传》、宋代延一的《广清凉传》、宋代张商英的《续清凉传》。在金大定四年(1164),这三传已经合并在一起印行,流传至今。

　　慧祥和延一是僧人。张商英是北宋末年的丞相,自号无尽居士,实为在家的佛教徒。他们站在佛教的立场上,虔诚地信仰和崇拜文殊菩萨。在他们看来,五台山的一草一木、一石一窟,飘浮的白云、奇幻的光环、夜间山上闪烁不定的火光,僧堂斋时伸手要饭的乞丐,都是文殊菩萨的化现。真可谓"青青翠竹,尽是法身;郁郁黄花,无非般若"。这种对文殊菩萨的信仰和崇拜,浸透在他们的作品之中,因而使整个《清凉传》具有浓厚的宗教色彩。今天整理出版这部著作,当然不是为了宣传宗教,而是为了研究和了解作为佛教圣地的五台山。

　　五台山佛教始于何时,尚无定论,不过,可以肯定,它在北魏时已有相当规模。北周武帝时,它曾遭到沉重的打击;隋朝复兴;至唐代迅速发展。大约在唐代宗至唐文宗的七八十年间,五台山佛教达于极盛。到唐武宗灭佛,五台山佛教再次受到严重摧残。武宗去世,继位的宣宗、懿宗等都曾力图恢复佛教。但唐王朝已濒临末代,藩镇倾轧,农民起义,数十年间,战乱频仍。五代时期,又有周世宗限制佛教。由此,五台山佛教元气大伤,再也未能恢复到唐武宗废佛前的盛况。现今五台县豆村的佛光寺东大殿、东冶镇李家庄村的南禅寺大佛殿,因僻处台外,未遭劫难,从唐代保存至今,成为我国现存最早的两座木构建筑。宋、元时期,五台山佛教有所恢复。明、清两代,寺院的修建加速,颇有成就。现今,台内台外,尚有60余座寺庙,这是许多僧俗辛勤劳动的结晶,其建筑及内部的雕塑、绘画、墨迹、经书等,都是我们民族文化的瑰宝。在漫长的一千五百年中,五台山高僧辈出,名流常至,他们传戒授徒,讲经立说,为文化的传播作出了贡献。作为文殊菩萨的道场,五台山吸引着满、蒙、藏等各个民族,成为我国各民族融合的重要场所。五台山也为国际文化的交流作出了重要贡献,日本、朝鲜、印度、尼泊尔、斯里兰卡等国的巡礼者,历代都有。五台山在历史上的兴衰起落,是我们中华民族历史的组成部分,其中蕴藏着一些颇有教益的东西。凡此,都是我们的文化遗产。要继承这份遗产,使之发扬光大,为今天的社会主义现代化建设服务,就必须认真研究五台山的佛教史,研究前人所写的五台山佛教的有关著作。这便是我们整理《清凉传》的原因。

我们的整理工作,一是校对,二是标点,三是为佛教的名词术语及生僻字作注释,四是对《清凉传》的三传分别作简要的评介。希望能够通过校、点、注、评,为读者提供一定的方便。

古籍的整理,是一件费力的工作,一字一词,均须认真,偷不得巧。尤其是佛家的东西,其术语及文法均自成一套,有的术语颇有歧义,音译的梵文多有异译,因而整理中有较大的困难。我们自知学力不足,勉为其难,错误疏漏之处,敬请方家指正。

陈扬炯

冯巧英

1987 年 12 月于太原

校 注 凡 例

一、本书校注,以清代吴县蒋氏双唐碑馆本为底本,以宛委别藏明代天顺本为参校本。两本有不同,择善而从,一般不作校勘记。

二、凡避讳缺笔字、异体字及明显的版刻误字,径据上下文意改正。明显错漏而无法校改,只能存疑的,则在注中说明。

三、凡同名异译,前后歧出的,如:文殊师利与曼殊室利、毗卢遮那与毗卢舍那,净名与维摩诘等,都保持底本原文,不再一一改正。

四、佛教有其一套自成体系的名词术语,这是本书注释的重点。某些名词术语很难通俗地说明,只能仍用佛家语言解释。有的颇有歧义,或不同宗派的解释各异,或不同时代词义有变化,注释中一般按本书上下文意择善而从,需要列举歧义者则一一列举。

五、本书为文言文,其中非佛家的生僻字及典故,也酌予注释,以便读者。

六、原书不分段,此次整理时适当地加以划分。

七、原书三传各有序文,一仍其旧。但《续清凉传》中姚孝锡序,实为金代重印三传时的总序,所以,此次改置在三传之前。

八、原书附有元代盛熙明撰《补陁(普陀)洛迦山传》,明天顺本尚附有唐代王勃《释迦佛赋》、《释迦如来成道记》、《观音大士赞》(伪托),性彻集《释迦宗谱并历代帝王崇尚事迹》,以及有关普陀山、峨嵋山的赞咏诗文等。这些,都是金、元、明各代印书者附加的,与五台山佛教没有直接关联,根本不属《清凉传》的内容,此次整理一并删而不录。

九、原书卷首没有总目,为查阅方便,此次整理时予以增补,同时,保留三传卷首各原有细目。

序　言

白马东来[1]，象教[2]流行于中土，玄风始畅。或示禅寂以探宗，或专神化而表法，亦犹水行地中，枝分别派虽异，至于济世利物之功，其归未始不同。故唐刘梦得[3]已（以）为：佛法在九州间，随其方而化，因名山以为庄严国界，凡言神道示现者，必宗清凉焉。按经言：文殊师利宅东北清凉山，与其眷属，住持古佛之法，降大慈悲以接引群生。或现真容，以来归依；或发祥光，以竦观仰。千变万化，随感而应，有不可形容拟议者。何其异哉！

昔有沙门慧祥与延一者，皆缁林助化之人。洎丞相张公天觉[4]、皇华朱公少章[5]，皆大臣护法之士。异世相望，同心赞翼，虑圣迹在远未彰，芳尘经久或熄，乃广搜见闻与目所亲觌，编次成帙。慧祥始为《清凉传》二卷，延一复为《广传》三卷，张相国、朱奉使又为《续传》，记以附于后。其他超俗谈玄之流，与夫高人达士，作为诗、颂、赞、偈，附名传末。星联珠贯，粲然贝锦之文，流行于世。凡九州四海之内，虽未躬诣灵岳，目瞻圣迹，但览卷披文，自然回思易虑，益坚向善之心。其外护之益，未易可述。

偶回禄[6]之构灾，致龙文[7]之俱烬。不有兴者，圣功神化，岁久弗传。东安赵统，以酒官视局台山，慨然有感于心，即白主僧，愿捐橐金[8]以助缘。僧正明净语其属曰："兹事念之日久，属化宫之灾。用力有先后，今因其请，尽出粟帛，以成其事。"儌工镂板，告成有日。赵因造门，属余为序，以冠其首。

明净与前提点僧[9]善谊,相继以书为请。仆尝谓:道不在衣,传衣可以授道;法不在文,披文因以悟法。仆既嘉赵侯用意之善,而二高僧皆于清凉有大因缘者,知非贩佛以眩众,故为之书。

大定四年[10]九月十七日古丰姚孝锡序

【注释】

[1] 白马东来:佛家传说,东汉明帝永平年间,天竺僧人摩腾、竺法兰用白马驮经来洛阳,是为中国有佛教之始。

[2] 象教:佛教用形象以教人,因又称象教。

[3] 刘梦得:即刘禹锡(772—842),唐代文学家,哲学家,梦得为其字。此处引语参见《唐故衡岳律大师湘潭唐兴寺俨公碑》(《刘梦得文集》卷三十)。

[4] 张公天觉:张商英(1043—1121),字天觉,蜀州新津(今四川省新津)人,宋徽宗时为丞相。

[5] 朱公少章:朱弁,字少章,徽州婺源(今江西婺源)人,南宋著名理学大师朱熹的叔祖。宋高宗即位,派使到金国,朱弁自告奋勇前往,以修武郎借吉州团练使衔,为通问副使,到大同被羁留十七年才得返宋。著述甚多,有《曲洧旧闻》、《聘游集》、《风月堂诗话》等。《宋史》有传。

[6] 回禄:传说中的火神。《左传·昭公十八年》:"禳火于玄冥、回禄。"杜预注:"玄冥,水神;回禄,火神。"后用作火灾的代称。

[7] 龙文:龙,古代传说中的神异动物。龙文,有几种含义,此处应为以龙喻文,指神异之文。

[8] 囊金:囊,袋子。囊金,指存款。

[9] 提点僧:寺院中管理钱粮的僧人。提点原为宋代官职名,提举检点其事使无滞碍。佛家借用此官名,在寺院设提点之职。

[10] 大定四年:大定,金世宗年号。大定四年,1164 年。

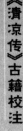

古清凉传

GuQingLiangZhuan

唐朝兰谷法师慧祥撰

前 言

　　《古清凉传》作者慧祥,唐代人,俗姓、籍贯、师承、生卒年月均无考。传中,谈到他自己曾于乾封二年(667)与梵僧释迦密多罗同登五台山。随后,又于总章二年(669)至五台山送玉石舍利函,在五台山二年,方还京邑。乾封、总章均唐高宗年号。据此,则慧祥为唐高宗时人,驻锡长安。此书所记,最晚为调露元年(679)时事,可断此书成于679年之后。

　　关于佛教名山的记载,此书当为最早的著作之一。从内容上看,其目的在于说明文殊师利菩萨的灵迹,这些灵迹多是僧人们附会或编造出来的,读来类似神话。不过,由于得自慧祥的亲身闻见或往昔文字记载,编写态度比较严肃认真,仍不失为佛家的一部信史。因此,剔除其记叙中的迷信成分,可以勾画出唐初以前五台山佛教史的轮廓。

　　关于五台山的佛教史,首先便是五台山佛教始于何时的问题。在这个问题上,最流行的是汉明帝说。此说大概起于唐代道宣。道宣在其《感通录》中说:"昔周穆王时,已有佛法。此中灵异,文殊所居。汉明之初,摩腾天眼亦见有塔(指阿育王塔——引者),劝帝造寺,名大孚灵鹫,言孚者,信也,帝信佛理,立寺劝人,名大孚也。又此山形与其天竺灵鹫山相似,因以为名焉。"

　　道宣这条记载显然是靠不住的:

　　第一,佛教创始者释迦牟尼约与我国春秋时期的孔子同时期,约生于公元前565年,死于公元前490—公元前480年之间,说在他出生前约四五百年的周穆王时已有佛法,乃是魏晋以来僧人的伪造。

　　第二,印度阿育王在位时间约为公元前273年到前232年,他扶植佛教,曾大力修建寺塔,但所谓在遍天下建八万四千塔的说法只不过是神话。北齐以后的中国僧人假借这个神话,纷纷把古代某些不明年代的建筑遗址附会为阿育王寺塔遗址。五台山有阿育王塔之说,就是这股附会潮流中的一个水花。至于摩腾用"天眼"见五台山阿育王塔,更是虚妄。

第三,摩腾其人,刘宋之前不见记载,到底有无此人,已难考证,但说他是汉明帝时人,并没有充分根据。

可见,道宣之说,全无实据。只是此论影响很大,宋僧延一的《广清凉传》沿袭此说,明僧镇澄编的《清凉山志》又加以增益,说在汉明帝时,印度菩萨摩腾、竺法兰二人来中华,先于洛阳建白马寺,次到五台山,见菩萨顶山形如天竺灵鹫山,便于永平十一年(公元68年)奏帝建大孚灵鹫寺。越编越具体,也就越虚妄。

慧祥与道宣大略同时而稍晚。道宣生于隋开皇十六年(596年),十六岁落发为僧,死于唐高宗乾封二年(667年),时年七十二岁。在中国佛教史上,他是律宗的开创者,又是著名的佛教史传学家,在当时以至后世都很有影响。对于慧祥来说,道宣是长辈,二人可能有交往。慧祥在《古清凉传》中引用了道宣所著的《祇洹图》,但对道宣的五台山佛教始于汉明帝之说,却提出了不同意见。他明确指出:"大孚灵鹫寺本元魏文帝所立,帝曾游止,具奉圣仪,爰发圣心,创兹寺宇。"至于北魏以前,慧祥则描绘为中国古代传统的神仙之地,根本没有什么佛教的踪迹。看来,他是主张五台山佛教始于北魏的。

五台山回环五百余里,大孚灵鹫寺即今菩萨顶、显通寺一带,处于五台山腹地,交通十分不便。把大量的建筑材料搬运到这里,建立规模宏大的寺院,恐怕不是私人力量所能办到,也不可能是佛教初传中国时所为,而北魏建立则可信了。北魏建都于平城(今大同市),达九十六年之久,自魏文成帝起,大兴佛法。从波斯帝国(今伊朗)请来昙曜法师,开凿举世闻名的云冈石窟,便是一例。在佛家建筑中,石窟象征地下,进入封闭式的石窟之中,易于使人万念皆寂,恍如脱离人世;山巅的寺院则象征天堂,举步登高,如上天梯,易于使人思想升华,也恍如脱离人世。所以,在大规模开凿云冈石窟的同时,不惜人力物力,在平城附近的五台山深处兴建佛寺,自是情理中事。当然,慧祥的北魏说能否成立,可以进一步探讨,但他不慑于道宣的名望,不受附会之说所迷惑,摒弃那些不实之词,根据亲眼见到的北魏时期遗物作出判断,其严谨精神是可嘉的。

《古清凉传》古籍校注

北齐,五台山佛教有很大发展。慧祥说:"爰及北齐高氏,深弘象教,宇内寺塔,将四十千。此中伽兰,数过二百。又割八州之税,以供山众衣药之资焉。"按正史,周武帝灭齐后,继续执行废佛政策,在原北齐境内没收佛寺四万余所,使三百万僧人还俗。可见慧祥的记载大致符合史实。一个五台山,居然割八州之税供养,这说明当时五台山佛教之兴盛,耗费甚大,也说明北齐统治者舍得供佛。北齐统治时间不过二十七年,这种不顾国计民生而妄求佛佑的做法,怕也是它短命的原因之一吧。

周武灭佛,五台山佛教也遭到打击,以至于慧祥感叹道:"遭周武灭法,释典凌迟。芳徽盛轨,湮沦殆尽,自非神明支持,罕有仆存者矣。今之所录,盖是其徒,至于真没凋残,可谓长太息矣。"

隋代,五台山佛教开始复兴,而点燃复兴之火的则是名僧解脱禅师。解脱,俗姓邢,五台夹川人,出家后,曾访问各处名僧,后定居于五台山佛光寺,弘传佛法。因他德行高洁,慕其盛名而来听讲者,日达万人。他在寺近五十年,跟他学成禅业的有千余人。像衡岳的慧思,天台山的智颛这样的大师,其影响也似不及他这样大。他运用自己的影响,重新修理了佛光寺。

到唐高宗时,玄奘的弟子窥基,带五百僧俗在中台修旧石精舍。忻州道俗也在中台安置铁塔。长安会昌寺僧会颐,奉旨到五台山修理寺塔。五台山佛教自此时起,走入新的鼎盛时期。

唐高宗时期,名僧辈出,法相宗、华严宗、净土宗、律宗相继形成,中国佛教已经成熟。在各宗派酝酿及形成中,其先驱或主要人物均曾到五台山活动。净土宗的先驱昙鸾(476—542),极力提倡"往生净土",著有《安乐净土义》、《赞阿弥陀佛偈》各一卷。他本是北魏"雁门高族",在俗之日,曾在佛光寺结草为庵,随后出家。慧祥记载,在昙鸾当年结草为庵之处,"后人广其遗址,重立寺焉。今房屋十间,像设严整。"这里所说的后人,可料是相信"往生净土"的信徒,而其寺也可料是净土宗的基地之一。

法相宗的创始者是玄奘,而完成者则是窥基(632—682)。窥基俗姓尉迟,为唐代开国名将尉迟敬德之侄。他十七岁时,奉旨出家为玄奘弟子,学问渊博,著述宏富,世称"百疏论主"。他到五台山活动,已如上述。组织如此大规模的活动,恐怕不单出于对文殊菩萨的宗教虔诚,可能有在此建立传教基地之意,可惜效果并不显著。

《广清凉传》引《华严灵记》载,道宣曾至五台山,在中台讲解律学,下山后亲自宣传五台山灵迹。慧祥的古传未记此事,但说梵僧释迦密多罗下五台山后,曾向道宣具述登台所感,可能是道宣先曾上五台山,释迦密多罗与道宣印证;也可能是释迦密多罗谈了所感之后,诱发道宣上五台山。不论是在释迦密多罗之前或之后,在唐高宗时,道宣已入晚年,名满京华,他到五台山,对五台山律宗的形成起了很大作用。

华严宗在五台山是很活跃的。早在南北朝时期,无论北魏或北齐,朝野均重视《华严经》,"地论师"风行一时。而"地论师"所弘扬的"十地经论",实际上就是《华严经》中的一品。在这种情况下,五台山的佛教一兴起,华严学就扎下了根。《华严传》载,北魏时僧人灵辩顶戴《华严经》入五台山,著《华严论》一百卷。慧祥所记与此大略相同。慧祥还记载,北齐时阉官刘谦之入五台山,著《华严论》六百卷。(汤用彤以为此事伪妄,因为隋朝侯白〈字君素〉著《旌异记》,说北齐有阉官入山修道,昼夜诵读《华严》,并没有说阉官名刘谦之,没有说所入山是五台山,也没有说著论六百卷。《内典录》引《旌异记》,同样没有说到著论六百卷)上面所提到的解脱禅师,《华严传》以他为华严宗人。明曜,也入《华严传》,为华严宗人,慧祥说他住五台昭果寺,会颐到五台曾礼拜他,时年一百零六岁。华严宗的创始人是法藏(643—712),在他之前,都只是华严宗的先驱。这些先驱者在五台山的活动,终于使五台山成为华严宗的重要基地。

在慧祥的古传中,不见有天台宗名僧,但也有天台宗的踪迹。如隋朝高守节到五台山,有一僧专门教他诵《法华经》,凡历三年。《法华经》是天台宗的主要经典,天台宗也称法华宗。这个五台僧专门教诵《法华经》,显然是天台宗人。

各宗派都在五台山活动,特别是一些名僧的活动,使五台山影响大增,在全国逐渐居于突出的重要地位。慧祥《古清凉传》的问世,不也是这种兴旺景象的反映吗?

五台山相传为文殊菩萨道场。这一点,因有《华严经》为依据而使五台山名声大振。而依据《华严经》证明这一点的最早文字记载,当为《古清凉传》。

《华严经·诸菩萨住处品》说:"东北方有菩萨住处,名清凉山。过去诸菩萨,常于中住。彼现有菩萨,名文殊师利,有一万菩萨眷属,常为说法。"

这里所说的清凉山,是否便是指的五台山?吕澂以为便是指五台山。他说:"原本出于西域的《华严经》,里面还有中国内地的地名,如清凉山,就指的五台山,自然是在西域流行中编上去的了。"(《中国佛学源流略讲》41 页)

此说怕是不合事实的。因为佛教传入五台山,不会早于东晋之前,而五台山佛教的兴起,是在北魏孝文帝之后。这个问题,前面已经谈到,无须赘述。五台山之山名见于正史的最早记载则是《北齐书·白建传》,大体在521—564 年之间。在此之前,名为"五峰山",既不叫"五台山",也不叫"清凉山"。因此,东晋之前在西域早就流传的《华严经》,不可能把"五台山"作为佛教圣地。西域气候炎热,人们盼望清凉,他们所崇拜和信仰的佛、菩萨,在他们的幻想之中,自然是住在清净凉爽之处。《华严经》说文殊菩萨住在"清凉山",很可能是作者按照人们的这种幻想而虚构出来的山名,不一定是实指。

不过,北魏时期佛教在五台山兴起之后,五台山为文殊菩萨住处的传说确实是逐渐流传开了。这与华严学的流传是直接关联的。《华严经》侧重尊奉的菩萨是文殊和普贤,尤其尊奉文殊。所以,随着五台山逐渐成为华严学重地,五台山为文殊住处的迷信也就逐渐形成并流传开来。何处有了哪一种宗教,何处便会有哪一种宗教的迷信传说,这是带规律性的现象,五台山并不例外。

不过,说五台山为文殊住处,有什么依据呢?《华严经》说文殊住在东北方的清凉山,清凉山既非实指,那么,五台山不也是西域东北方的清凉之山吗?于是,五台山便被称为清凉山,而五台山为文殊住处也就有《华严经》作依据了。慧祥在《古清凉传·立名标化一》中就是按照这个说法立论的。他说:"谨案:《华严经·菩萨住处品》云:东北方有菩萨住处,名清凉山,过去有菩萨常于中住,彼现有菩萨名文殊师利,有一万菩萨,常为说法。余每览此土名山,虽嵩、岱作镇,蓬、瀛仙窟,皆编俗典事止。域中未有出于金口,传之宝藏,宅万圣而敷化,自五印而飞声。方将此迹,美曜灵山,利周贤劫,岂常篇之所纪同年而语哉!今山上有清凉寺,下有五台县清凉府,此实当可为龟鉴矣。"

在这里,慧祥明确地把《华严经》所说的清凉山实指为五台山,认为这是"出于金口,传之宝藏",由印度传来的可靠消息。从现有的文献来看,这是以五台山为《华严经》所说清凉山的最早的文字记载。显然,口头上的比附还要早得多。慧祥以"今山上有清凉寺,下有五台县清凉府",作为五台山即清凉山的证明。清凉寺,传说建于北魏孝文帝时。果如此,则北魏时期的华严学者已经把五台山比附为清凉山了。

本来,所谓文殊菩萨、菩萨住处,都是宗教迷信。但是,这一类迷信在僧人那里却是被当作真理的,极有诱惑力。《古清凉传》出世约百年之后,澄观住锡于五台山大华严寺。他受这一类迷信传说的影响,根据实地的了解,发挥想象的才能,引用佛家的种种典故,进一步论证五台山就是《华严经》所说的文殊住处清凉山。他注释《华严经》的"清凉山"说:"清凉山,即代州雁门郡五台山也。于中现有清凉寺,以岁积坚冰,夏仍飞雪,曾无炎暑,故曰清凉。五峰耸出,顶无林木,有如垒土之台,故曰五台。表我大圣五智已圆,五眼已净,总五部之真秘,洞五阴之真源,故首戴五佛之冠,顶分五方之髻,运五乘之要,清五浊之灾矣。"

有人问:文殊既是菩萨,普救十方众生,为何偏住在清凉(五台)山呢?澄观在《大华严经略策·第二十文殊祖师》中解释说:文殊"依不动之真源,言自金色世界,震旦(中国)之人有感,偏居清凉之山矣。……同万类之变化,入帝网之刹尘,湛一寂之真源,无成无灭。口欲谈而词表,心将缘而虑息。无相现相,清凉应现于多端;即身无身,金容焕目而无睹。执相者迷其至趣,观空者惑其见闻。惑见闻者,偏求有外之空;迷至趣者,执水月为珠宝。故中人悦象或滞于二途,下士忽虚相以为妖异。妖异乍生于日夕,岂千秋万岁之常然?况宣公(道宣)上裹于诸天,神僧显彰于灵境,高齐八州以倾俸,有唐十帝之回光,清凉圣居,理无惑矣。真源普遍,复何疑焉?冀当仰其圣灵,无得测其深浅。谨对"。

意思是说,文殊菩萨本来无处不在,因在中国有感应,所以主要住在五台山。其实,文殊"无相现相"、"即身无身",只有中下等的人才固执地希求实见文殊。这是历史上许多灵迹和帝王的尊奉所证明了的,只要信仰就行了,不必去寻根究底,菩萨境界神秘莫测,何必徒劳无益地去寻究?

从佛家的观点看来,澄观的论述虽继承《古清凉传》却详细而有力,加之,他本人有很高的名望,因而影响甚大,以至于人们只知澄观的论述而不知《古清凉传》。其实,以《华严经》所说清凉山为五台山,《古清凉传》要比澄观早一百年。在五台山佛教史上,这也是理当澄清的事吧。

序　言

　　夫紫府[1]名山,七佛师[2]棲真之处;清凉圣境,万菩萨晦迹之方。亘于古今,备于图籍。芬馥之异华(花)灵草,莹洁之幽石寒泉。瑞气吐于林中,祥云横于岭上。苍岉入夜,炯炯而灯烛常明;碧洞侵晨,殷殷而鼓钟恒响。老人萧散于溪谷,童子游戏于烟霞。燦燦之楼阁庄严,巍巍之殿堂崇丽。或则高僧远访,或则贵族亲临。观化仪[3]结得道之缘,瞻相好[4]发至诚之愿。修殊因于此日,证妙果于他生。恒靓玉毫之光[5],常居金色之界[6]。其悟达者,识心而见性;其归依者,殄障而消灾。可谓福不唐捐[7],功不虚弃。编联传记,流布寰区,诱引颛愚,咸深谛信。齐登觉路,俱造玄门[8]。同乘般若[9]之舟,共升涅槃[10]之岸。

　　　　　　　　　　　大定辛丑岁[11]二月十七日
　　　　　　　　永安崇寿禅院雪堂中隐沙门[12]广英谨序

【注释】

　　[1]　紫府:道家对仙人居所之称。《抱朴子·祛惑》:“及到天上,先过紫府。”此处是借用道家的术语,美称佛、菩萨的住处。

　　[2]　七佛师:指文殊师利菩萨。佛家说法,文殊师利三世为佛,过去称为龙种上佛,现在号为摩尼宝精佛,未来称为普见佛,是诸佛之祖。《放钵经》:“过去无数央佛,皆是文殊师

利弟子。"因此,有时称为七佛之师,有时称为释迦佛九代之祖。

〔3〕 化仪:佛家称教化众生的仪式方法为化仪。

〔4〕 相好:从佛的身体来说,微妙的相状,可以认识区别的,称为相。细相可爱乐的,称为好。《观无量寿经》:"无量寿佛有八万四千相,一一相各有八万四千随形好。"

〔5〕 玉毫之光:佛眉间的白毫毛之光。慧琳《一切经音义》十一:"言玉毫者,如来眉间白毫毛也。皓白光润,犹如白玉。佛从毫相,放大光明,照十方界。"

〔6〕 金色之界:文殊师利菩萨之净土,称为金色世界。《朱僧传·法照传》:"法照遇老人曰:汝先发愿于金色界礼觐大圣。"

〔7〕 唐捐:废弃、落空。慧远《维摩义记》卷一:"诸有所作,亦不唐捐顺行益也。唐谓虚,捐谓弃。"

〔8〕 玄门:玄妙之法门,为佛法的总称。《资持记》上:"佛法深妙,有信得入,故曰玄门。"

〔9〕 般若:梵语音译,意为智慧,指对佛法的悟解。

〔10〕 涅槃:梵语音译,又作泥洹等,意译为寂灭、无为、灭度、不生、安乐、解脱等。一般指熄灭"生死"轮回而后获得的一种精神境界,是佛教全部修习所要达到的最高理想。

〔11〕 大定辛丑岁:大定,金世宗年号。大定辛丑岁,1181 年。

〔12〕 沙门:梵语音译,又作桑门、沙门那,出家人的通称。

立名标化一

　　谨按:《华严经·菩萨住处品》[1]云:"东北方有菩萨住处,名清凉山。过去有菩萨常于中住,彼现有菩萨名文殊师利,有一万菩萨,常为说法。"余每览此土名山,虽嵩、岱[2]作镇,蓬、瀛[3]仙窟,皆编俗典事止。域中未有出于金口,传之宝藏,宅万圣而敷化,自五印[4]而飞声。方将此迹,美曜灵山,利周贤劫[5],岂常篇之所纪同年而语哉!今山上有清凉寺,下有五台县清凉府[6],此实当可为龟鉴矣。一名五台山,其中五山高耸,顶上并不生林木,事同积土,故谓之台也。郦元《水经》[7]云:"其山五峦,巍然迥出群山之上,故谓五峰。"晋永嘉三年[8],雁门郡箧人县[9]百余家,避乱入此山,见山人为之步驱而不返,遂宁居岊[10]野。往还之士,时有望其居者,至诣寻访,莫知所在,故人以是山为仙者之都矣。《仙经》[11]云:"五台山名为紫府,常有紫气,仙人居之。"《旌异记》[12]云:"雁门有五台山,山形有五峙一台,常晦不甚分明,天清云散,有时而出。"《括地志》[13]云:"其山层盘秀峙,曲径萦纡,灵岳神嶔,非薄俗可栖。止者悉是栖禅之士,思玄之流。及夫法雷震音,芳烟四合,慈觉之心,邈然自远,始验游山者往而不返。"集记者曰:"文殊师利者,盖法身之大士也,先成正觉,名龙种尊[14],名欢喜藏,亦号普见如来。今以方便力,现为菩萨,所以对扬圣众,摄济群蒙,鞭其役者,驱之彼岸。详乎道也,识智无以造其源;谈乎迹也,名数不可阶其极。但以迷徒长寝,莫能自悟,遂使俯降慈悲,见兹忍土[15],任持古佛之法,常居清凉之地,表迹临机,诶[16]我含识[17]。"《般泥洹经》云[18]:"若但闻名者,除一十二劫生死之罪;若礼拜者,恒生佛家;若称名字一日至七日,文殊必来;若有宿障梦中得见形象者,百千劫中不堕恶道[19]。"大矣哉,斯益也。火宅[20]诸子,何可忘怀?但博望张骞[21],寻河源于天宛[22];沙门法显[23],求正觉于竺乾。况乃咫尺神州,榆杨[24]视听。其来往也,不形[25]于晦望;其陟降也,匪劳于信宿。岂可不暂策昏心,聊挥懈足,历此微款[26]为觉路之津乎?或问:"大圣化物,理应平等,正宜周旋亿刹,何乃滞此一方乎?"答曰:"诚如来旨!诚如来旨!但具三缘,须居此地:一是往古诸佛,展转住持;二使无智下愚,专心有在;三为此处根熟,堪受见闻。"余谓抑扬之道,如斯而已矣。

【注释】

[1] 《华严经》:《大方广佛华严经》之略称,相传梵本有十万偈,是经过相当长的时间和许多人之手编纂而成的一部总集,为后期印度佛教中"有宗"这一派的重要经典之一。后汉、三国、西晋时,《华严经》中有少量曾翻译为汉文。西晋时,沙门支法领从西域于阗取回,至东晋,佛驮跋陀罗于418至420年译六十卷,仅二万六千偈;唐朝实叉难陀于武则天证圣——圣历年间另译共八十卷,也仅出四万五千偈。按唐译之文为:"东北有处,名清凉山。从昔以来,诸菩萨众,于中止住。现有菩萨名文殊师利,与其眷属诸菩萨众一万人俱,常在其中而演说法。"

[2] 嵩、岱:嵩,中岳嵩山(河南);岱,东岳泰山(山东)。

[3] 蓬、瀛:指蓬莱、瀛洲。《史记·秦始皇本纪》:"齐人徐市(即徐福)等上书,言:海上有三神山,名曰蓬莱、方丈、瀛洲,仙人居之。"

[4] 五印:指印度。古印度分为东西南北中五部,称为五印度,即此处所说五印。

[5] 贤劫:佛家认为,一大劫有成、住、坏、空四中劫。在住劫中,过去之住劫,名庄严劫;未来之住劫,名星宿劫;现在之住劫,名贤劫。每一中劫有二十小劫,一小劫合一千六百七十九万八千年。

[6] 清凉府:此处不是行政区划名称,意为清凉汇集之处。

[7] 郦元《水经》:郦道元《水经注》的简称。郦道元,字善长,北魏人。《水经》是一部记载全国水道的地理书,旧传汉桑钦作,经考证,大概是三国时人所作。原书非常简单,郦道元作注,对《水经》加以详细阐明和补充。

[8] 永嘉三年:309年。

[9] 筱人县:今山西省繁峙县东。

[10] 嵒:同嵩、巖、岩。

[11] 《仙经》:道教经典之总名。

[12] 《旌异记》:隋朝侯白(字君素)所作。

[13] 《括地志》:唐朝地理著作,五百五十卷,又序略五卷。题魏王李泰撰,实出于肖德言等人手笔。后散佚,仅辑得数卷。

[14] 龙种尊:按佛家说法,文殊师利虽是释迦牟尼佛胁侍,一时现菩萨身,但三世皆为佛。过去称为龙种上佛,或称龙种尊、大身佛、神仙佛,现在号为欢喜藏摩尼宝精佛,未来称为普见佛。

[15] 忍土:即娑婆世界。娑婆为梵文音译,意为忍。佛家认为,这个现实世界是不美满的世界,只有能忍才能居住,所以称娑婆世界。佛家理想的另一世界则称为极乐世界。

[16] 竢:同俟,等待。

[17] 含识:指含有心识者,即有情(有生命)者。

[18] 《般泥洹经》:失译,与《佛顶泥洹经》同本异译。《佛顶泥洹经》,二卷,西晋白法祖译,记佛入涅槃事。

[19] 恶道:乘恶行而往之道途,指地狱、畜生等。

[20] 火宅:佛家认为,普通人生死往来之世界分为三:一、欲界;二、色界;三、无色界。他们把三界喻为火宅。《法华经·譬喻品》云:"三界无安,犹如火宅,众苦充满,甚可怖畏,常有生老病死忧患,如是等火,炽然不息。"

[21] 张骞:(?—前114),西汉汉中城固(今陕西城固)人。官大行,封博望侯。他奉汉武帝之命出使大月氏,相约共同夹击匈奴,为此越过葱岭,经大宛(在今乌兹别克共和国境内)、康居(在今哈萨克共和国东南)等国。他两次出使,加强了中原和西域少数民族的联系,进一步发展了汉朝与中亚各地人民的友好往来,促进了经济文化的交流和发展。

[22] 天宛:应为大宛之误。

[23] 法显:(约337—422),东晋僧人,平阳武阳(今山西临汾)人,于东晋安帝隆安三年(399)与慧景等从长安出发,西度流沙,到天竺求法。遍历北、西、中、东天竺,游三十余国,前后凡十四年,携回很多梵本佛经。又记旅行见闻,撰《佛国记》。

[24] 揄扬:揄扬,宣扬之意。

[25] 肜:即多。

[26] 微款:款,叹息。微款,小叹息声,意指所历的小困难,不过引起点小叹息而已。

封域里数二

山在长安[1]东北一千六百余里，代州之所管。山顶至州城东南，一百余里。其山左邻恒岳[2]，右接天池[3]，南属五台县，北至繁峙县，环基所至，五百余里。若乃崇岩叠嶂，潜谷飞泉，触石吐云，即松成盖者，数以千计。其霜雪夏凝，湮雾常积，人兽之不可阒涉者，亦往往而在焉。登中台之上，极目四周，唯恒岳居其次，自余之山谷，莫不迤逦如沟胜也。

中台：高四十里，顶高地平，周回六里零二百步。稍近西北，有太华泉(亦名池也)，周回三十八步，水深一尺四寸。前后感者或深或浅不同。其水清彻凝映，未尝减竭。皆以为圣人盥漱之处，故往还者多以香花财贿投之供养。台顶四畔各二里，绝无树木，唯有细草蘧藣[4]存焉。诸台无树有草，例皆准此。郦元《水经注》云："东峨谷水，源出中台。其水众溪竞发，控于群川，乱流西南，经西台之山，历东峨谷，谓之东峨谷(水)。"

东台：高三十八里，顶上地平，周回三里，去中台太华泉四十二里。按《括地》等记，言诸台高下远近里数，多相乖越，盖是取道不同，或指台有异。今聊据一家，存其大致也。欲向东台，先从中台经北台而过，中间但乘岗岭，不阻溪涧。顶上无水，唯有乱石。小柏谷水出此台下，北注滹沱[5]。其山东南延四十里，连入恒州行唐县界。翻岭山东，相连恒岳。西北延十三里，连入繁峙县界大柏谷。

西台：高三十五里，顶上地平，周回二里，有水。东去太华泉四里。其山西北延三十里，入繁峙县界西峨谷。

南台：高三十七里，顶上地平，周回二里，无水。北去太华泉八十里，南有溪水，源出此山，发源东南，乱流入东溪水。其山正南延六十里，连五台县界，当风嵚岩寺。

北台：高三十八里，顶上地平三里，南去太华泉十二里，顶上往往有磊落，石丛石涧，冽水不流。其山正北延二十里，连繁峙县界大柏谷。谷中有水，源出北台，流往滹沱。《山海经》[6]云："泰戏之山，滹沱之水出焉。"郭璞[7]注云："今滹沱出雁门卤城县南武夫山。"《括地志》云："泰戏、武夫，即一山也，今名孤(音孤)山。"即在台东，去繁峙县九十里。

【注释】

[1]　长安：今陕西省西安市。

[2]　恒岳：北岳恒山，在今浑源县境。

[3]　天池：在今宁武县西南管涔山上，又称祁连泑。

[4]　蘪靡：蘪，蘪的本字。蘪靡，草弱随风貌。《楚辞·招隐士》："蘋草蘪靡。"

[5]　滹沱：即滹沱河。

[6]　《山海经》：古代地理著作，十八篇，作者不详，近代学者多数以为非出于一时一人之手。其中十四篇是战国时作品，《海内经》四篇则为西汉初年所作。内容主要为民间传说中的地理知识，其中的矿物记录，为世界上最早的有关文献。

[7]　郭璞：(276—324)，东晋文学家、训诂学家。字景纯，河东闻喜(今山西省闻喜县)人，所著除诗赋外，有《山海经注》、《方言注》、《尔雅注》等。

古今胜迹三

自周穆遇化人[1]之后，汉武得金神[2]已(以)前，去绪昭彰，久形于简牍矣。但以秦正[3]肆虐，焚烧诗书，遂使妙业真乘，与时而替。洎显宗感梦[4]，波澜斯盛，浃寰瀛而启路，架日月以争晖。伟哉，可略而言者也。爰及北齐高氏，深弘象教，宇内塔寺，将四十千。此中伽兰[5]，数过二百，又割八州之税以供山众衣药之资焉。据此而详，则仙居灵贶，故触地而繁矣。遭周武灭法[6]，释典凌迟。芳徽盛轨，湮沦殆尽。自非神明支持，罕有仆存者也。今之所录，盖是其徒，至于真没凋残，可谓长太息矣。其有修建塔庙，造立尊仪，景业可称，事缘弘替者，虽非往古，并即而次之。

中台上有旧石精舍一所，魏棣州刺史崔震所造。又有小石塔数十枚，并多颓毁。今有连基叠石室二枚，方三丈余，高一丈五尺。东屋，石文殊师利立像一，高如人等。西屋，有石弥勒坐像一，稍减东者。其二屋内，花幡供养之具，筵荐[7]受用之资，莫不鲜焉，即慈恩寺沙门大乘基[8]所致也。基，即三藏法师玄奘[9]之上足，以咸亨四年[10]，与白黑[11]五百余人往而修焉。或闻殊香之气，钟磬之音。其年，忻州道俗复造铁浮图一，高丈余，送至五台首，置于石室之间。南，有故碑二，见(现)今已倒抑，文字磨灭，维余微映，余洗而视之，竟不识一字。一前刺史崔震所造；一忻州长史张备所立。相传云："备曾游山感圣，遂立此碑，以述微绪，将七百余人引之登台竖焉。"

从此东南行，寻岭渐下三十余里，至大孚图寺。寺，本元魏文帝所立，帝曾游止，具奉圣仪，爰发圣心，创兹寺宇。"孚"者，信也，言帝既遇非常之境，将弘大信。且今见有东西二堂，像设存焉，其余廊庑基域，仿佛犹存。《括地志》以"孚"为

"铺",《高僧传》[12]以"孚"为"布",斯皆传录之谬也。然此山诸处，圣迹良多，至于感激心灵，未有如此也。故前后经斯地者，虽庸识鄙心，无不恳恻沾襟，咸思改勖。其二堂之下，不容凡止，昔有僧于东堂夜宿，端坐诵经，忽觉扶掷，坠之东涧。自兹厥后，往者无犯焉。昔此寺有三沙弥，每闻宿德话有灵隐，遂相将岩谷访觅，冀得逢遇。已四五日，糇粮欲尽，寻路将归，至一马岭，息于树下。须臾，见一肥黑人沿岭而上。沙弥叩头作礼，唤言："圣者，见遗道术。"此人旨(指)云："我待明日更来，尔等且向东山松树下待之。若见人穴者，求之自得。"便下岭南去。沙弥寻岭至东山下，得一大树，其树腹空如门户，视下杳冥。沙弥树旁伫立。日午后，云间飘然如匹帛，下落树前，乃一丈夫也，散发高耳，色若桃花，径入松穴。沙弥等不敢近之，惝怳相视。一人云："据穴口待出，以死拘之。"良久，其人才出，沙弥急抱，余者礼拜乞恩。此人极怒，骂云："痴顽物！何不放我！"卒不开言。沙弥放之，腾空而去。于是，相将寻西，归至昨日值肥人之所。忽见此人，复披林上岭，逆谓沙弥曰："伊更作何言？"报云："报嗔，无语。"肥人笑曰："嗜酒来饮，尔令恼之，慎不复来，急取伊酒好饮。"言讫北下。沙弥依语入穴，有磴直下，可二丈许，平行，北下即是白石。遍穴光明如昼。有一银瓮，以银盘盖之，上有银盌。其酒芳香辛美，非世间之味，沙弥饮之。仅得出穴，沙弥悉醉，比觉口外各有细虫，如马尾交横无数。于是，颜色鲜泽，气力兼倍，还寺数朝，一时而失。

寺南有花园，可二三顷许。沃壤繁茂，百品千名，光彩晃曜，状同舒锦，即魏孝文之所种也。土俗云："其花夏中稍茂，盖未是多，至七月十五日，一时俱发，经停七日，飒尔齐凋。"但以幽险难寻，故使见之者寡矣。《括地志》谓之花圃，云："灵草绣林，异种殊名，鸟兽驯良，任真不挠，信为佳景也。"从花园南行二里余，有梵仙山，亦名仙花山，从地际极目，唯有松石菊花，相间照烂。传云："昔有人于此，饵菊得仙，故以梵仙仙花为目也。"今上麟德元年[13]九月，遣使殷甄、万福，乘驿向此山采菊。

大孚寺东北二百步，有五台祠。祠，隋末火烧，唯有处所。大孚寺北四里，有王子烧身寺。其处先有育王古塔，至北齐初年，第三王子于此求文殊师利，竟不得见，乃于塔前烧身供养，因此置寺焉。其王子有阉竖刘谦之，自慨刑余，又感王子烧身之事，遂奏讫入山修道。敕许之。乃于此处转诵《华严经》，三七行道，祈见文殊师利，遂获冥应，还复根形。因便悟解，乃著《华严论》六百卷，论综始终，还以奏闻，高祖敬信，由此更增常日讲。《华严》一篇，于时最盛[14]。昔元魏熙平元年[15]，有悬瓮山沙门灵辩，顶戴此经，勇猛行道，足破血流，勤诚感悟，乃同晓兹典，著论一百卷。时孝明皇帝请于式乾殿敷扬奥旨，宰辅名僧，皆从北面。法师以正光三年[16]正月而卒，时年三十有六，岂非精进所致，异世同尘哉！

王子烧身寺东北，未详其远近里数，是中台，北台南，东台西，三山之中央也，径路深阻，人莫能至，传闻金刚窟。金刚窟者，三世诸佛供养之具，多藏于此。按《祇洹图》[17]云："祇洹内有天乐一部。七宝所成。"笺曰："又按《灵迹记》云：此乐是楞伽山罗刹鬼王[18]所造，将献迦叶佛以为供养。迦叶佛灭后，文殊师利将往清凉山金刚窟中。释迦佛出时，却将至祇洹一十二年，文殊师利还将入清凉山金刚窟内。"又有银箜篌，有银天人坐七宝花上弹此箜篌。又有迦叶佛时金纸银书大毗奈耶藏[19]、银纸金书修多罗藏，佛灭后，文殊并将往清凉山金刚窟中。

昔高齐王时，大孚寺僧祥云，俗姓周氏，不知何许人。年数岁而出家，初，依并州僧统[20]释灵询为弟子。统欲观其宿习，便以大乘藏经任其探取，乃得《涅槃》，因合诵之。未涉期年，一部斯毕，日诵一遍，以为常准。既闻此山灵，乃往居之。后于寺南见数十人，皆长丈许，中有一人，威棱最盛，直来迎接顶礼，云："请师行道七日。"云曰："不审檀越何人？家在何处？"曰："弟子是此山神，住金刚窟。"于是，将云北行，至数里，见宫殿园林，并饰以朱碧。云乃居之诵经，其声洪亮，响满宫室。诵经讫，神以怀其珍物，奉施于云，云不肯受，神固请纳之，云曰："贫道患此微生，不得长寿以修道业。檀越必不遗，愿赐神灵之药。"神曰："斯亦可耳。"即取药一丸，大如枣许，色白如练，奉之。云受已便服，遂获登仙，还经师所，陈谢而去。

中台南三十余里，在山之麓，有通衢，乃登台者常游此路也。旁有石室三间，内有释迦、文殊、普贤等像，又有房宇、厨帐、器物存焉。近咸亨三年，俨禅师于此修立，拟登台道俗往来休憩。俨，本朔州人也，未详氏族，十七出家，径登此山礼拜，忻其所幸，愿造真容于此安措。然其道业纯粹，精苦绝伦，景行所覃，并部已(以)北，一人而已。每在，恒安修理孝文石窟故像。虽人主之尊，未参玄化，千里已(以)来，莫不闻风而敬矣。春秋二序，常送乳酪邅毾，以供其福务焉。自余胜行殊感，未由曲尽，以咸亨四年终于石室。去堂东北百余步，见(现)有表塔，跏坐如生，往来者具见之矣。石堂之东南，相去数里，别有小峰，上有清凉寺，孝文所立，其佛堂尊像，于今在焉。

东台亦有叠石塔，高六七丈，中有文殊师利像。台之东，连恒岳，中间幽旷，人迹罕至。古老相传云："多有隐者。"余常行至台之东北，遇会一人，问其古迹，彼乃以手指台岳两间曰："昔时因猎，经至台东，忽见茂林花果十余顷，及后重寻，莫知其处。"且诸台之中，此台最远，其间山谷转状，故见者亡失所怀。礼谒之徒，多不能至。

昔有一僧，游山礼拜，到中台上，欲向东台，遥见数十大虫，迎前而进。其僧誓毕身命，要往登之。俄而祥云郁勃，生其左右，顾眄之间，冥如闭目，遂深怀大怖，慨恨而返。余与梵僧释迦蜜多罗登中台之上，多罗初云"必上"，后竟不行。余以为圣者多居其内矣。

西台略无可述。台之西，有秘麽岩者，昔高齐之代，有比丘尼法秘，惠心天悟，真志独拔，脱落嚣俗，自远居之。积五十年，初无转足，其禅惠之感，世靡得闻。年余八十，于此而卒，后人重之，因以名岩焉。余曾与二三道俗，故往寻之，观其所居，乃地府之奇观也。岩之东面，壁立数千丈，石文五色，赪似朝霞，有松树数行，植根岩腹。于是，两边渐降，合于西面，中间一路，才可容身。自余天然，状如城郭，而佛堂房宇，犹有数间。禅诵之迹，足使观者兴怀耳。

南台灵境寂寞，故人罕经焉。台西有佛光山，下有佛光寺，孝文所立。有佛堂三间，僧室十余间，尊仪肃穆，林泉清茂。

昔有大隋开运，正教重兴，凡是伽兰，并任复修。时五台县昭果寺解脱禅师，于此有终焉之志，遂再加修理。禅师俗姓邢氏，本土人也。驰马之岁，即预出家，宿植德本，早怀津问。初从介山之右抱腹山志昭禅师所询，求定验超[21]。(昭)亦道邻将圣，妙尽还源，而内蕴知人，时赐殊礼，告众曰："解脱禅习冲明，非尔徒所及。勿同常辈，令其执僧役也。"炎凉未几，遂返故居。自尔常诵《法华》，并作佛光等观。脱数往大孚寺，追寻文殊师利，于东台之左，再三逢遇。初则礼已寻失，后则亲承音训。语脱云："汝今何须亲礼于我，可自悔责，必悟解耳。"脱敬承圣旨，因自内寻，乃悟无生，兼增法喜[22]，遂慨兹独善，思怀旷济，祈诚大觉，请谨此心。乃感诸佛现身，同声说偈曰："诸佛寂灭甚深法，旷劫修行今乃得。若能开晓此法眼,一切诸佛皆随喜。"脱又问空中曰:"寂灭之法,若为可说,得教人耶?"诸佛即隐,但有声曰:"方便智为灯,照见心境界。欲究真法性,一切无所见。"

又曾本州都督请传香戒,法化[23]已毕,将事东归。都督及僧徒送至城东首,日时向暮,脱自念不得烧香供养,踧踖惭愧,遂闻城头有声曰:"合掌为花鬘,身为供养具。善心真实者,赞叹香烟布。诸佛闻此香,一时来相度。众等勤精进,终不相疑误。"

时脱既闻此声,弥加勇猛,自尔之后,证入逾深,高山景行,是焉攸属。笺曰:"按别传云:解脱禅师既蒙大圣指示心印,乃谦卑自牧,专精侍众。厥后,大圣躬临试验。脱每清旦为大众营粥,大圣忽现于前,脱殊不顾视。大圣警曰:'吾是文殊!吾是文殊!'脱应声曰:'文殊自文殊,解脱自解脱。'大圣审其真悟,还隐不现。于是,远近辐凑,请益如流,咨承教诲,日盈万指。师之德业,如庆云之庇于八方,若甘雨之间于百谷。四方衲子,无不瞻依。师凡激励于人,唯严唯谨。彼时未成丛席,故露坐者多,遂使瓶钵绳床,映满林薮。俯循善诱,随事指抈,务攻其所疾,略无常准。故游门之士,莫能窥其庭奥也。然不出其寺,垂五十年,学成禅业者,将千余人。自外希风,景漱波澜,复过数倍。"念寻传记,多见古人,虽衡岳慧思[24],十信显其高位;台山智者[25],五品标其盛列,至于奘[26]训门人,使我生其羽翼者,未有若斯之盛也。自非行位超绝,俯迹同凡,必是大圣潜通,助其弘诱耳。

故恒岳之西,清凉东南之隅,有清信女[27]患目盲,常独山居,心祈文殊师利圣者,昼夜精勤,至诚恳祷,感圣加被,遂得重明。后不知其所终。又,恒州土俗五十余人,六斋之日[28],常赍花香珍味来就,奉献文殊师利及万菩萨,年年无替。又舍珍财,选地建寺,文石刻铭,至今犹在。元魏沙门释昙鸾,本雁门高族,在俗之日,曾止其寺,结草为庵,心祈真境,既而备睹圣贤,因即出家。其地即鸾公所止之处也。后人广其遗址,重立寺焉,今房屋十间,像设严整。又,木瓜谷西十五里,有公主寺,基域见在,未详其致焉。

【注释】

[1] 周穆遇化人:《列子》一书,号称周列御寇作,实际是魏晋时人的伪造。《列子·周穆王篇》有:"周穆王时,西极有化人来,入水火,贯金石,反山川,移城邑,乘虚不坠,触实不碍,千变万化,不可穷极,既能变人之形,又且易人之患。王敬之若神,事之若君。"佛教僧侣根据这种记载,作为周朝已有佛教的证据。

[2] 汉武得金神:《魏书·释老志》:"汉武帝元狩中,遣霍去病讨匈奴,至皋兰,过居延,斩首大获。昆邪王杀休屠王,将其众五万来降。获其神人,帝以为大神,列于甘泉宫。金人率长丈余,不祭祠,但烧香礼拜而已。此则佛道流通之渐也。"梁刘孝标注《世说新语·文学》篇也有类似的记载。实际上,以"金人"为佛像是缺乏历史根据的。

[3] 秦正:指秦始皇嬴政。

[4] 显宗感梦:显宗,指东汉明帝刘庄,显宗是他的庙号。著于东汉的《四十二章经序》云:"昔汉孝明皇帝,夜梦见神人,身体有金色,项有日光,飞在殿前。意中欣然,甚悦之。明日问群臣,此为何神也?有通人付毅曰:臣闻天竺有得道者,号曰佛,轻举能飞,殆将其神也。于是上悟,即遣使者张骞、羽林中郎将秦景、博士弟子王遵等十二人,至大月氏国,写取佛经四十二章,在十四石函中,登起立寺塔。于是道法流布,处处修立佛寺,远人伏化,愿为臣妾者不可胜数。"

[5] 伽兰:僧迦兰摩之略,意译为众园,为僧众所住的园庭寺院之通称。

[6] 周武灭法:周武,北周武帝宇文邕。574年,周武帝下令毁灭佛、道二教,没收佛寺财产,使僧人还俗。

[7] 氍荐:即羝毛所织的席。

[8] 大乘基:即窥基,俗姓尉迟,为尉迟敬德之侄。在长安慈恩寺随玄奘学习,学问渊博,世称百疏论主。

[9] 玄奘:(602—664),通称"三藏法师",俗称"唐僧"。本姓陈,洛阳缑氏(今河南偃师缑氏镇)人,十三岁出家,游历各地,遍访名僧。史载,他西行求法,往返十七年,旅程五万里,历一百三十八国,带回佛经六百余部。回国后,二十年间,译出七十五部,为中国佛教四大译经家之一。他是法相宗创始人,弟子数千,著名的有窥基、圆测等。

[10] 咸亨四年:咸亨,唐高宗年号。咸亨四年,公元673年。

[11] 白黑:俗人又称白衣,僧人则穿缁衣,尚黑。白黑,指俗人及僧人。

[12]《高僧传》:梁朝僧人慧皎撰,十四卷。自后汉至梁初,凡二百五十七人,附见者又二百余人,实为一部汉魏六朝之高隐传,不止僧家事迹。

[13] 麟德元年:麟德,唐高宗年号。麟德元年,公元664年。

［14］ 关于刘谦之入五台,并作《华严论》六百卷一事,汤用彤以为伪妄,详见汤著《隋唐佛教史略》(中华书局 1983 年版第 161 页)

［15］ 熙平元年:原文为"熙宁元年",应为"熙平元年"之误。熙平,魏孝明帝年号。熙平元年为公元 516 年。

［16］ 正光三年:正光,魏孝明帝年号。正光三年,公元 522 年。

［17］《祇洹图》:祇洹,或称祇桓、祇园,为祇陀太子供养佛僧之园庭。《祇园图经》(全名为《中天竺舍卫国祇园寺图经》),一卷,南山道宣所著。

［18］ 楞伽罗刹鬼王:楞伽山,师子国(今斯里兰卡)山名。罗刹,恶鬼之通名。罗刹鬼王,诸罗刹之王,又称罗刹天,为西南隅之守护神。

［19］ 大毗奈耶藏:佛教诸书分经、律、论三部分,总名三藏。经藏,梵文为修多罗藏;律藏,梵文为毗奈耶藏;论藏,梵文为阿毗达摩藏。

［20］ 僧统:又称沙门统、道人统、都统、昭玄统等,佛教僧官,北魏时设,北齐文宣帝诏置昭玄十统,唐以后设僧录代之。

［21］ 求定验超:定,指内心专注一境而不散乱的精神状态,佛教以此作为取得确定认识的心理条件,须修行方能做到,故须求。超可能指超越证,即超越前果而能证后果,此须验证,故须验。

［22］ 法喜:闻法或味法而生喜,叫做法喜。

［23］ 法化:术语,指正法之教化。

［24］ 慧思:天台宗三祖。十信为菩萨五十二位修行中的第十位。天台宗人以为慧思登十信之位。

［25］ 智者:即天台宗四祖智顗,他是天台宗的实际创始者。五品,《法华经》之《分别功德品》,五品功德之位为圆教八位之第一。天台宗人以为智顗得五品功德之位。

［26］ 奘:指玄奘。

［27］ 清信女:又称信女,指受三归五戒具清净信心的女子。

［28］ 六斋之日:每月的八日、十四日、十五日、二十三日、二十九日、三十日,称为六斋日。佛家认为,这六日为四天王伺人善恶之日,又为恶鬼伺人之日,所以各事须慎重,时过正午,绝一切食物。

游礼感通四

余幼尚异，长而弥笃。每闻殊方之唱，辄慷慨兴怀。孰谓一朝翻然，自致灭矣，遂得揽樛木，启荒榛，励蹇忘疲，直登中台之首。于是，俯瞰万物，傍眺千里，足蹈风雷之上，志凝霄汉之中，忽然若舍其浮生，迢迢焉似凌乎天庭。始悟壮观之淘，思小大之倾者，虽未睹玉山九层之妙，鹫峰鸡足[1]之美，内抚微躬，亦何幸之多也。岂徒千载之一遇，故乃万劫之稀逢耳。但玄枢难兆，幽关罕阐，苟在未晓，虽迩而遐，瞻望神京，不能无恋。然承近古已（以）来，游此山者多矣。至于群录，鲜见伦通。良以时无好事，故使芳尘委绝，不存远大，后生何仰焉！且如昙静、昙迁、惠安、惠瓒，并释门鹓鹭，宝地芝兰，俱登台首，蔑闻志记。自余湮没者，胡可言哉。所以，捃拾遗文，详求耳目，庶思齐之士，汇征同往。又，按别传云："文殊师利，周宇文时化作梵僧而来此土，云访圣迹，欲诣清凉山文殊师利住处。于时，智猛法师乃问其事，才伸启请，俄失梵僧。"此似晓励群蒙，令生渴仰，若笃信神通者，岂远乎哉！

齐定州僧明勖，未详何处人也。少怀倜傥，志慨凝峻，承闻此山神秀，文殊所居，裹粮负笈，杖锡而至。凡事幽深，靡不毕造，唯觅文殊师利。未经数日，遇一异僧，状同其志，亦裹粮杖锡，云觅文殊。偶然一处，忽尔相见，于是，明勖即礼异僧，异僧亦礼明勖，各云："大圣大圣，愿见救度。"如此之俱困而乃止。始问讯方俗，各述所居。勖遂无疑，而忻得同志，相随登陟。经于三日，至东台东南，见一故屋，中有数僧，并威仪疏野，容貌蕞陋。异僧初不致敬，次亦明勖慢之。既

接暄凉,投中寄宿。尔夜,异僧暴疾,困笃难堪,便利牀席,臭秽无已,但云"我病困",如此之声,未尝断绝。乃相劝出山,因离其处,行百余步,住屋、异僧,倏焉俱失。勖方悟圣人慨其愚暗,崩号恸绝,几至灭身。恳款旬余,更无所见,还归本住,向名德叙之。识者告云:"'我病困'者,道汝:我人之病困也。汝当觉之,必蒙度脱。"勖乃遵圣诲,谦卑自守,纵遇童隶,敬接无亏,每辄思之,流泪终日。年七十余,终于所居。

周沙门,未详其氏讳,即前娑婆寺主明禅师之师也。少年出家,游历名山,禅习为业。晚到五台山,与明俱止娑婆寺,后将明勖求圣迹。往东台东花林山,至一名谷,且入深山,忽见石臼,如新捣药,傍有木杵,有药香。师告明曰:"我今求此圣得邻。"须臾间,有二人至,形容伟大,长眉披发。因顶礼捧足,请救危厄。仙人曰:"我共众议,详审汝行。"乃北行二十余步,二人遂去。良久,更有一人来,只云:"汝来巳允,可遂(随)我行。"至一石边回顾,语沙弥曰:"汝可徐行,勿惊清众。"言讫,忽见茂林清泉,名花异果,廊庑交映,楼台间出,鲜花照烂,状若天宫。有十四五人,或道或俗,仪容温穆,对坐谈笑。明师步步修敬,徐面直进。彼问云:"汝从何来,能至我所?然此间清净果地,不宜小儿,汝送沙弥,令出众外,方来相见。"明师敬诺,承命送出沙弥,自忻多幸,方思启问,未行数步,恍若有忘,徘徊四望,都无所见,唯高山巨谷、幡林秀林而已。师谓明曰:"与汝无福,其若是乎!"乃寻路而归,倍加恳励。年八十有四,卒于娑婆寺焉。

隋并州人高守节,家代信奉,而守节尤深,最为精恳。到年十六七时,曾游代郡,道遇沙门,年可五六十,自称海云,与之谈叙,因谓曰:"儿能诵经否?"答曰:"诚其本心。"云即将向台山,至一住处,见三草屋,才可容身,乃于中止,教诵《法华经》。在外乞求,给其衣食。节屡见胡僧来至,与师言终日归去。后云辄问:"识向胡僧否?"曰:"不识。"云貌似戏言曰:"是文殊师利菩萨。"节虽频承此告,未晓其旨。后忽使节下山,就村取物,仍诫之曰:"夫女人者,众恶之本,坏菩提道,破涅槃城。汝向人间,宜其深慎。"节敬诺受教。下山中,路见一女人年十四五,衣服鲜华,姿容雅丽,乘一白马,直趣其前,叩首向节曰:"身有急患,要须下乘,马好跳跃,制不自由,希君扶接,济此微命。"节遂念师言,意不回顾,女亦追寻数里,苦切其辞。节执志始初,俄而致失。既还本处,具陈其事。师曰:"汝真丈夫矣。虽然,此是文殊菩萨,汝尚不悟。"犹谓戏言,然于此诵经,凡历三载,

《法华》一部，甚得精熟，后闻长安度人，心希剃落。晨昏方便，谘师欲去，师曰："汝诵得《法华经》，大乘种子，今已成就。汝必欲去，当询好师。此之一别，难重相见，汝京内可于禅定道场，依止卧伦禅师。"节入京求度，不遂其心，乃往伦所。伦曰："汝从何来？"答曰："从五台山来，和尚遣与师为弟子。"伦曰："和尚名谁？"答曰："海云。"伦大惊叹曰："五台山者，文殊所居。海云比丘，即是《华严经》中善财童子祈礼第三大善知识，汝何以弃此圣人？千劫万劫，无由一遇，何其误也。"节乃悟由来，恨不辞其身骨，而愚情眷眷，由希再睹。遂辞伦返迹，日夜奔驰，及至故处，都无所见。

释普明，俗姓赵，济州人也。年三十出家，止泰山灵岩寺，每闻清凉瑞像，乃不远而来，游于南台之北，凿龛修业。忽遇一僧，姿形伟盛，来共谈展。因问其所住，答："在此北边耳。"遂共论生死难度，烦恼难调，言甚切至，只云："努力！努力！"既别而去。时每数来，方便周旋，唯存诚助。后有群贼四五人，倏然劫夺，缘身略尽，明旦怡然，初无惧惜。贼去，其僧遂至，明向叙之，弹指称善曰："努力！努力！"未经少时，有二虎哮吼直入庵内，明亦镇怀不动。次两日，彼僧又来，明以情告，僧甚喜跃然，意望殷勤，复言："努力！努力！"更得月许，忽风雨飘驶，俄深数尺，凝寒猛烈，特异于常。日暮，有一妇人，仪容婉严，告明曰："寒苦之甚，请寄龛中。"明遂悯而许之。彼衣疏薄，又无茵褥，更深雪厚，呻吟转多，告明求寄床上。明初不许，比至三更，其声遂绝。明以手抚之，上下通冷，才有气息，恐其致殒，引使登床，明解衣盖及手足，衬以煖之，广其全济。夜既深久，明忽为睡缠，少尔而觉，女乃通身温适，细滑非常。明遂欲火内起，便生恶念，方欲摩孓，彼已下床，以手搭之，倏焉而失。明于是偏身洪烂，百穴脓流，眉毛须发，一时俱坠，而疼痛辛苦，彻骨贯心，臭秽狼籍，蛆虫满室。明既获斯苦，慨责无限，举身投地，一叫而绝。少复醒悟，投地如前，悲泣哀号，声终不绝，唯云："大圣！愿舍愚蒙。"声声相续，如此重悔，经二月余，忽闻空中有声曰："汝无禅行，不可度脱，赐汝长松，服之当为俗仙矣。"明承斯告，虽庆所闻，但未识长松，弥加恳恻。后经七日，空（中）又告曰："长松在汝庵前。"并陈色貌捋饵之法。明依言取服，经三日，身疮即愈，毛发并生，姿颜日异，乃就娑婆寺僧明禅师所，具陈其事焉，不久之间，遂化仙去。

唐沙门释昙韵，未详其姓族，高阳人也。宿悟泡幻[2]，辞亲出家，退静幽闲，彰乎韶龀。年十九，投恒岳之侧蒲吾山，精修念慧。后闻五台山文殊所居，古来诸僧，多人祈请，遂超然杖锡，来诣清凉。适至于山下，闻殊香之气，及到大孚寺，见花园盛发，又闻钟磬之音，忻畅本怀，弥增恋仰。于是，住木瓜寺二十余年，单居务道。然处以瓦窑，服唯败衲，地铺草褥，更无荐席，一器、一食、一受、一味，清真简励，盖难拟也。后随师南迈，终西河之平遥山。春秋八十余，即贞观十六年[3]也。

释昭隐，俗姓张，本忻州人也。童卯出尘，师习名德，住五台县昭果寺，苦节真心，驾超俦伍，学次第定，证入殊深，栖迟林薄，耽好圣默。止木瓜寺二十年，佛光寺七年，大孚寺九年，感见之迹，殆无详者。至龙朔[4]年中，会颐登台之日，隐时气力已谢，犹杖策引至大孚，感灭火之祥[5]，同所亲见。年七十余，端然跏坐，卒于本寺焉。同僧明隐，业履淳修，每习五停心观[6]，亦四十年。多住清凉诸寺。

释明曜，未详姓氏。志学之年，早去俗网，问津访道，略无常师。曜住昭果寺，常诵《法华》，读《华严经》，每作佛光等观。曾同与解脱，俱至大孚寺祈请文殊师利。至花园北，见一沙门，容服非常，徐行前进，又至东边佛堂，将欲东趣。曜时惊喜交集，肘步而前，来至数尺，遂无所睹，悲叹久之，与脱俱返。曜形长七尺，威容和雅，谈叙抑扬，动止有则。会颐先往五台，亲承礼拜，语颐云："我大业十二年[7]见安禅师，历名山诸寺，礼觐圣迹，今日复见法师，是不可思议。愿法师长命无病，弘赞佛法。"时年一百六岁，未曾策杖，而神采无坠焉。后不知年岁而终。

代州有信士，失其姓名，年二十余时，登台礼拜。忽遇一僧，引之向东台之东，至一住处，屋宇如凡人家，中有十余僧。先引者问曰："能住修道否？"答曰："能。"乃即经停半岁。僧等多服药饵，时兼果菜，湛若神居，寡于言说。又，于汲井之南，见一茎叶，圆如荷叶，大可至寻[8]，日取半边，明生如故，初虽怪之，后不介意，乃与僧徒共捋而食。日月稍久，暂请还归，僧亦放之，少不留碍。到家数宿，即来驰赴，但见山谷如旧，都无踪迹，频寻求访，寂寞如初。其人不知圣人，悼责无已。余见之时，已七十余矣。

唐龙朔年中，频敕西京会昌寺沙门会颐，共内侍掌扇张行弘等，往清凉山检行圣迹。颐等祗奉明诏，星驰顶谒，并将五台县吕玄览、画师张公荣等十余人，共往中台之上。未至台百步，遥见佛像，宛若真容，挥动手足，循还顾眄，渐渐至近，展转分明，去余五步，忽然冥灭。近登至顶，未及周旋，两处闻香，芬列逾盛。又于塔前，遣荣妆修故佛，点眼才毕，并闻洪钟之响。后欲向西台，遥见西北一僧，着黑衣，乘白马奔就，皆共立待，相去五十步间，忽然不见。颐庆所稀逢，弥增款诣。又往大孚寺东堂修文殊故像，焚燎傍草，飞飙及远，烧爇花园，烟焰将盛。其园去水四十五步，遣人往汲，未及至间，堂后立起黑云，举高五丈，寻便雨下，骤灭无余，云亦当处消散，莫知其由。至于饭（梵）仙山，内侍张行弘复闻异香之气。从南向北，凡是古迹，悉追寻存亡，名德皆亲顶礼。颐等既承国命，目睹佳祥，具已奏闻，深称圣旨。于是，清凉圣迹，益听京畿，文殊宝化，昭扬道路，使悠悠溺丧，识妙物之冥泓，蠢蠢迷津，悟大方之幽致者，国君之力也。非夫道契玄极，影响神交，何能降非常之巨唱，显难思之胜轨，千载之后，知圣后之所志焉。颐又以此山图为小帐述略传一卷，广行三辅云。

西域梵僧释迦密多罗者，本狮子国人，少出家，本住摩伽陁国[9]大菩提寺，游方利物，盖自天真。麟德年中，来仪此土，云向清凉，礼拜文殊师利。自云九十五。夏，每跣足而行，常唯一食，或复虚中[10]七日，兼修露坐，不栖房宇，而辄至食向东北遥礼。至此未久，奉表以闻，特蒙恩许，仍资行调，敕遣鸿胪寺掌客为译语人。凉州沙门智才，乘驿往送，所在供给。多罗以乾封二年[11]六月登于台首，并将五台县官一员、手力四十人及余道俗，总五十余人。初，欲上之日，从思阳村行三十余里，日中之时将到，多罗即召集僧徒，自行香水，特以亲手奉施众僧。多罗因不饮食，卒经三日，食讫将行，译语诫众曰：“大圣住处，亿劫稀闻，况得亲经，诚宜克念，幸各专志，勿复喧哗，设有所逢，但自缄默。”于是而进，路既细涩，前后联翩。多罗与二僧最为先导，欲至山下遥望清凉寺，下至半峰，忽遇神僧立于岩上，即五体投地，顶礼数拜。及登未远，乃有数人闻钟声、香气。至台南五里，遂即停泊，乃令人作土坛，二层，高尺余，周方丈许，捋拾名花，四周严饰。多罗日夜六时，绕坛行道。又，日别数度，入水澡身。每旦，以净瓶四枚，满盛净水，上著粳米数合，牛乳半升，使人跪捧，多罗呪愿，百余日，向人云：“面各泻之，西方供养之法也。”经两宿，便进食，食讫登台。台南面乱石，鳞次向余三里，多罗肘膝而行，血流骨现，仅登台上。见白兔、狐，绕塔而灭，即于塔前，五体布地，从辰至酉，方还所止。明旦，更欲登台。其敕使王与余及二三道俗，去其十余步，徙倚环立，王徐而议曰：“在京闻此极多灵瑞，及到已（以）来，都无所见，虽有钟声、香气，盖亦未有奇特。人间传者，何多谬也。”言适竟，多罗遂呼之,译语而责曰:"君是俗人,未娴佛法,何乃于此纷纭兴谤?余自少已(以)来,更无余德,唯寻礼圣迹,用以为常。依西方传记:南阎浮提[12]有圣人恒止住处,凡二十九所。余所经者,兼兹九矣。然自外祈请,契阔良难,或一年、半年、一月、半月,心祈所措,犹或未允。今此大圣慈悲,赴众生愿,以余寡薄,将为满足。君旦(但)生殷重,获福无边,何以轻发枢机,自贻深祸?"王乃鞠躬顶礼,忏谢无已。但多罗不解汉语,相去十余步,音辞故是天隔,远近亦未得闻,忽焉此及,莫不惊叹。当时从者,弥加惊异焉。既重登台,乃将香花及钱投之太花池内,复东南向大孚寺。其东堂外壁,半余褫落,多罗手自泥涂,令净方止。于中一宿,遂遵归路。到京之后,具向道宣律师述其所感。余与梵僧登台之日,默而念曰:"此处清凉,宜安舍利,使往来观礼,岂不善耶!"梵僧还后,余便往定州恒阳县黄山,造玉石舍利函三枚,大者高一尺七寸,拟安中台塔内;小者二,高九寸,拟安北台铁浮图内。并作莲花色道异兽之像,亦尽一方之妙焉。时定州隆圣寺僧智正及清信孝行者郗仁,闻余此志,咸期同往。以总章二年[13]四月,正等俱至。正时年过七十余,而步涉山水八百余里,并将妙馔上山供养。即以其月二十三日,与台山僧尼道俗共六十人俱登之。至台南面,仅将下乘,而玄云四合,雨下数滴,并皆惶惧,恐不得安,乃捧舍利并函即上。到讫礼拜,备尽诚敬,焚香捋花,供养舍利。每将安置石函,忽绕四边可百余尺,云雾廓清,团圆如镜,安函既毕,还合如初。时有一尼,独往太华池供养,乃见池里有大藕[14],大龙绕之,似彼方龙花藕之像也。俄而云雨晴霁,于台宿。明旦,往北台,正以所持香花供养,敬设中食。食讫,安舍利。安讫,礼拜,众哀号而去。有一僧,身漏所通,于台下之东北稍下泄之,遂闻谷下隐如雷震之响,心怵而起,适投袈裟有黑风,勃然拂衣而过,其僧忧惕,比下不安。余在彼二年,方还京邑。余归之后,有清信士,不详其氏讳,次往登之。其人年可二十,衣服兰缕,自云"从抱腹山来"。识者相传云:"每在并州巡市乞焉,以所乞得,造滤水囊,可七八寸,造讫,随处劝人令用。凡造数千余。"当来之日,亦携十数信士登台,还到清凉寺下,忽闻钟声,闻已即礼,遂与同侣一人寻之。既得至寺,誓住一夏,礼忏供养,于北崖之下结草为庵。初数日之间,时闻钟声,或早或晚。十日后,每斋时为准。又,于佛堂读经,至夜轻,有神光朗照,不劳灯烛。信士神容简畅,动止肃恭,直尔对之,祛人鄙悋。然凡所谈吐,绵绵入微,时总疑之为不测之人也。余略与周旋,不复能备。

荆州复舟山玉泉寺沙门弘景,高尚僧也,以咸亨二年二月从西京往彼礼拜,承遂厥心,未详其所感耳。慈恩寺僧灵察,以上元二年[15]七月十日往彼礼拜,偏至代州见一人,先非旧识,无何而至,引察从台北木瓜谷上北台。经两宿,每六时常闻钟声,又夜闻青雀数百,飞鸣左右,不见其形。又向中台经两宿,又往西台,将去之时,有百鸟飞引其前,还至中台,方乃远去。其年,又有并州尼四人,往登台首回还,一尼折花五茎,欲将向下,遂失道路,饥寒并至,梦一僧赐之饮食,因尔不饥,仍告曰:“以汝盗花五茎,罚汝不归五日,余更无苦,勿复多忧。”五日既满,得遵归路。西京清信士房德元、王玄爽,少结尘外之友,并因读《华严经》,见《菩萨住处品》,遂心专胜地,以上元三年五月十三日共往登之。初,半路食时将到,忽闻谷下大声告曰:“食时至。”及登中台,并闻钟声香气。后日重往,食未毕间,又闻谷下大声连告之曰:“登台迟去也。”既承此告,即发人而往。后还京邑,忻畅本怀,请名行僧,设斋陈叙焉。

洛阳白马寺沙门惠藏,本汾邑人,幽栖高洁僧也。孝敬皇帝重修白马寺,栖集名德,竚植福田[16],藏深契定门,最为称首。以调露元年[17]四月,与汾州弘演禅师、同州爱敬寺沙门惠恂、汴州沙门灵智、并州沙门名远,及异方同志沙门灵裕等,于娑婆寺坐夏[18],九十日中,精加忏洗,解夏安居,与道俗五十余人相次登台。藏禅师与三十人将至中台,同见白鹤一群,随行数里,适至台首,奄忽而灭。僧名远、灵裕等一十八人,先向东台,见五色庆云。僧惠恂后往,亦同前见。名远于中台佛塔东南六十余步,又见杂色瑞光,形如佛像,光高可三丈,人或去就,光亦随之,礼二十余拜,良久方灭。僧灵智,于太华池南三十余步,见光如日大,可三丈,百千种色,重沓相间,霏征表著,难可具名。而举众形服威仪,屈伸俯仰,光中悉见,如临明镜。智等夺目丧神,心魄失措,顶礼恳诚,少选而灭。又智等正见光时,佛塔之前,有三沙弥,顶臂焚香,以身供养,复见此光在其东面。藏等周旋往来,向经七日,方遵归路焉。

【注释】

　[1]　鹫峰鸡足:鹫峰,灵鹫峰,在印度王舍城东北,释迦曾在此说法。鸡足,鸡足山,迦

叶尊者在此寂灭。前句之玉山,另本作王山,不知何指。

〔2〕 泡幻:比喻人间一切虚假不实,《金刚经》曰:"如梦幻泡影,如露亦如电。"

〔3〕 贞观十六年:贞观,唐太宗年号。贞观十六年,公元 642 年。

〔4〕 龙朔:唐高宗年号。

〔5〕 灭火之祥:后文会颐条有详述。

〔6〕 五停心观:佛教术语,指修五种之观法而五种之过失停心。五种观法,各家说法不一,一般指:一、不净观,观境界不净之相,停止贪欲之法,贪者心多者修之;二、慈悲观,向一切有情观可怜之相,而停止嗔恚之法,嗔恚之人修之,三、因缘观,观十二因缘三世相续之理,停止愚痴之法,愚痴多之人修之;四、界分别观,向诸法而分别六界或十八界,停止我见之法,我见多之人修之;五、数息观,计呼吸数以停止散乱之法,散心多之人修之。

〔7〕 大业十二年:大业,隋炀帝年号。大业十二年,公元 616 年。

〔8〕 寻:古长度单位,伸两臂度之,长八尺,称寻。

〔9〕 摩伽陁国:古印度国名,都城王舍城,在今印度比哈尔邦底赖雅附近。

〔10〕 虚中:无考。按僧祇律,僧人日中而食,称为中食,过午则不许食一毫。可见,中食十分重要。多罗日唯一食,大概只有中食。而这里的"虚中",疑为不食中食,即绝食的意思。

〔11〕 乾封二年:乾封,唐高宗年号。乾封二年,667 年。

〔12〕 南阎浮提:梵文音译,新译为南瞻部洲。佛家称我们这个现实世界为娑婆世界,有四大洲,现在的地球区域,只抵四大洲中之一的南瞻部洲。

〔13〕 总章二年:总章,唐高宗年号。总章二年,公元 669 年。

〔14〕 大薁:薁,虎豆狸居之属,如今之山蒲桃、芝藤花之类。

〔15〕 上元二年:上元,唐高宗年号。上元二年,公元 675 年。

〔16〕 福田:佛教术语,供养那些应该供养的人就能得到各种福报,如农民在田地播种可有秋收之利,所以称为福田。

〔17〕 调露元年:调露,唐高宗年号。调露元年,公元 679 年。

〔18〕 坐夏:又称安居、坐腊。僧徒三个月内禁止外出而致力坐禅修学,一般自四月十六日开始,称为坐夏。坐夏开始称结夏,结束称解夏。

支流杂述五

后魏永安二年[1],恒州刺史呼延庆猎于此山。有猎师四人,见一山猪甚大,异于常猪,射之饮羽,逐之垂及。午时初雪,血迹皎然,东南至一平原之内,有水南流,东有人居,屋宇连接,猪入其门里。门外有二长者,须鬓皓白,拄杖问:"卿等何人?"乃以实对。长者曰:"此是吾猪,而卿妄射,当合罪卿。今相舍也,不得入门里来。"猎人对曰:"以肉为粮,逐来三日,猪既不得,请乞食而去。"曰:"可至村东取枣为粮。"而枣方熟,林果甚茂,猎师食讫,皆以皮袋盛之,复迹而还,为延庆说之,犹有余枣一袋,并枝叶焉。

齐隐士王剧,居此山而好养生之术。武定[2]年,文襄[3]在并州为母匹偻大妃起四部众[4]大斋,王躬率百僚诣斋所,前驱静道,观者远避。时见一人,赤白色美,眉须颖异,衣服鲜丽,容状至伟,去马前百步,挥臂而行,前驱骤马呵逐,竟不能及,追至城曲,隐入人丛,文襄遥见之。至斋主自行香,其人亦在斋坐,文襄亲问居贯名氏,有何道术,答曰:"沧州人,姓王名剧,少爱恬静,不堪家事,寄五台山,更无道术。闻王设四部大斋,福德无量,窃预礼敬三宝耳。"

代州郭下有聂士师者,士俗以为难测之人也。年可五六十,颜容赤黑,视瞬澄谛,其耳长大,可余四寸,居室鄙陋,衣服破弊,凡见道俗,必劝之行善。或隐窃语人曰:"令向五台礼拜。"近有选官者,恐不称意,专心念佛,乃梦其人谓曰:"汝莫忧愁,得代州某官。我姓聂名士师,汝当识我。"其人惊觉。比至铨衡,果如所记。志心访问,恰得士师,形仪相状,一如先梦,乃脱新衣一袭施之。自尔,代郡官僚,常多供养。然所获物,辄与乞人,若无取者,随在弃之。余幸曾遇一中[5]同饭，观其动止，实异常流，而凡得饭食，必分让上下，此似潜行六和[6]，敬事法食[7]讫，将别谓余曰："阎浮提人，多不定聚，师当努力也。"后临终之日，家磬自鸣，道俗有怀，送者云赴。

繁峙县城内景云寺边，有老人姓王名相儿，捋药为业。余曾至其家食，老人与余言叙，因云："弟子曾向台北大柏谷捋药，忽于方石之上，有一双人手，红赤鲜白，文理分明，齐腕已(以)上，合掌生于石里。弟子念曰：'此多是药。'思欲至家，检方料理，乃以刀割取数重，裹複置将药笼内，总以袋盛，担之而归。将出谷，忽思念曰：'此若是仙药，或能变化，试更验之。'及至回看，唯袋存焉，药与笼複，莫知其处。弟子敬叹，恨不先噉之。"山有药名长松，其药取根食之，皮色如荠苨[8]，长三五尺，味微苦，无毒，久服保益，至于解诸虫毒，最为良验，士俗贵之，常捋以备急。然《神农本草经》及《隐居》所记，并无此药。近有沙门普明，节操昭著，感空中声告，因尔传之。庆哉，末世苍生，遇此大仙之赐也。其诸药可百余种，大黄、人参，实繁其类也。

【注释】

[1] 永安二年：永安，魏孝庄帝年号。永安二年，公元529年。

[2] 武定：东魏孝静帝年号(543—550年)

[3] 文襄：指东魏大将军渤海文襄王高澄。

[4] 四部众：比丘、比丘尼、优婆塞(意译为清信士，即在俗信男)，优婆夷(意译为清信女，即在俗信女)，总称为四部，又称四部弟子，或称四部。

[5] 一中：设斋食，普及于一堂之中，称为一中，又称一普。

[6] 六和：六和敬的略称。佛家说法，外同他善，谓之为和；内自谦卑，谓之为敬。六和敬，一同戒和敬，二同见和敬，三同行和敬，四身慈和敬，五口慈和敬，六意慈和敬。

[7] 法食：佛法中食物有法制，依其法制之食，称为法食。

[8] 荠苨：药草名，根味甜，似人参，而叶小异，似桔梗，以无心为异。

广 清 凉 传

GuangQing LiangZhuan

延一 撰

前 言

　　《广清凉传》三卷,延一撰。延一,宋代五台山僧人,大华严寺坛长,住真容院,号妙济大师,为赐紫沙门。关于他的俗姓、师承、生平,均不详。日僧成寻于日本后三条天皇延久四年,即宋神宗熙宁五年(1072),渡海至宋。当年十一月二十八日到达五台山。他在所著《参天台五台山记》中叙述曾拜谒延一,时延一已七十四岁。照此,延一当生于宋真宗咸平元年(998),卒年则在1072年之后。按郅济川所写的《广清凉传序》所说,延一撰写本书是在宋仁宗嘉祐年间,仅用三个月时间,而嘉祐庚子(1060)年已开工刻印。按此估算,此书约成于1059年。

　　此书以"广清凉传"为名,其意图是在唐代慧祥《古清凉传》的基础上,推而广之。从篇幅说,《广清凉传》约为《古清凉传》的三倍,总计约四万五千字。从内容上说,资料丰富得多,大体上增加了三个方面的东西:

　　一、关于文殊及其与五台山的关系。文殊菩萨本来是佛教中迷信的神。但在佛教中,对文殊菩萨的信仰却是真实的。五台山作为佛教圣地,其核心就在于五台山是传说中文殊菩萨的道场。抛开对文殊菩萨的信仰,五台山就不过是普通的山,失去了作为佛教圣地的意义。因此,从佛教立场写五台山的佛教史,自然必须首先宣扬文殊菩萨及其与五台山的关系。关于这一点,《古清凉传》写得很简略,延一则旁征博引,把佛经及传说都集中起来,作了详细的甚至烦琐的叙述。延一说明,文殊菩萨本来是佛,而且是释迦牟尼佛的老师,神通广大无边,法力不可思议。为了教化众生,二佛不并化,所以文殊成为释迦牟尼佛的弟子,以菩萨身份出现,其实他原是佛。佛菩萨到处教化众生,为什么文殊菩萨偏在五台山呢?按佛家说法,佛菩萨修成后,居住在自行受用之净土,称为报土。而五台山就是文殊菩萨的报土;而且要教化众生,五台山的机缘胜于别处。所以,文殊菩萨常住五台山,在此说法。随文殊在五台山的菩萨,数达一万。信仰文殊菩萨,希望获福灭罪、得道成佛的,当然应该来五台山朝谒了。

必须指出,文殊菩萨本来是虚构的,延一为证明文殊菩萨的存在,所引用的佛经及传说本身自然都毫无实据,违反常识。再加以佛经中有许多佛教术语,还有许多梵文音译的文字。因此,读来佶屈聱牙,十分难懂。尽管尽可能作了些注释,也不易一目了然。不过,要了解五台山为什么传说是文殊菩萨道场,何以五台山成为佛教圣地,则佛家的这些论述却不可不知。

二、关于唐初以来五台山佛教的新史料。慧祥《古清凉传》约成于唐高宗调露年间,到延一修《广清凉传》时,已历三百七十多年。这三百多年中,五台山的佛教变化很大。唐代大历、贞元年间(约766—844),五台山佛教达于极盛,寺院多达三百余所,成为全国佛教的中心,其影响之广、地位之高,一时无出其右。844年,武宗废佛。随后进入五代,战乱频仍,五台山佛教衰落。宋兴,五台山佛教才有所恢复。所以,到延一之时,有从唐初以来新增的寺院,有废毁的寺院,有这三百多年中高僧大德的活动。延一收集并整理了这些史料,就为后人提供了这三百多年历史的线索。

三、充实慧祥《古清凉传》的内容。有的事件,慧祥在《古清凉传》中也提到,但语焉不详。延一往往据史实加以补充。如《古清凉传》谈到武则天曾派会颐到五台山活动,实际上武则天扶植五台山佛教的活动远不止此。延一记载,武则天曾遣使到大孚灵鹫寺采花万朵,移入禁苑;曾派尼妙胜到中台造塔;曾在五台山斋僧,一日达万人;曾打算把自己的玉像送五台山,因五台山近边塞,才不得不把玉像留在太原等等。

可见,延一把所著称为《广清凉传》,这个书名与内容是相符的。

延一与慧祥的观点也略有不同。关于五台山佛教始于何时的问题,慧祥取北魏说,以为在北魏之前,有关史籍只说五台山为仙人所居,不见有关佛菩萨的记载。而大孚灵鹫寺系北魏文帝所建。延一摒弃慧祥的北魏说,取道宣的汉明帝说,以为汉明帝时摩腾、竺法兰自印度来中国,到五台山创大孚灵鹫寺。实际上,延一此说并无实据。我国古代一些佛教徒为了提高佛教的地位,不切实际地把佛教传入中国的时间提前。道宣、延一把五台山佛教的历史提前到汉明帝时,犯的也是这个通病。从这一点上看,延一的写作态度,似不及慧祥严肃。

　　本书的版本,有宛委别藏明天顺本,有吴县蒋氏双唐碑馆本。蒋氏本以归安陆氏皕宋楼所藏原本为底,所佚中卷抄自钱塘丁氏正修堂钞本。蒋氏本与天顺本相较,蒋氏本为胜。但蒋本在刻印后记中便已说明:"钞本伪字颇多,然无可校正,姑仍其旧。"在校对中,无论哪个版本,都发现有错讹遗漏,以至于有的地方文句不通。这是钞本的先天性的缺陷,一般也就只可"姑仍其旧"了。

序　言

郗济川

夫法界[1]无边，因利生而示境；法身[2]无像，由接物以现形。何哉?盖慈悲广大，虽已证于菩提[3]；誓愿弘深，尚不舍于萨埵[4]。故大圣文殊，宅清凉之境，示瑞应之形，良以此也。

自世雄[5]示灭，像教[6]寝[7]传，金口微言，方流于震旦[8]。玉毫妙质[9]，不觌于祇园[10]，圣智隐而易诬，昏蒙荡而难信。菩萨所以运童真[11]之德，极游方之化[12]，揭慧日以照八道[13]，注愿海以泽四生[14]。秘龙种上尊[15]之称，捨摩尼宝积之证，示为弟子，翊正法于能仁[16]；当作如来，预尊记于普见。不出大千世界[17]，长居五顶之山[18]，《涅槃》[19]称"五百仙俱"，《华严》[20]说"一万圣众"，都净城以演法，赫祥光而诱人。宝乐银书，深秘金刚之窟[21]；仙花珍树，大同灵鹫之峰[22]。是以波利[23]西来，毕命愿瞻于真相；无著[24]南至，捐躯思接于慈颜。教肇腾、兰[25]以来，具闻名号，地拓魏、齐[26]，而下益广修崇列。梵刹[27]以云，屯范圣仪，而星布钟声香气，互传灵感之踪；宝界金灯，咸睹神奇之应。

济[28]以夙缘薄祐，生逢遗法，尚縻羁官，得寓灵峰，时会博闻，编穷异迹，思得纪述，以警后来。而年纪寝深，简编几坠。独有唐兰谷沙门慧祥，作传二卷[29]，颇成伦理。其余亦有传记，皆文字舛错，辞意乖谬。惜乎!大圣之化迹，高士之遗踪，将湮灭乎?慧祥所谓"时无好事，使芳尘委绝"，信哉!济川慨其若是，乃访得真容院妙济一公，其人纯粹聪敏，博通藏教，讲说记问，靡不精诣。因请公采摭经传，收掎故实，附益祥《传》，推而广之，勒成三卷，首以吉祥降世因地[30]，终以巨(大)宋亲逢化相，名曰《广清凉传》。凡三月而成，授本院主事募工开版，印施四方，俾师心三宝[31]者，觌之益信向尔。

时圣宋嘉祐纪号龙集庚子[32]正月望日谨序。

【注释】

[1] 法界：梵文达摩驮多之意译。有多种解说，大体上分两大类：一是指现象的本源和本质，尤其指成佛的原因，与法性、真如、空性、实际、无相、实相等概念的性质相同。二是泛指各种事物。此处应是第一类含义，即指能派生万物的精神性实体种子。

[2] 法身：佛之真身。按佛家说法，佛有三身：法身、报身、应身。佛身如法性周遍十方，有无量无边之相好庄严，以无量之光明、无量之音声，度十方无量之法身菩萨，称之法身，或法性身。

[3] 菩提：梵语，意译为觉悟。得无上智慧，断诸烦恼，成就涅槃，佛家称为菩提。

[4] 萨埵：梵语，意译有情，即有生命之物。菩提萨埵合称，指求道之大心人。此人发大心为众生求无上道，故称菩提萨埵，简称菩萨。菩萨仅次于佛。

[5] 世雄：佛的异名。佛在世间最为雄猛，断尽一切烦恼，故曰世雄。"自世雄示灭"一句前，原有"粤"字，疑为衍文，删去。

[6] 像教：即佛教。儒家被称为名教，所以称佛教为像教，因为佛教拜佛像。

[7] 寖：积渐，逐渐。

[8] 震旦：中国之古称。

[9] 玉毫妙质：指佛的形象。慧琳《一切经音义》十一："言玉毫者，如来眉间白毫毛也，皓白光润，犹如白玉。佛从毫相，放大光明，照十方界，故云玉毫瑞色也。"

[10] 祇园：祇树园，祇陀林，祇树给孤独园之略称。释迦牟尼曾住在此园说法。

[11] 童真：指童子，因童子天真烂漫，所以称童真。佛经中称文殊、善财、宝积、月光等诸菩萨为童子，以菩萨是如来之王子，又因菩萨无淫欲念，如世间童子。

[12] 游方之化：游方，僧人云游四方，称为游方。游方之化，游行中处处教化(宣传)。

[13] 揭慧日以照六道：慧日，佛家语，以佛智能照世之盲冥，故比之于日。六道，指地狱、饿鬼、畜生、阿修罗、人间、天上。佛家以为，这六者为众生轮回之道途，故称六道。揭慧日以照六道，即用佛智教化六道众生。

[14] 四生：佛家以为，众生之出生，共分胎生、卵生、湿生(如虫依湿而受形)、化生

（无所依托，依业力而出现者），称为四生。

[15] 龙种上尊：即文殊菩萨。文殊三世为佛，过去称为龙种上佛，又名大身佛、神仙佛，现在号为欢喜藏摩尼宝积佛，未来称为普见佛。

[16] 翊正法于能仁：能仁，即释迦牟尼佛。翊，辅助。文殊本为释迦之师，却以弟子身份辅助释迦传教，所以说他"示为弟子，翊正法于能仁"。

[17] 大千世界：佛家认为，合四大洲日月诸天为一世界，一千世界名小千世界，小千加千倍名中千世界，中千加千倍名大千世界。

[18] 五顶之山：指五台山。

[19] 《涅槃》：指《文殊师利般涅槃经》，一卷，西晋聂道真译。

[20] 《华严》：指《大方广佛华严经》，常简称《华严经》，有六十卷、八十卷、四十卷三种译本。

[21] 宝乐银书，深秘金刚之窟：传说五台山金刚窟内，藏有各种宝乐及经书。

[22] 灵鹫峰：印度王舍城附近之山，山形似鹫，又山上鹫鸟多，称为鹫峰，又称灵鹫峰、灵山、灵岳。释迦牟尼曾在此峰说法。五台山菩萨顶，与鹫峰相似，所以这里扩而大之，说"仙花珍树，大同灵鹫之峰"。

[23] 波利：指佛陀波利，他是罽宾国（古西域国名，在今喀布尔河下游克什米尔一带）人，远闻五台山灵迹，于唐高宗仪凤元年（公元676）抵达五台山。

[24] 无著：僧人名，疑即本书（《广清凉传》）卷中《无著和尚入化般若寺》所记的无著和尚。无著，温州人，唐代宗大历二年（767）到五台山。

[25] 教肇腾、兰：肇，起始。腾、兰，指摩腾、竺法兰。传说汉明帝时，摩腾、竺法兰自印度来中国，先于洛阳建白马寺，后到五台山建大孚灵鹫寺，为五台山有佛教之始。"教肇腾、兰"，意为自摩腾、竺法兰起，五台山始有佛教。

[26] 魏、齐：魏，指战国时魏国之地，包括今河南北部、山西西南部。齐，指战国时齐国之地，包括今山东及河北东部。

[27] 梵刹：指寺庙。

[28] 济：即作者郄济川本人。

[29] 传二卷：指慧祥所著《古清凉传》。

[30] 因地：因，造果也。因地，即修行传教之地。

[31] 师心三宝：佛、法、僧，称为三宝。师心三宝，即信教。

[32] 嘉祐纪号龙集庚子：嘉祐，宋仁宗年号。嘉祐庚子，为1060年。

菩萨生地见闻功德一

　　详夫!大圣曼殊室利曳菩萨[1]久已成佛,示居因位[2],行菩萨行[3],接引群迷者也。

　　何以知之?按《首楞严经》[4]下卷云:"过去无量无边、不可思议阿僧祇劫[5],尔时有佛,名龙种上尊王如来,国名平等。乃至尔时平等世界,龙种上尊王如来岂异人乎?即文殊师利法王子[6]。"

　　《央掘摩罗经》[7]第四云:"北方去此,过四十二恒河沙刹[8],有国名常喜,佛名欢喜藏摩尼宝积如来。乃至若有闻是如来名者,恭敬礼拜,生欢喜国,闵四恶趣[9]。若有持是如来名号者,若今见(现)在及未来世,旷野险难,诸怖畏处,皆悉蒙护。于一切处,恐怖悉灭。一切八部诸恶鬼神[10],不能侵扰。"

　　又,《大宝积经》[11]六十卷《文殊师利授记会》说:"文殊师利成佛之时,名为普见。以何义故,名为普见?以彼如来,于十方无量百千亿那由他[12]诸佛刹中,普皆令见。虽未成佛,若我现在及灭度后,有闻其名,亦皆必定当得成佛,唯除已入离生之位[13]及狭劣心。彼佛刹土,名随愿积,集清净圆满[14]乃至。若有得闻文殊师利者,是则名为'面见诸佛'。若有受持百千亿诸佛名号,若有人称文殊师利者,福多于彼,何况称普见佛名?何以故?彼百千那由他佛,利益众生,不及文殊师利于一时中所作饶益。"

　　如是等文,证成非一。

　　或问:"文殊师利成佛国土,与阿弥陀[15]极乐国土优劣云何?"答:"《大宝积经》云:'譬如有人,析一毛为百分,以一分毛[16],于大海中,取一滴水,喻阿弥陀佛刹庄严,彼大海水喻普见如来佛刹庄严。'复过于此。何以故?普见如来佛刹庄严不思议故。"

上说菩萨成佛功德,次说菩萨真俗[17]生处且真谛[18]生处者。《华严经》七十九说:"菩萨有十种生处。何者为十?善男子[19]菩提心[20],是菩萨生处;生菩萨家,故深心[21]是菩萨生处;生善知识[22]家,故诸地[23]是菩萨生处;生波罗密[24]家,故大愿是菩萨生处;生妙行[25]家,故大悲是菩萨生处;生四摄[26]家,故如理观察是菩萨生处;生般若波罗密[27]家,故大乘[28]是菩萨生处;生方便善巧家,故教化众生是菩萨生处;生佛家,故智慧方便是菩萨生处;生无生法忍[29]家,故修行一切法[30]是菩萨生处。生过、现、未来一切如来家,故善男子、菩萨、摩诃萨[31]以般若波罗密为母,方便善巧为父,坛波罗密[32]为乳母,尸波罗密[33]为养母,忍波罗密[34]为庄严具[35],勤波罗密[36]为养育者,禅波罗密[37]为浣濯人,善知识为教授师,一切菩提分[38]为伴侣,一切善法为眷属,一切菩萨为兄弟,菩提心为家,如理修行为家法,诸地为家处,诸忍为家族,大愿为家教,满足诸行为顺家法,劝发大乘为绍家业。法水灌顶[39],一生所系。菩萨为王太子,成就菩提,为能净家族。此名菩萨真实生处。"

次说菩萨世谛[40]示现生处。据《文殊师利般涅槃经》云:"尔时,跋陀婆罗菩萨[41]即从座起,整衣服,为佛作礼,长跪合掌,白佛言:'世尊是文殊师利法王子,已曾亲近百千诸佛,在此娑婆世界[42]施作佛事,于十方面[43]变现自在,郤后久远当般涅槃[44]?'佛告跋陀婆罗:'此文殊师利有大慈悲,生于舍卫国[45]多罗聚落梵德婆罗门[46]家。其生之时,家内室宅化生莲花,从母右胁而生,身紫金色,堕地能语,如天童子。有七宝盖,随复其上。诣诸仙人,求出家法。诸婆罗门九十五种诸论议[47]师,无能酬对[48]。唯于我所出家学道乃至。我今略说,为未来世盲瞑[49]众生。'"

又《般涅槃经》云:"其有得闻文殊师利名者、见形象者,百千劫中不堕恶道。若有读诵文殊师利名者,设有重障[50],不堕阿鼻极恶猛火[51],常生他方清净国土。值佛闻法,得无生法忍。"

又《宝箧经》[52]第二卷云:"若施三千大千世界其中所有一切众生,给诸东,具百千亿岁,不如施文殊师利一爪端许,所生福德胜前福德。"

或有问曰:"菩萨既久已成佛,何故复为菩萨?"答:"《无垢称经》[53]云:虽得佛道,转于法轮[54]而不舍于菩萨之道,是菩萨行。又,大慈恩寺基法师[55]《阿弥陁经疏》引经云:我昔能仁师,今为佛弟子。二尊不并化,故我为菩萨。"

又问:"何故菩萨名文殊师利?"答:"斯乃古时讹略梵语。今巨(大)宋新传及唐时不空三藏[56]所传,皆云'曼祖室利曳',此云'妙吉祥'。此菩萨立名有二:初就世俗,因瑞障名;二就胜义,以德立号。且初世俗因瑞障名者,以菩萨生时有十种吉祥事故,所以菩萨名妙吉祥也。何为十种吉祥之事?一、天降甘露;二、地涌伏藏;三、仓变金粟;四、庭生金莲;五、光明满室;六、鸡生鸾凤;七、马产麒麟;八、牛生白牦;九、猪诞龙豚;十、六牙象现。所以,菩萨因瑞障名也。二依真谛立名者,据《金刚顶经》[57]说:由菩萨身普摄一切法界,等如来身、一切如来智慧等及一切如来神变游戏,已内极妙吉祥,故名妙吉祥也。故知文殊师利菩萨神通功德,不可思议。"

《大华严经》第六十一《入法界品》:"舍利弗[58]告诸比丘[59]:'汝可观察文殊师利,清净之身,相好庄严,一切天人,莫能思议。汝可观察文殊师利,圆光映彻,令无量众生发欢喜心。汝可观察文殊师利,光网庄严,灭除众生无量苦恼。汝可观察文殊师利,众会[60]具足,皆是菩萨往昔善根之所摄受。汝可观察文殊师利所行之路,左右八步,平坦庄严。汝可观察文殊师利所住之处,周回十方,常有道场,随逐而转。汝可观察文殊师利所行之路,具足无量福德庄严,左右两边,有大伏藏,种种珍宝,自然而出。汝可观察,文殊师利曾供养佛,善根所流,一切藁[61]间出庄严藏。汝可观察文殊师利,诸世间主,雨供具云,顶礼恭敬,以为供养。汝可观察文殊师利,十方一切诸佛如来将说法时,悉放眉间自毫相光,来照其身,从顶上入。'"又云:"文殊菩萨能随所乐,现自在身,威光赫奕,蔽诸大众。以自在大慈,令彼清凉;自在大悲,起说法心,以广大辩才,将为说法。"

文多不载。故知菩萨以大善巧,拯接群生;为不请友,救世大悲。斯言信矣。

《华严》七十九:弥勒菩萨[62]告善财[63]言:"文殊师利所有大愿,非余无量百千亿那由他菩萨之所能有。善男子!文殊师利童子,其行广大,其愿无边,出生一切菩萨功德,无有休息。善男子!文殊师利常为无量百千亿那由他诸佛母,常为无量百千亿那由他菩萨师,教化成就一切众生,名称普闻十方世界。常于一切诸佛众中,为说法师,一切如来之所赞。叹住甚深,智能如实,见一切诸法,通过一切解脱境界,究竟普贤所行之行。善男子!文殊师利是汝善知识,令汝得生如来家,长养一切诸善根,发起一切助道法,值遇真实善知识。令汝修一切功德,人一切愿网,住一切大愿。为汝说一切菩萨秘密法,现一切菩萨难思议行。与汝往昔同生同行。是故,善男子!汝应往诣文殊之所,莫生疲厌。"

集传者曰:"校此而论,彼善财得见文殊,皆是往昔同生同行,乃至不生疲厌。况今之火宅[64]诸子,若能专心求见大圣,岂不宜哉!"

【注释】

[1] 曼殊室利曳菩萨:即文殊师利菩萨。

[2] 因位:从发心修行到成佛,佛家称为因位。

[3] 菩萨行:求自利利他、圆满佛果的菩萨诸种行为。

[4] 《首楞严经》:全名《大佛顶如来密因修证了义诸菩萨万行首楞严经》,略称《首楞严经》,十卷,唐怀迪译,另有唐房融本。

[5] 阿僧祇劫:阿僧祇,梵语,意译无数,一阿僧祇凡一千万万万万万万万万兆。阿僧祇劫即无数劫。劫,梵语劫波之略称,意译大时、长时。一大劫合一百三十四亿三百八十四万年。

[6] 法王子:菩萨生育在法土佛陀之家,所以总称法王子。经中多称文殊为法王子,因为文殊为佛的二胁士之首,是助佛教化的第一王子。

[7] 《央掘摩罗经》:央掘摩罗,人名,住在印度舍卫城,以为杀人可以成佛,因此杀九百九十九人。释迦说服他改过忏悔而入佛门。记述此事为《央掘摩罗经》,四卷,刘宋求那跋陀罗译。

[8] 恒河沙刹:恒河,南亚大河,发源于喜马拉雅山脉南坡,流经印度及孟加拉国,注入孟加拉湾。恒河沙,比喻无数。刹,梵语,意译土、田。恒河沙刹,意为无数佛土。

[9] 闵四恶趣:四恶趣,指地狱、饿鬼、畜生、修罗(阿修罗之略称,常与帝释天战斗之鬼神)。闵,应为免。佛家认为,众生于地狱、饿鬼、畜生、修罗、人间、天上六道中轮回,"闵四恶趣",即免堕于此四道中。

[10] 八部诸恶鬼神:有八部鬼众:一、乾闼婆;二、毗舍阇;三、鸠槃茶;四、薜荔多(饿鬼);五、诸龙;六、臭饿鬼;七、夜叉;八、罗刹(捷疾鬼)。有天龙八部:一、天众;二、龙众;三、夜叉;四、乾闼婆(服侍帝释的乐神);五、阿修罗(与帝释战斗之神);六、迦楼罗(即大鹏金翅鸟);七、歌神;八、大蟒神(蛇头人身)。"八部诸恶鬼神",总称各八部中的恶鬼神。

〔11〕《大宝积经》:有四十九会七十七品,译者往往仅译一会或数会,唐菩提流志新译三十六会,又取旧译合为四十九会一百二十卷为全本。

〔12〕 那由他:梵语,数目名。究竟指多少数目,各家说法不一,总之是很大的数字。

〔13〕 离生之位:离生,脱离生死。离生之位,相当于阿罗汉果甚至佛果。

〔14〕 清净圆满:清净,离恶行之过失,离烦恼之垢染。圆满,天台宗认为圆者全也,十界三千之诸法,俶然具足,称为圆满。

〔15〕 阿弥陀:梵语,佛名,译为无量寿佛、无量光佛,又译甘露佛。其世界称极乐,在西方。

〔16〕 以一分毛:此句下面,应有"喻阿弥陀佛刹庄严,以一毛喻普见如来佛刹庄严"等文,上下文意才可连续。

〔17〕 真俗:佛家以普通所见的世间事理为俗,以不生不灭的理性为真。

〔18〕 真缔:缔,精义。真缔,即佛家所谓真实不灭的理性,即出世间法。

〔19〕 善男子:佛称在家出家的男女为善男子、善女人。善,是称赞其信佛的意思。又,以罗汉为善男子。

〔20〕 菩提心:菩提,觉悟之义。菩提心,求正觉之心。

〔21〕 深心:求法之心深重,称深心。又,求深高佛果之心,称深心。

〔22〕 善知识:善,对我有益,引导我走善道。知识,不是博知博识,而是指知其心、识其形。善知识,佛教徒对帮助自己修行的朋友的称呼。

〔23〕 诸地:佛教修行过程有十个阶位,称为十地。十地的内容有诸种,说法不一,所以这里统称诸地。

〔24〕 波罗密:梵语,意译为到彼岸、度无极。度,指菩萨的诸种行为。

〔25〕 妙行:佛家称殊妙之行法为妙行。《法华玄义》四:"妙行者一行一切行。"

〔26〕 四摄:一指四摄法,即布施、爱语、利行、同事。一指四摄菩萨,即金刚界三十七尊中的四金刚菩萨:金刚钩菩萨、金刚索菩萨、金刚锁菩萨、金刚铃菩萨。

〔27〕 般若波罗密:梵语。般若,译为智慧;波罗密,译为度。佛家认为,智慧(指佛家的智慧)是度脱生死到达彼岸之船,所以称为波罗密。

〔28〕 大乘:公元1世纪左右形成的佛教派别,也称大乘佛教,自称能运载无量众生从生死大河之此岸达到菩提涅槃之彼岸,成就佛果,而贬称原始佛教和部派佛教为小乘。

〔29〕 无生法忍:佛家称真如之理,涅槃之体,远离生灭,是无生法。安住于无生之法理,而不动心,叫无生法忍。

〔30〕 一切法:又名一切万法,一切诸法为总该万有之称。《智度论》二:"一切法,略说

有三种:一者有为法,二者无为法,三者不可说法。此三已摄一切法。"

　　[31]　摩诃萨:即摩诃萨埵之略,菩萨之通称。

　　[32]　枟波罗密:波罗密译为度。菩萨修六法,能到达涅槃之彼岸,所以六法称为六波罗密。枟波罗密为六波罗密之一,枟者枟那之略,意译为布施、财施、无畏施。

　　[33]　尸波罗密:又称尸罗波罗密,六波罗密之一。尸罗,译为戒,包括在家、出家、小乘、大乘等的一切戒行。

　　[34]　忍波罗密:六波罗密之一。忍,指忍受一切有情骂辱击打等及非情寒热饥渴等。

　　[35]　庄严具:庄严,即装饰。有两种含义,一是以德行,即具德;一种是以美物,即交饰。庄严具,即庄饰物。

　　[36]　勤波罗密:又称精进波罗密,六波罗密之一,指精进身心,进修其他五波罗密。

　　[37]　禅波罗密:六波罗密之一。禅者,禅那之略,译为静虑、定,指思维真理、定止散乱之心之要法。

　　[38]　菩提分:菩提,觉。分,分支。菩提分,指三十七法。

　　[39]　法水灌顶:佛家妙法能洗烦恼之尘垢,所以比为水,称为法水。灌顶,天竺国王即位时,以四大海之水,灌于头顶表示祝贺。佛家密宗传授秘法或授予阿阇梨位时,借此意也称灌顶。

　　[40]　世谛:相对真谛之称。世,世间、世俗。谛,事实,道理。世间之事实,又世俗人所知道理,称为世谛,又称俗谛。

　　[41]　跋陁婆罗菩萨:又作𨁕陁,跋陀罗波梨,贤护菩萨之梵名,是王舍城在家之菩萨。

　　[42]　娑婆世界:娑婆,梵语,意译为堪忍。佛家认为,现实世界的众生一切苦,可是众生忍受一切苦而不肯离开(出世),所以,称现实世界为娑婆世界。

　　[43]　十方面:佛经称东、西、南、北、东南、西南、东北、西北、上、下为十方。

　　[44]　般涅槃:梵语,即涅槃,意译为入灭。佛家以涅槃为修行最高境界,实际上涅槃即死亡。

　　[45]　舍卫国:古印度一王国名,在今印度西北部拉普地河南岸。

　　[46]　婆罗门:梵语,意译为清净。古印度把人分为婆罗门(祭司)、刹帝利(武士)、吠舍(农民和手工业者)、首陀罗(无技术的劳动者)四个种姓,此外是贱民。婆罗门自认是印度"最胜种姓"。

　　[47]　九十五种诸论议:佛法以外的论议,印度有九十五种,总称为外教或外道。

《广清凉传》古籍校注

〔48〕 酬对:酬,劝酒,劝客喝自己也得喝。此处的酬对,指辩论中的答对。

〔49〕 盲瞑:盲昧暗冥,无见理之明。

〔50〕 重障:众生为各种障碍不得开悟佛道,称为重障。大体有三种:一、一切无明之烦恼,叫惑障;二、五逆十恶叫业障;三、三途八难叫报障。

〔51〕 阿鼻极恶猛火:阿鼻,梵语,译为无间,意为受苦无间断,传为八大地狱之一,在地下最底层,是最苦处。阿鼻之猛火烧人,又有阿鼻焦热地狱之称。

〔52〕 《宝箧经》:即《宝箧印陀罗尼经》,唐不空译。

〔53〕 《无垢称经》:《说无垢称经》之略名,为唐玄奘译《维摩经》之经题。

〔54〕 法轮:佛家以为,佛之说法,能摧破众生之恶,犹如轮王之轮宝,能辗摧山岳岩石,所以称为法轮。又,佛之说法,不停滞于一人一处,展转传人,犹如车轮,所以此为法轮。

〔55〕 大慈恩寺基法师:即窥基(632—682),唐代僧人,俗姓尉迟,唐代开国功臣尉迟敬德之侄,十七岁出家,奉敕为玄奘弟子,住长安(今陕西省西安市)大慈恩寺,参加玄奘译场,后从事著述,著《阿弥陀经疏》等约十四部,号称“百疏论主”。

〔56〕 不空三藏:不空(705—774),唐代僧人,原籍北天竺,一说师子国(今斯里兰卡),为中国佛教四大译师之一,密宗创始人之一。佛教典籍,有经藏、律藏、论藏三部分,在佛教史上,通晓“三藏”的僧人称三藏法师,不空曾被唐代宗赐号“大广智三藏”,所以被称为不空三藏。

〔57〕 《金刚顶经》:即《金刚顶瑜伽经》,梵本十万偈十八会之总名。

〔58〕 舍利弗:人名,又作舍利弗多、舍利弗罗、舍利子、舍利富多罗,为佛弟子,智慧第一。

〔59〕 比丘:梵语,意译乞士,为出家受具足戒者之通称。

〔60〕 众会:众多神通功德之会合。

〔61〕 蕈:蔓生植物,有山蕈、虎蕈、莲蕈。

〔62〕 弥勒菩萨—弥勒,菩萨之姓,译为慈氏,据说他生于南天竺婆罗门家,将继释迦牟尼佛位。

〔63〕 善财:佛弟子名。

〔64〕 火宅:佛家认为,凡人生死往来之世界分为三;一、欲界;二、色界;三、无色界。三界之生死,譬如火宅。《法华经·譬喻品》:“三界无安,犹如火宅,众苦充满,甚可怖畏。常有生老病死忧患,如是等火,炽然不息。”实际上,火宅就是指现实世界。

《广清凉传》古籍校注 GuangQingLiangZhuanGujiJiaoZhu

菩萨应化总别机缘二

夫大圣应化[1],有总有别,随机缘故。云:"何为总?"答:"如《华严经》第五十卷说:譬如月轮,有四希奇。未曾有法,何等为四? 一、映蔽一切,星宿光明;二、随逐于时,示现亏盈;三、于阎浮提[2]清净水中,影无不现;四、一切见者,皆对目前,而此月轮无有分别,无有戏论。佛子如来身月,亦复如是,有四希奇。未曾有法,何等为四?一、所谓映蔽一切:声闻[3]、缘觉[4]、学无学[5]众;二、随其所宜,示现寿命修短不同,而如来身无有增减;三、一切世界净心众生菩提器中,影无不现;四、一切众生有瞻对者,皆谓如来唯现我前,随其心乐而为说法,令得解脱乃至,而如来身无有分别,无有戏论。今文殊亦尔。故《菩萨般涅槃经》[6]云:住首楞严三昧力[7],故于十方面,或现初生,或现灭度,入般涅槃,现分舍利[8],饶益众生乃至。是文殊师利有无量神通变现,不可具说。"以上所显,即是菩萨遍一切处普应机缘,故名为总。故《华严钞》[9]引经偈[10]云:"文殊大菩萨,不舍大悲愿,变身为异遭,或冠或露体。或处小儿丛,游戏邑聚落,或作贫穷人,衰容为老状。以现饥寒苦,巡行坊市廛,求乞衣财宝,令人发一施。与满一切愿,令使发信心,信心既发已,为说六度法[11]。领万诸菩萨,居住五顶山,放亿种光明,人天咸悉睹,罪垢皆消灭。"

二别者,即今偏在清凉五台山是也。以此处机缘胜故,又是本所居,金色世界报土[12]在此也。按大唐《东夏神州感通录》[13],宣律师常(尝)于唐麟德元年[14]仲春之季,有数天人来礼觐律师,共相谈叙。律师因问天人云:"古昔相传文殊在清凉山,领五百仙人说法。经中明说,文殊是旧住娑婆世界菩萨,娑婆是大千总号,如何偏在此方?"天人答云:"文殊者,法身大士[15],诸佛之元帅也,随缘利现,应变不同。大士之功,非人境界,不劳评论。但大圣多在清凉山,山下有仙花山,有五台县清凉府。往往人到不得不信。"

【注释】

[1] 应化:佛家术语。应者应现,应众生之机类而现身;化者变化,应真佛缘而变化种种。

[2] 阎浮提:梵语,意译南赡部洲,即人类住处。

[3] 声闻:闻佛所说言教而悟解,称为声闻。声闻为佛道中之最下根。

[4] 缘觉:宿因所萌,或观十二因缘之理,或观飞花落叶而独自觉悟佛道,称为缘觉。

[5] 学无学:佛家以为研究真理,以断妄惑,叫做学。真理已研究完,妄惑已断尽,再没有可学的,叫做无学。学无学,即学阿罗汉果或佛果。

[6] 《菩萨般涅槃经》:即《文殊师利般涅槃经》,一卷,西晋聂道真译。

[7] 首楞严三昧力:首楞严,梵语,译健相,用来比喻佛德坚固,即佛性。三昧,精义。首楞严三昧力,指佛不可思议势力。

[8] 舍利:梵语,又作室利罗、设利罗,意为佛的身骨,又云灵骨。

[9] 《华严钞》:唐代澄观作。

[10] 偈:梵语,译为颂。一偈四句,不论三言、四言乃至多言,都是四句。

[11] 六度法:即六波罗密,指一布施、二持戒、三忍辱、四精进、五禅定、六智慧。

[12] 报土:佛家把佛的报身所居之土称为报土。

[13] 《东夏神州感通录》:唐代律宗道宣所撰。下文"宣律师"即指道宣。

[14] 麟德元年:麟德,唐高宗年号。麟德元年,664年。

[15] 法身大士:又称法身菩萨。位在初地以上。

菩萨何时至此山中三

　　按《大方广佛华严经》四十五《菩萨住处品》云："北方有处，名清凉山，从昔已(以)来，诸菩萨众于中止住。现有菩萨名文殊师利，与其眷属诸菩萨众一万人俱，常在其中而演说法。"

　　又据《文殊菩萨现宝藏陀罗尼经》[1]云："尔时，金刚密迹主菩萨[2]白佛言：'世尊昔常为我说如是言：我灭度后，于瞻部洲恶世[3]之时，文殊师利广能利益一切众生，大作佛事。唯愿世尊为我分别演说，于何处住？复于何方而行利益，怜悯摄护诸众生？故愿为说之乃至。'佛告金刚密迹主菩萨言：'我灭度后，于此瞻部洲东北方，有国名大振那，其中有山名为五顶。文殊师利童子游行居住，为诸众生于中说法，及有无量龙天[4]、夜叉[5]、罗刹[6]、紧那罗[7]、摩喉罗伽[8]、人非人[9]等围绕供养乃至。文殊师利有如是等无量威德，神通变化，自在庄严，广能饶益一切有情，成就圆满福德之力，不可思议。'"

　　又据《文殊般涅槃经》云："如是大士，久住首楞严三昧，佛灭度后四百五十岁，当至雪山，为五百仙人说法，教化成就，令不退转。"

　　又《感通录》上卷：宣律师问天人云："今五台山中台之东南二十里，见(现)有大孚灵鹫寺，两堂隔涧，于今犹在。南有花园，可三顷许，四时发彩，人莫究其所始。或云汉明[10]所造，或云魏孝文[11]所作，众[12]说不同。如何？"天人答云："二帝俱曾于此造寺供养，及阿育王[13]亦曾于此造塔。"

　　昔周穆王[14]时，已有佛法。此山灵异，文殊所居。汉明之初，摩腾[15]天眼亦见有塔，劝帝造寺，名大孚灵鹫。言孚者，信也。帝信佛理，立寺劝人，名大孚也。又，此山形与其天竺[16]灵鹫山相似，因此为名焉。元魏孝文，北台不远，常年礼谒。见（现）人马有迹，石上分明，其事可知。至唐朝，因澄观法师^[17]于此造《大华严经疏》，遂下敕改为大华严寺。

或问："据《华严经·菩萨住处品》即说菩萨常在此山，如何《现宝藏经》及《般涅槃经》二经皆言佛灭度后，方来此山？"答："此由菩萨住首楞严三昧无作妙力，能分一身为无量身，复以无量身入一身，俱无障碍。如经广说，能以一身分无量身，故即一身常在此山，其所分身于十方界施难思化^[18]，即《华严》所说'在此山'是也。又复以无量身入一身，故即十方界施化既毕，还来从此一身，引导众生令发心，故即《现宝藏经》及《般涅槃经》言'佛灭度后，来入此山'是也，于理何妨？况是大圣不思议之境，岂可凡情能测度哉？"

故显扬论说，于不思议境界强思议者，有三过：一、得心狂乱过失；二、生非福过失；三、不得善过失。如非强思议者，得三善果，翻此可知。

笺云：虽神应无方，道无不在，但菩萨本所化境，机缘偏胜，何可疑焉？

【注释】

[1]《文殊菩萨现宝藏陀罗尼经》：疑即《文殊师利现宝藏经》，三卷，西晋竺法护译，《大方广宝箧经》之异译。

[2] 金刚密迹主菩萨：金刚密迹，又称密迹金刚、密迹力士、金刚力士、金刚手、执金刚、夜叉神，为执金刚杵、现大威势、拥护佛法之天神之通称。密迹主即夜叉王。

[3] 瞻部洲恶世：佛教称人类居住处为南瞻部洲，或简称瞻部洲。恶世，恶事盛行之世。

[4] 龙天：天龙八部中之龙众及天众。

[5] 夜叉：梵语，意译能噉鬼、捷疾鬼。

[6] 罗刹：梵语，意译暴恶、可畏，恶鬼之总名。

[7] 紧那罗：梵语，译歌神。

[8] 摩睺罗伽：梵语，译大蟒神。

[9] 人非人：又作疑神，似人而有一角，所以称人非人。天龙八部众本非人，变作人形来听说法，也称人非人。

[10] 汉明：指汉明帝。

[11] 魏孝文：指北魏孝文帝元宏。

[12] 众:原文为"乐",另本为"牙",疑误,姑且以"众"字代。

[13] 阿育王:印度摩揭陀国孔雀王朝创始人旃陀罗籍多之孙,在位时(前273—前231)统一印度,立佛教为国教。据传他曾建八万四千寺塔,并派传教师去四方传播佛教。

[14] 周穆王:姬满,在位时约为公元前10世纪。

[15] 摩腾:僧人名,又作迦叶摩腾、竺摄摩腾等,中天竺人,据说于汉明帝时与竺法兰来洛阳,建白马寺,为中国有佛教之始。

[16] 天竺:印度古称。

[17] 澄观法师:澄观(738—839),俗姓夏侯,越州山阴(今浙江绍兴)人,十一岁出家,天资颖悟,学问渊博。德宗授镇国大师称号,任天下大僧录。宪宗赐金印,授清凉国师。他一生翻译不少经籍,并有《华严疏抄》等著述,大弘华严宗,死后被尊为华严宗四祖。

[18] 施难思化:施,施与。施有三种:施财物,施无畏,施法。施法即以佛法教化众生,或称施化。难思,赞叹佛法之词,意思是佛法广大深远而难思议。施难思化,即以广大难思议之佛法教化众生。

清凉山得名所因四

按《华严经疏》云："清凉山者，即代州雁门郡[1]五台山也。以岁积坚冰，夏仍飞雪，曾无炎暑，故曰清凉。五峰耸出，顶无林木，有如累土之台，故曰五台。"

海东[2]《文殊传》云："五台即是五方如来之座也。亦象菩萨顶有五髻。"

余因此二文，今更广之。按《千钵经》及《文殊师利五字陀罗尼瑜伽观门》[3]所说，文殊表般若，能生诸佛。故《大宝积经·第六十文殊会》云："文殊师利白佛言：世尊！我以无碍天眼[4]，所见十方无量无边诸佛刹中一切如来，若非是我劝发，决定菩提心教授，教诫令修，布施持戒，忍辱精进，禅令智慧，命得阿耨多罗三藐三菩提[5]者，我于菩提终不应证。而我要当满此所愿，然后乃证无上菩提。"

又，"文殊表般若"者，菩萨大悲，能为增上[6]，断灭一切诸众生等烦恼、罪业。《金刚顶经·金刚觉大菩萨三摩地一切如来智慧品》云："尔时，世尊复入文殊师利摩诃菩提萨埵三摩耶所生法[7]，加持金刚三摩地[8]已，从自心出此一切如来大智慧三摩耶，名：一切如来心印。即说蜜（密）语：跋折啰底瑟那（三合）[9]。才出此语时，于一切如来心（即彼薄伽梵执金刚[10]以为智剑[11]）而出，已同一蜜合，入于毗卢遮那佛[12]心中，便为剑鞘。既成就已，位于毗卢遮那佛手中。于时，从彼如来剑鞘身中，出现一切世界等如来身、一切如来智慧等及一切如来神变游戏已，由极妙吉祥故，及金刚萨埵三摩地极坚牢故，同一密合，以为文殊师利摩诃菩提萨埵。身既成就已，住于世尊毗卢遮那佛心，而高声作是言曰：

我是诸佛语，号为文殊声。若以无形色，音声可得知。（以诸佛法身本无形相，恐成断灭，故以音声假诠表之。诠佛语言，即文殊声也。）

尔时，文殊师利摩诃菩提萨埵从世尊心下，已依一切如来右边月轮中住，复请教示。尔时，毗卢遮那佛入一切如来智慧三摩耶金刚三摩地已，现一切如来断除烦恼三摩耶，为尽偏众生界断除一切苦故，及一切安乐悦意受用故，乃至成就一切如来随顺音声圆满最上悉地[13]。故彼金刚，觉于文殊师利摩诃菩提萨埵如上，于双手授之乃至，以其金刚剑挥砍，已而高声唱言：

此是诸如来，般若波罗密，能破诸怨敌，灭罪中为最。

故菩萨左手持梵夹，表般若体，自性清净；右手持剑，表般若用，断除众生烦恼怨敌。

又，《五字瑜伽观门》之表[14]者："阿"者，无生门[15]诠，一切法无生，表大圆镜智东方金刚部主阿閦如来[16]，即菩萨顶上东边一髻之象也。"罗"者，无垢门[17]诠，一切法无垢，表平等性智南方宝部主宝生如来[18]，即菩萨顶上南边一髻之象也。"跛"者，无第一义谛[19]门，表妙观察智西方莲花部主无量寿如来[20]，即菩萨顶上西边一髻之象也。"左"者，诸法无行[21]门，表成所作智北方羯磨部主不空成就如来[22]，即菩萨顶上北边一髻之象也。"娜"者，诸法无性相[23]离语言文字门，表清净法界中方如来部主毗卢遮那如来[24]，即菩萨顶上中方一髻之象也。故菩萨顶分五髻，山派五峰，岂徒然哉？良有以也。

故《华严疏》[25]云："表我大圣五智[26]已周，五眼[27]已净，总五部[28]之真原，故首戴五佛[29]之冠，顶分五方之髻，运五乘[30]之要，清五浊[31]之灾矣。此山磅礴数州，绵五百里。左邻恒岳，隐嶙参天；右控洪河，萦回带地；北临朔野，限雄镇之关防；南拥汾阳，作神州之势胜。回环日月，畜泄云龙。虽积雪夏凝，而奇花万品；寒风冬冽，而珍卉千名。丹嶂横开，翠屏叠起。排空度险，时逢物外之流；扪萝履危，每造非常之境。白雪凝布，疑净练于长江；杲日炽升，认扶桑[32]火海。"

又，华严疏主释《菩萨住处品》[33]云："余幼寻兹典，每至斯文，皆掩卷而叹。遂不远万里，委命栖托，圣境相诱，十载于兹。其感应昭著，盈于耳目。及夫夏景胜事，尤多历历。龙宫夜开千月，纤纤瑞草，朝间百花。或万圣罗空，或五云凝岫。圆光映乎山翠，瑞鸟翥于烟霄。唯闻大圣之名，无复人间之虑。入圣境者接武，革尘心者架肩，相视众谓非凡，触目皆为佛事。其山势寺宇，难以尽言。自大师晦迹于西天，妙德扬辉于东土，虽法身长在，而鸡山[34]空掩于荒榛。应现有方，鹫岭得名于兹土。神僧显彰于灵境，宣公上禀于诸天[35]。汉明肇启于摩腾[36]，魏帝中孚于至化[37]。北齐数州以倾供[38]，有唐九帝之回光[39]。五天殉命以奔风，八表亡躯而竞托[40]，其有居神州一生而不到，奚异舍卫三亿[41]之徒哉!"

按《大唐神州感通录》云："代州东南，有五台山者，古称神仙之宅也。山方五百里，势极崇峻。上有五台，其顶不生草木。松柏茂林，森于谷底。其山极寒，南号清凉山，山下有清凉府。经中明说，文殊将五百仙人住清凉雪山，即斯地也。所以，古来求道之士，多游此山。灵踪遗窟，奄然在目，不徒设也。中台最高，去并七百，望如指掌。上有小石浮图[42]，其量千许，即后魏文帝宏所立也。石上人马之迹，宛然存焉。顶有大泉，名曰太华，澄清似镜，有二浮图夹之，中有文殊师利像。人有至者，钟声香气，无日不闻；神僧瑞像，往往逢遇。大唐龙朔[43]已（以）来，敕下，令会昌寺僧会颐，往彼修治寺塔。前后再返，亦遇灵感。至正观[44]中，有解脱禅师聚安习定，自云：于花园北，四度见文殊师利，翼从满空，群仙异圣，不可胜纪。"

"或问：'此清凉山，为但山寒名曰清凉，为就胜德耶?若但山寒名清凉者，即阴山穷谷冻寒之方，皆应清凉，若就胜德名清凉者，但诸仙圣所住之处，应亦清凉。即何独此山擅斯名也?'答：'必二相兼，即无滥矣。一为山寒，兼有五顶，如上已说。二惟就文殊化境，拣余仙圣所居。如《般泥槃经》云：若有读诵文殊师利名者，设有重障，不堕阿鼻极苦猛火，常生他方清凉国土，值佛闻法，得无生忍。《华严经·入法界品》云：以自在大慈，命彼清凉。斯之谓矣。故化方逐物，众生自见于兴亡。极土[45]湛然，不随器界之生灭，如斯而已。'"

【注释】

[1] 代州雁门郡：唐时代州，亦称雁门郡，在今山西省代县。

[2] 海东：即元晓（617—?），朝鲜华严宗僧人，俗姓薛，二十九岁出家，入唐求学，甚有声望，著述很多，如《阿弥陀经疏》等。《文殊传》也是他的著述。因为他是新罗国人，世称之为海东。

〔3〕《千钵经》及《文殊师利五字陁罗尼瑜伽观门》:二书均无考。

〔4〕 无碍天眼:天眼,五眼之一,不论远近内外昼夜都能见到。无碍,形容天眼所见,什么都不能障碍,都能见到。

〔5〕 阿耨多罗三藐三菩提:梵语,意译无上正等正觉、无上智慧、无上正偏知,是对佛智的美称。

〔6〕 增上:佛家术语,意为势力强盛。

〔7〕 三摩耶所生法:三摩耶,梵语,意为平等。密宗以修身、语、意三密平等为本,所以总称密宗之法为三摩耶所生法。

〔8〕 金刚三摩地:三摩地,梵语,密宗之法的总称。密宗有金刚界,胎藏界二部,金刚三摩地即金刚界法。

〔9〕 蜜语跋折罗底瑟那三合:蜜语,即密语,为密宗的秘密语言。跋折罗,梵语,译为金刚。底瑟,梵语,又作底沙,佛名,据说为释迦牟尼之师。那,梵语,《涅槃经》:"那者,三宝安住无有倾动,喻如门阃,是故名那。"三合,指跋折罗、底瑟,那这三者合为一句的密语。

〔10〕 薄伽梵执金刚:薄伽梵,梵语,译为世尊。执金刚,即警护诸佛的夜叉神。

〔11〕 智剑:佛家以为,清净智慧,能斩断烦恼之缚绊,比之为剑,称为智剑。

〔12〕 毗卢遮那佛:毗卢遮那,梵语,又作毗卢舍那。毗卢舍那佛,即释迦牟尼佛之法身。

〔13〕 悉地:梵语,译为成就。密宗把三密相应,因而成就之妙果称为悉地。

〔14〕《五字瑜伽观门》之"表":《五字瑜伽观门》一书无考。按佛家说法,文殊菩萨之本体,以形相言,则为五髻文殊,童子形,顶上五髻。以真言字数而名,则为五字文殊,五字为阿、罗、跋、舍、那。所谓《五字瑜伽观门》之"表",其大意疑为:《五字瑜伽观门》所说的文殊佛菩萨的表现。

〔15〕 无生门:佛家以为,涅槃之真理,无生无灭,所以称无生。观无生之理以破生灭之烦恼,为入道之门,所以又称无生门。

〔16〕 大圆镜智东方金刚部主阿閦如来:密宗有金刚界五智如来,分主五部,东方为阿閦如来,大圆镜智所成,故称大圆镜智东方金刚部主阿閦如来。

〔17〕 无垢门:佛家认为,佛菩萨清净而无垢染,因而以无垢为入道之门,称无垢门。

〔18〕 平等性智南方宝部主宝生如来:五智如来之一,出生南方,由平等性智而成,称宝生如来,为宝部主。

〔19〕 第一义谛:谛,真理。佛家以为,涅槃为诸法中第一,称为第一义谛。世俗之真理则为第二义谛。

〔20〕 妙观察智西方莲花部主无量寿如来:五智如来之一,出生西方,由妙观察智而

成,称无量寿如来(即阿弥陀佛),为莲花部主。

[21] 诸法无行:诸法,同万法,指世间一切事物。佛家认为,诸法实相(万物的真实本质),空无所有,无善恶之行,称诸法无行。

[22] 成所作智北方羯磨部主不空成就如来:五智如来之一,由成所作智而成,生于北方,名为不空成就如来,为羯磨(译为业)部主。

[23] 诸法无性相:佛家认为诸法为因缘所生,无实性,无一定之相。

[24] 清净法界中方如来部主毗卢遮那如来:五智如来之一,生于东西南北中五方之中方,法界体性智所成,名毗卢遮那如来(又名大日如来),为如来部主。

[25] 《华严经疏》:唐代澄观撰,六十卷。此处所引之文,出该书《诸菩萨住处品》,与原文稍有出入。

[26] 五智:即法界体性智,大圆镜智,平等性智、妙观察智、成所作智。

[27] 五眼:一、肉眼;二、天眼;三、慧眼;四、法眼;五、佛眼。

[28] 五部:此处应为密宗所依之五部经典(《大日经》、《金刚顶经》、《苏悉地经》、《瑜祇经》、《要略念诵经》)。

[29] 五佛:即上述之阿閦如来、宝生如来、阿弥陀如来、不空成就如来及大日如来。

[30] 五乘:佛家以为教法可以乘人使各到其果地,所以称为乘。五乘,一、人乘;二、天乘;三、声闻乘;四、缘觉乘;五、菩萨乘。关于五乘何指,还有其他说法。

[31] 五浊:又称五浑、五滓等,一、劫浊;二、见浊;三、烦恼浊;四、众生浊;五、命浊。

[32] 扶桑:我国对日本的古称。

[33] 华严疏主释《菩萨住处品》:华严疏主,指唐代澄观,他作《华严经疏》,被称华严疏主。《菩萨住处品》为《华严经》的一部分。

[34] 鸡山:鸡足山,在古印度摩揭陀国,相传为佛大弟子迦叶尊者入定之山。

[35] 宣公上禀于诸天:宣公,疑指唐代道宣。道宣著《神州感通录》,说他曾向数天人询问关于文殊在清凉山之事(参见本书《菩萨应化总别机缘二》)。

[36] 汉明肇启于摩腾:传说汉明帝时,天竺高僧摩腾、竺法兰来中国,到五台山,以为这里是文殊菩萨说法的道场,便奏闻明帝,在菩萨顶建大孚灵鹫寺(包括今菩萨顶及显通寺)。据说这是五台山有佛寺之始。

[37] 魏帝中孚于至化:魏帝,指北魏孝文帝元宏。孚,弘信,即信佛。"魏帝中孚于至化",中间有魏孝文帝相信佛教是最好的教化手段。据说,魏孝文帝重修大孚灵鹫寺,实际上不是重修,而是始建。

[38] 北齐数州以倾供:《古清凉传》载:北齐"割八州之税,以供山众衣药之资"。

［39］　有唐九帝之迴光:澄观死于唐宪宗元和年中,作《华严疏》时大约在代宗、德宗之时。他所说九帝,大约指高祖、太宗、高宗、武则天、中宗、睿宗、玄宗、肃宗、代宗,如不算武则天,则至德宗。唐代诸帝,均重视五台山,以至于五台山在唐代成为全国佛教中心。

［40］　五天殉命以奔风,八表亡躯而竞托:五天,指五天竺,即今印度。八表,八方以外极远的地方。这两句是说,许多人曾不怕殉命亡躯,以追风的速度,争先恐后地到五天竺这种极远的地方去求经见佛。

［41］　舍卫三亿:指舍卫国三亿家不见闻佛之出世。《智度论》九:“舍卫城九亿家,三亿家眼见佛,三亿家耳闻有佛,三亿家不闻不见。”

［42］　浮图:梵语,又作浮屠、佛图等,都是佛陀的异译。佛教为佛陀所创,因此,古人称佛教徒为浮屠,佛教为浮屠道。后来,称佛塔为浮图。此处指佛塔。

［43］　龙朔:唐高宗年号。

［44］　正观:即贞观,唐太宗年号。

［45］　极土:四土之一,为菩萨居处。

五台四埵古圣行迹五

按《灵记》[1]："五台有四埵,去台各一百二十里。"

据古图所载,今北台即古中台,中台即南台,大黄尖即北台,栲栳山是西台,漫天石是东台。(唯北台、中台,古时有异。东、西二台,古今无异。)

无恤台,常山[2]顶是也。昔赵简子[3]名无恤,曾登此山观代国,下瞰东海蓬莱宫观神仙之宅。此是普贤菩萨于中止住,云霞出没,往来五台。登台者多见灵瑞。缘斯圣迹,故号为东埵也。

西䇶蕠山,上有宫池古庙。隋炀帝避暑,于此而居,因悦天池,造立宫室。龙楼凤阙,遍满池边。此池世传神龙所居。缘斯圣迹,故号为西埵也。

南有系舟山,上有铜环,舡轴犹在。昔尧遭洪水,系舟于此,世传尧睹文殊现于南台。缘斯圣迹,故谓之南埵也。

北有复宿堆,即夏屋山也。后魏孝文皇帝避暑,往复宿此,因以名焉,下见云州石窟寺[4],世传山上有乾闼婆城[5]即化城也,常于日欲出时,城乃现焉。又望见北川吴塚垒垒,有鬼趁南行,及见南山柏谷,藁[6]出随行。文帝叱之,其藁即回,低曲而走。因谓之亚走柏。由此事迹,谓之北埵也。

至巨(大)唐,俨禅师,神异僧也。尝登南台之上,望见五顶皆有五色云复之。随云复者,配之为台。唯古之中台,即今之北台;古之南台,即今之中台(孝文封为南岳也)。余皆定矣。

【注释】

〔1〕《灵记》:不详。

〔2〕常山:即恒山,汉代因汉文帝名恒,曾改称恒山为常山,在今山西省浑源县境内。

〔3〕赵简子:名鞅,春秋末年与智、韩、魏四家为晋国中最强大的割据势力。赵简子死后,其子赵襄子(赵无恤)联合韩、魏灭智氏,随后又联合灭掉晋君,成为韩、赵、魏三国。这里说赵简子名无恤,应为赵襄子无恤。

〔4〕云州石窟寺:今大同市云冈石窟。

〔5〕乾闼婆城:乾闼婆,梵语,译为香神,又译乐神,为无龙八部之一,据说闻香为食,善于幻术,能幻化出城郭在其中游戏。因此,称海市蜃楼为乾闼婆城。

〔6〕虆:山蒲桃、芝藤花等虎刺狸藻之类。

五台境界寺名圣迹六

中台：顶上有太华池，方圆二里，天生九曲。其水湛然，色若琉璃，澄澈见底。池内平处，有石磊落。丛石间复有名花，百品交映。神龙宫宅之所在焉。人暂视之，瘆然神骇，云雾祥映，难以具言。然池之大小浅深，神变不定。故礼谒者解璎褫珮，投中而去。

隋开皇十一年[1]，文帝敕忻州刺史崔震持供，于五台顶设斋立碑。及[2]奉使登台，遥瞻丛石，并是菩萨，身挂璎珞。故宝台铁塔，功德最多，不可殚纪。

古十寺：

大孚灵鹫寺　王子寺　灵峰寺　饭仙寺　天盆寺　清凉寺　石窟寺
佛光寺　宕昌寺　楼观寺

今益唐来寺六：

竹林寺　金阁寺　安圣寺　文殊寺　玉华寺　圣寿寺

灵迹四：

太华池　白水池　孝文人马迹　千年冰窟

名花五：

日菊花　孝文十二院花　五凤花　百枝花　钵囊花

北台：顶上有天井，下有龙宫，白水池相连，金刚窟亦相通彻。

古有八寺：

宝积寺　净明寺　木瓜寺　普济寺　公主寺　甘泉寺　大谷寺　圣寿寺

今益寺二：

宝山寺　太平兴国寺

灵迹十六：

七佛池　罗汉台　九女泉　公主台　孝文教鹰台　孝文打球场　仙人庵
禅庵藁　亚走柏　生死藁　空心藁　生地狱　邓隐峰塔　憨山　玉泉　金井

异草二：

鸡足草　菅蓰草

东台：旧名雪峰，山麓有研伽罗山。台上遥见沧、瀛[3]诸州，日出时，下视
大海犹陂泽焉。

古寺一十五：

华林寺　香云寺　观海寺　香藁寺　铜钟寺　石堂寺　龙盘寺　光明寺
万像寺　凤岭寺　龙泉寺　五王寺　天城寺　温汤寺　古华严寺

今益三寺：

金界寺　乾明寺　东塔院（今为尼院）

灵迹十一：

松子戍　亦龙口　六凤岩　明月池　五王城　枣林　乳头香藁　研伽罗
山　那罗延窟　万圣足迹　温汤

药三：

人参　长松　茯苓

西台：与秘麽岩相连，危磴干云，乔林拂日分空，绝壁接汉层峦。

古寺十二：

秘密寺　石门寺　榆勤寺　乳石寺　东尖寺　大会寺　日照寺　向阳寺
铁勤寺　浮图寺　熊头寺　豹子寺

今益寺四：

李牛寺　黑山寺　仰盘寺　病牛泉寺

灵迹一十五：

泥斋和尚　孝文射垛　落王崖　香山　师子趺　于阗国王趺　二圣对谈
石　八功德水　石门　鸟门　龙窟　萨埵崖　王子烧身塔　割肉坐石
王母仙桃

药三：

黄精　茯苓　木瓜

南台孤绝，距诸台差远，林麓蓊郁，岩崖倾欹，最为幽寂。昔有僧明禅师，居

此三十余载,亦遇神仙,飞空而去,唯蝉蜕其皮。三十里内,悉是名花,遍生峰岫,俗号仙花山。化寺屡逢,钟声时发。昔曾有人遇异人,形伟冠世,言语之间,超腾遂远。故僧明禅师歌曰:

南台秀峙　龙神归依　春云霭霭　夏雨霏霏　黑白瞻礼　失渴忘疲　何罪不灭　何福不滋　卧于石罅　而坐神龟　菩萨麻充其龙枝[4]　罗浮草[5]结作禅衣居岩宕兮静虑　履山巅兮寻师　餐松长智　饵菊除饥　讲说般若志行禅师　再睹龙母　又见龙儿　家施白药　永离苦衰

古寺九:

娑婆寺　殊公寺　郭麽寺　嵌岩寺　浮图寺　高岭寺　石台寺　小柏寺赤崖寺

今益寺三:

福圣寺　灵境寺　法华寺

灵迹九:

七佛谷　龙宫胜堆　万亩平　东王相　西王相　神龟　东车尖　西车尖石罅

药二:

人参　钟乳

中台北、北台南,中间有诸佛浴池一百二十所。四面是水,中心有土台,方圆三尺,号为菩萨盥掌游戏之地。其水香气氛馥,色相光明。人熟视之,神移目乱,不敢久住,然人亦罕到。池中多出白云,状如队仗,有梵志[6]、婆罗门像。如睹菩萨及圆光者,白衣即得初果及第二果[7]。若净戒之僧,得第三、第四果也。

金刚窟,即文殊大宅。此窟在东、北台二麓之下,楼观谷内。南北岭间有石门,乃先圣出入之处,人多不识。昔有繁峙县佛慧师,曾入此窟。行约三十里,有横河。既济,即抵平川,无复凡木,但见宝林,极望四周,金楼琼塔,炳然晃目。佛慧师出,为人说此。

唐长安二年[8],遣使于五台山大孚灵鹫寺前,采花万株,移于禁掖,奇香异色,百品千名,令内道场栽植供养。敕万善寺尼妙胜,于中台造塔,凡一期[9]

功毕。遣内侍黄门金守珍，就山供养。显庆^[10]设斋，仍供一万菩萨。是日，忻、代诸处巡礼僧数盈一万，皆云"万圣赴会"。普施一镮钱^[11]，一万缗^[12]别施菩萨。内侍与忻县具达朝廷。由斯灵瑞，台山复兴。

【注释】

［1］ 开皇十一年：开皇，隋文帝年号。开皇十一年，591年。

［2］ 及：及字后，原有"睹后魏博陵公太守"数字，与上下文均不衔接，疑为衍文，或有脱漏，故删去。

［3］ 沧、瀛：沧州，今河北省沧州市。瀛州，今河北省河间县。

［4］ 菩萨麻充其龙枝：菩萨麻，疑为植物名。龙枝，指拐杖。

［5］ 罗浮草：待考。

［6］ 梵志：梵，译为清净。以梵为志的修行者称为梵志，常为婆罗门的通称，也专指在家的婆罗门。

［7］ 初果及第二果：声闻乘圣果有四等：初果，称预流果，第二果称一来果，第三果称不还果，第四果为阿罗汉果。

［8］ 长安二年：长安，武则天年号。长安二年，702年。

［9］ 一期：三百六十六日为一期。

［10］ 显庆：显庆，唐高宗年号。显庆共五年，即656—659年。

［11］ 镮钱：镮，套在菩萨手指上的饰物。一镮钱，相当于一镮价值的钱。

［12］ 缗：一千文为一缗。

释五台诸寺方所七

按《灵迹记》称:古传有寺一百一十,北齐割数州租税以充供养。粤[1]自后周已(以)来,亟遭废毁。甄台寂寞,空余麋鹿之场;宝塔摧颓,但聚鸱枭之迹。俄钟随季[2],海内分崩;寓(宇)县沸腾,生灵涂炭。兵火延及,荡焉靡遗;大率伽蓝[3],多从煨烬。名额既泯,基址徒存,其堪住持者,六十七所,余皆湮没焉。

大孚灵鹫寺者,世传后汉永平[4]中所立。所以名灵鹫者,据《西域记》[5]第九卷说:"梵云结栗陁罗矩吒山,即释尊说《法华经》之地也。唐云鹫峰,亦曰鹫台。接北山之阳,孤标特起。既栖鹫鸟,又类高台。空翠相映,浓淡分色。"此山亦然。今真容院所居之基,岗峦特起,有类高台,势接中台、北台之麓,山形相似,故以名焉。寺依此山立名,故云大孚灵鹫寺也。昔有朔州大云寺惠云禅师,德行崇峻,明帝礼重,诏请为此寺尚座[6]。乐音一部,工技百人,箫笛箜篌,琵琶筝瑟,吹螺振鼓,百戏喧阗,舞袖云飞,歌梁尘起,随时供养,系日穷年。乐比摩利天仙[7],曲同维卫佛国[8],往飞金刚窟内,今出灵鹫寺中。所奏声合苦空,闻者断恶修善,六度[9]圆满,万行精纯。像法[10]已(以)来,唯兹一遇也。

清凉寺,依山立名,托居岩侧,前通涧壑,上接云霓。长安二年[11]五月十五日,建安王[12]仕并州长史,奏重修葺。敕大德感法师亲谒五台山,以七月二十日登台之顶。僧俗一千余人,同见五色云,中现佛手相,白狐、白鹿,驯狎于前。梵响随风流亮,山谷异香芬馥,远近袭人。又见大僧,身紫金色,面前而立。复见菩萨,身带璎珞,西峰出现。法师乃图画奏闻。帝大悦,遂封法师昌平县开国公,食邑一千户,请充清禅寺主,掌京国僧尼事。仍敕左庶子侯知一、御史大夫魏元忠,命工琢玉御容,入五台山礼拜菩萨。至长安三载(年),送向清凉山安置。于是，倾国僧尼，奏乞送之。帝不许，以雁门地连猃狁[13]，但留御容于太原崇福寺大殿中间供养，于五台山造塔建碑，设斋供养。是知真境，菩萨所居，帝王日万机之务，犹造玉身来礼大圣，矧余凡庶，岂不从风! 一游净域，累劫殃消；暂陟灵峰，多生障灭者矣。

佛光寺，燕宕昌王所立，四面林峦，中心平坦。宕昌王巡游礼谒，至此山门，遇佛神光，山林遍照，因置额名佛光寺。唐正(贞)观七年[14]，五台县昭果寺解脱禅师重加修建，事如惠祥传[15]所说。

王子寺，备惠祥传中所载。

西台接东峨谷，有一古寺，名秘麼岩，亦具惠祥传所说。此寺，唐垂拱[16]中，有雁门清信士[17]辟间崇义，形同素服，心造玄关，毕志有归，励精罔倦。薄游兹寺，誓愿住持。经阁始成，楼台营构，堂殿房廊，六七院宇。二三四辈行人[18]，云屯兹地；十方名德，辐凑其中，无惮劬劳，惟专禅诵。至长安三年，国家搜罗英彦，不遗岩野。辟间崇义遂被召人，因乞为僧。敕许披剃后乃还山，终于此寺也。

北台之西，繁峙县东南，有一寺名公主寺，后魏文帝第四女信诚公主所置。年代浸远，尼众都绝。房廊院宇，佛殿讲堂，九女浮图，瓦甓犹在。唐世，有尼童女名丑丑，得一玉石，方圆一尺，文成五色，表里光莹。自持至都，献则天帝。帝赐绢百束，且须后命，志拟置额度尼。丑丑染病而归，既卒方召，不遂其愿。

北台之麓，有木瓜寺。往昔登台，路由兹地。年代旷远，不知建立之始。寺有长发女，名佛惠，年七十四五，貌似愚痴。百岁耆耋，自少见者，容状初无改变。修葺伽兰，常为导首。繁峙曾有三百余人，逐佛惠上北台，适逢雨雹，遽引下台侧，投一薨下。薨半空如室，佛惠前进，诸人随入，同坐薨空，悉能容受。众不测其神，时谓"肉身菩萨"。

普济寺，居大黄尖岭之南。林麓清虚，川原疎旷。西见栲栳山，东望漫天石，南见中台、北台。当木瓜之北，有入地泉。巡台之人，忽逢雨雹，于此避难。

北台北谷内，有宋谷寺、宝积寺，又东北有宝山寺，并居谷内。院宇丽奇，楼台壮丽，即今见(现)存。

生地狱；去北台东不远，有乱石交耸。闻诸古老：昔有张善和者，尝逐一白兔，至此而陷，内见地狱。地狱不远，又见一经藏，层阁壮丽。善和怖骇，是投其中。因见藏内尘埃甚厚，其傍亦有帚，静(候)扫除之。于善和倏尔善心生焉，因即扫除，令极洁净。承斯片善，还复得出。余谓：若非大圣愿力境界，焉能感化是哉。

邓隐峰禅师者，福建邵武人也。世传：与妹出家，俱来游台。至台之顶，忽失兄所在，妹寻访不得。至北台西道南石上，头下足上，倒植而立，裙衣上耸，竖而不乱，奄然示灭。妹曰："轻躁之性，死而不易。"遂乃推倒，即于其处而阇维[19]之，收其灵骨，垒石为塔，至今在焉。

憨山者，在北台东北。世传：后魏孝文皇帝台山避暑，大圣化作梵僧，从帝乞一坐具之地，修行住止。帝许之。梵僧乃张坐具，弥复五百余里。帝知其神，乃驰骑而去，迥顾斯山，岌然随后。帝叱曰："尔好憨山，何随朕耶？"因此而止。故以名焉。

唐昌寺，佛光(寺)东北四五里，迢峣岗峦，寺宇幽邃。世传：昔宕昌王造佛光寺，安止于此，因以名焉。笺曰：此说或讹，疑唐时赐额，取昌盛为名尔。

石窟寺，在佛光(寺)东北二十余里，俨禅师所造。正当山口，登清凉寺路经，于此游礼憩息之所。

天盆寺，次南台北谷。山形似盆，其势如画。东北仙桥，西南神溪谷，池水当心，楼台四绕。今绝迹矣。

王子烧身寺，次北五六里有小岩寺、大蕈寺，唯瓴甓，余基悉就颓毁。当时塔庙，靡有孑遗。此地极为生善，然游礼路僻，到者甚稀。昔有西京万善寺尼明月、法屋等，于此结庵而居，每诵《华严》、《涅槃》二部，戒律清洁，至神龙元年[20]而卒。

中台北趾及台，岭南有二伽兰，号曰：吴麿、葱园二寺，有洪马寺主于此住持。亦云：戒德光时，威仪动物，群虎如犬，驯扰院庭，钟磬空鸣，如人击动，六事[21]不失，月十常闻，缁素[22]巡台，就而参礼。有尼三五人，年尽期颐[23]。寺主百年不下山谷，长安三年正月仙逝。

五王城五王寺，修创奇异，未知何代五王立名建寺。周围尚有桑林枣园遗迹，游谒者思慕忘返。

东台南足，南岭上有观海寺。内有明月池，方圆一里，水深八尺。虽在晦朔，月影中现。夹池有二松蕈，枝董相樛，每清风发音，有如琴瑟。雁门人王右琦、太原郭上行、晋州魏法才、繁峙薛思恭等一千余人，巡礼东台，忽至此寺。会大霖雨，七日不止。乃虔诚发愿，因得晴霁。但云敷不散，东极于海，浩然一色，平若大川，于中现卢舍那像，并闻说法。后，郭上行等十余人，发心出家，并得剃染[24]，咸有高节。

东台东大会谷内，有铜钟寺，魏时所置。寺有铜钟，可受三十斛[25]，形如瓮，腹身作八棱，刻于魏都。金刚填陷，象鼻隐起，杂宝庄严，龙象绕身，神仙遍腹，参辰、日月、释梵之形，列于顶上。中平元年[26]，有僧惠澄，寓止兹寺。后因传戒[27]，远赴京都，数载方还，失钟所在，徘徊恻怆，痛悼弥深。忽见异人，僧诘其所。答云："余，此山神。钟已收入金刚窟中，本兜率天王[28]所造。"澄曰："非也，此是拘楼秦佛[29]之时所造。山神何故收入金刚窟内？"澄遂于寺勒石为铭，曰：

寺法鼓	窟为邻	击振吼	腻吒闻	集贤圣
灭苦因	被收入	金刚轮	谁得知	见山神
万圣前	六时闻	书翠凤	镌白银	表铜钟之去处

绝后代之疑人

温汤寺，五王之所造。昔五王子者，不知何代，宿植善根，得为王子。又缘恶业，染伽摩罗疾。乃迁入山，于此温泉澡浴，疾遂痊愈，身复轻安，造寺住持，因温汤为号。寺内有砖塔一所，可高二丈，层给三重，中有卢舍那像。文殊、普贤及余部从，靡不毕具。唐万岁通天[30]中，有僧慈云，创此安置。厥后，巡游之人，往还不绝。

清凉岭南三十余里，入大谷中，有嵌岩寺、小柏寺。嵌岩寺有佛殿、门楼，小柏寺中有浮图二所，一当路口，一在谷中。山东之人，多此安泊。北有万亩平(万木坪)，是李澄师庄，为普通供养。昔有僧念阿弥陀佛，一念掷一绿豆在十斛瓮内，念满此瓮，乃见阿弥陀佛来迎，因而化去。

赤崖寺，险路半崖，安置其寺。悬泉滴溜，水透岩下。去七八里许，俯视灵寿、镇、定[31]，复见易州[32]抱腹功德山。

东峨谷南，有铁勤寺、向阳寺、日照寺、垒石寺，并在谷中。林木高深，联绵不绝。佛光寺僧，多来栖止。

入东峨谷，有大会寺、浴王寺、榆勤寺、乳石寺、东尖寺。右上伽兰，并在于谷之内，多居岩险，内有捐身崖、萨埵崖、割肉坐石等处。西有熊头寺、豹子寺、黑山寺、甘泉寺、望台寺，相距不远，十里至十五里间，并据形胜，佛庙精舍，各各有之。

石泥和尚[33]者，不知何代人也。闻诸古老人云："住西台、近东北谷下岩间修道，每至午际，搓泥成剂，以充中食，人莫能测。后不知其终。"

东台北四十余里，谷底有华林寺、香云寺。寺东五十里，有香蕈寺，寺边有乳头香蕈，蕈南有八九十里，有慈云寺、石室寺，下有盘龙寺，有龙形，石上盘屈存焉。次南，有光明寺、万像寺、龙泉寺、风岭寺。慈云在大会谷中，石室在温汤岭上，盘龙寺正当川下。光明寺、万像寺，见者不同，或出或没。有人曾见在南岭寺边有栗蕈果园，有僧见在川内，罔测其由。台山境界，不可依言取定，多致差玄。盖诸圣权宜化现，遭遇各异尔。

有二化寺。按《灵迹记》一：天城寺在五王城北三五十里，四而天城，一川平坦，云峰峻拔，雪瀑湍流。据昔古伽兰传云："化寺不依地立，现在空中。菩萨道场，义殊净刹，朱楼绀殿，七宝所成。紫金白银，琉璃玳瑁，珠网交络，回出云霞。得遇之人，尘机顿息。"有池水深丈四五尺，清彻见底，平满下流。时有灵禽，羽毛五色，绕池上下，和鸣清亮。亦有茅庵草堂十五余所，居山半腹，莫测凡圣。游台之人，有时得见。

东台东华林寺山麓下，有一古老寺，不知题额。院庭之中，宽一二里，四面云峰，如同刻削。踞山半腹，缔构精兰，宝塔凌空，实非人造。昔有闰禅师者，德行高洁，游历至此，忽逢化寺。见二老人，容状非凡，行如奔马，经此山巅。倏忽之间，却见少年，语音和雅，犹如钟磬，口称偈云："上善之语可放，中下之善可收。金刚之宝可用，醍醐妙药可服。"其僧凝思寂听，记其所说，有公孙生[34]之俊辩，舍利子[35]之雄才，穷三界[36]之根源，同一乘[37]之句义。遗僧圣药，遂得服饵之法。僧既受教，旋即不见。人既莫识，寺亦难逢，或化或真，不可知矣。

中台东南，有玉华寺。世传：昔有五百梵僧，彼中修习定慧[38]之业。九夏[39]炎暑，即就中台安居，三冬[40]凝寒，即返玉华禅诵。励精苦志，不废寸阴。常有骡三十头，不烦驱策，从北川上下，运斋粮以供僧用。凡数十载，未尝阙乏。即今中台厨堂之北，犹有旧寺基址存焉。

【注释】

[1] 粤:语助词。

[2] 俄钟随季:随,六十四卦之一,震下兑上,意味着动乱不安定。俄钟随季的意思是说,不久便遭逢动乱的年月。

[3] 伽兰:梵语,译寺院。

[4] 永平:东汉明帝年号,58—75年。

[5]《西域记》:全名《大唐西域记》,玄奘、辨机撰,记载玄奘至印度取经所过诸国情形,是研究唐代中西交通及中亚、印度历史、民族、语言、宗教的珍贵文献。

[6] 尚座:全寺之长。又为对有德行僧人的尊称。

[7] 摩利天仙:摩利,亦作摩利支,梵语。摩利支天仙,密宗作天女形。

[8] 维卫佛国:维卫佛,过去七佛之第一佛。维卫佛国,即维卫佛所居之处。

[9] 六度:度,度生死海到达涅槃。六度为:一、布施;二、持戒;三、忍辱;四、精进;五、禅定;六、智慧。

[10] 像法:佛法有四时;一、佛在世时;二、佛虽去世,法仪未改,称正法时;三、佛去世已久(佛灭后一千年),称像法时;四、转复微末,称末法时。

[11] 长安二年:702年。

[12] 建安王:武攸宜,武则天内侄,封建安王。

[13] 猃狁:古族名,也作猃狁、猃粥、薰育等,殷周之际,主要分布在今陕西、甘肃北境及内蒙西部。春秋时,被称为戎、狄。

[14] 正观七年:正(贞)观,唐太宗年号。贞观七年,633年。

[15] 惠祥传:惠(慧)祥所著《古清凉传》。

[16] 垂拱:武则天年号,685—688年。

[17] 清信士:梵语优婆罗,译为清信士或信士,指受三归五戒得清净信心的男子。

[18] 行人:修行佛道的人。

[19] 阇维:梵语,译为焚烧,即火葬。

[20] 神龙元年:神龙,唐中宗年号。神龙元年,705年。

[21] 六事:一、供养;二、学戒;三、修悲;四、勤善;五、离谊;六、乐法。

[22] 缁素:僧人穿缁衣,所以缁代表僧人,素代表俗人。

[23] 期颐:百岁。《礼记·曲礼上》:"百年曰期,颐。"

[24] 剃染:出家为僧,应剃须发,穿染衣(僧尼避用五正色和五间色,通常用青、黑、木兰色等染衣),所以称出家为剃染。

〔25〕 斛:容量单位。古时以十斗为一斛,南宋末年改为五斗。

〔26〕 中平元年:中平,东汉灵帝刘宏年号,中平元年,184年。

〔27〕 传戒:僧寺召集四方新出家的僧人,授以戒律,称为传戒。

〔28〕 兜率天王:居兜率天。兜率天,又称知足天、妙足天,欲界诸天之一。

〔29〕 拘楼秦佛:又作拘留孙佛、俱留孙佛、鸠楼孙佛等,过去七佛中之第四佛。

〔30〕 万岁通天:武则天年号,仅一年。

〔31〕 灵寿、镇、定:灵寿,今河北省灵寿县。镇,镇州,今河北省正定县。定,定州,今河北省定县。

〔32〕 易州:在今河北省易县。

〔33〕 石泥和尚:唐代入五台山的日僧圆仁,在所著《入唐求法巡礼行记》卷三,记述北台顶供养院"见有一僧,三年不饭,日唯一食,食泥土便斋,发愿三年不下台顶"。这个食泥和尚,疑即《广清凉传》此处所说的石泥和尚。

〔34〕 公孙生:不知指谁。疑指战国时期诡辩学家公孙龙。

〔35〕 舍利子:又名舍利弗、舍利弗多罗,释迦弟子,智慧第一。

〔36〕 三界:佛家以为,凡夫生死往来之世界分为三:一、欲界,上自六欲天,中自人界的四大洲,下至无间地狱,为食欲和淫欲特盛的众生所住的世界。二、色界,一切有形物质,称为色,色界在欲界之上,为已离粗欲而只享受精妙境像的众生所住的世界。三、无色界,此界无一物质,只是以心识住于深妙之禅定,所以称无色界。实际上,即已离物质享受而只有精神存在于定心状态中众生的世界。

〔37〕 一乘:指佛教。佛教认为,教法能载人到达涅槃岸,称为乘。佛教教法是唯一成佛之教,所以称为一乘。

〔38〕 定慧:禅定与智慧,为佛家修行三法中之二法。摄乱意为定,观照事理为慧。

〔39〕 九夏:指夏季的九十天。

〔40〕 三冬:指冬季,也指冬季的第三个月。

菩萨化身为贫女[1]八

　　大孚灵鹫寺者,九区[2]归向,万圣修崇。东汉肇基,后魏丌拓。不知自何代之时,每岁首之月,大备斋会,遐迩无间,圣凡混同。相[3]传,昔[4]有贫女,遇斋赴集,自南而来,凌晨届寺。携抱二子,一犬随之。身余无赀,剪发以施。未遑众食,告主僧曰:"今欲先食,遽就他行。"僧亦许可,命僮与馔,三倍贻之,意令贫女二子俱足。女曰:"犬亦当与。"僧勉强复与。女曰:"我腹有子,更须分食。"僧乃愤然语曰:"汝求僧食无厌。若是在腹未生,曷为须食?"叱之令去。贫女被诃,即时离地,倏然化身,即文殊像,犬为狮子,儿即善财及于阗王[5],五色云气,霭然遍空。因留苦偈曰:

　　　苦瓠连根苦　甜瓜彻蒂甜　是吾超三界　却被阿师嫌

　　菩萨说偈已,遂隐不见。在会缁素,无不惊叹。主僧恨不识真圣,欲以刀剜目,众人苦勉方止。尔后,贵贱等观,贫富无二。遂以贫女所施之发,于菩萨乘云起处建塔供养。圣宋雍熙二年[6],重加修饰。塔基下曾掘得圣发三五络,发如金色,顷复变黑,视之不定,众目咸观,诚叵思议,遂还于塔下藏瘗,即今华严寺东南隅塔是也。

【注释】

　　[1]　菩萨化身为贫女:唐代入五台山的日僧圆仁,在其所著《入唐求法巡礼行记》卷三

中,刊记述了这一传说,与此处所述小有出入。其原文如下:"昔者,大花严寺设大斋,凡俗男女、乞丐、寒穷者,尽来受供。施主憎嫌云:'远涉山坡,到此设供,意者只为供养山中众僧。然此尘俗乞索儿等,尽来受食,非我本意。若供养此等乞(丐),只令本处设斋,何用远来到此?'山僧劝令皆与饭食。于乞丐中,有一孕女,怀妊在座,备受自分饭食讫,更索胎中孩子之分。施主骂之,不与。其孕女可三云:'我胎中儿虽来产生,而亦是人数,何不与饭食?'施主曰:'你愚痴也。胎里儿虽是一数,而不出米。索得饭食时,与谁吃乎?'女人对曰:'我胎里儿不得饭,即我亦不合得吃。'便起出食堂。才出堂门,变作文殊师利,放光照耀,满堂赫奕皓玉之貌,骑金毛师子,万菩萨围绕,腾空而去。一会之众,数千之人,一时走出,茫然不觉倒地,举声忏谢,悲泣雨泪,一时称唱大圣文殊师利,迄于声竭喉涸,终不蒙回顾,仿佛而不见矣。大会之众,餐饭不昧,各自发愿:从今已(以)后,送供设斋,不论僧俗、男女、大小、尊卑、贫富,皆须平等供养。山中风法,因斯置平等之式。"

〔2〕 九区:疑指九界(九地)菩萨界、缘觉界、声闻界、夫界、人界、阿修罗界、电界、畜生界、地狱界。

〔3〕 相:原文为"七",疑为"相"之误。

〔4〕 昔:原文为"者",疑为"昔"之误。

〔5〕 善财及于阗王:善财,佛弟子。度善财者为弥勒佛及文殊菩萨。于阗王,无考。

〔6〕 雍熙二年:雍熙,宋太宗年号。雍熙二年,985年。

天女三昧姑九

古德相传云：有天女三昧姑者，亡其年代，自云："大圣命我居华严岭，嘱曰：'汝宿缘在此，宜处要津，行菩萨道，接引群品，资供山门。我亦助汝，又与一分供养，令汝经年不饥不渴。'"远迩人闻，礼奉供施者如市。姑乃募工营建精宇，不日而成。躬诣乡川，化人米面，身自背负，以充供养。川陆之人，迎施者唯恐在后。游台黑白[1]之众，供亿无算。姑自负重一石，轻疾如风。复加一石，亦无困踬。厥后，诸廪丰实，用之不竭。一日，巡礼者众，弟子白曰："瓮饭尽矣。"姑曰："何以妄语？"持漉具[2]搅之，饭即盈满，供给无尽。他物所须，大率如此。四方巡礼者欲求见大圣，来请于姑。姑言："但至诚竭虑，焚香求请，即见金色及一万众种种光明。"依言如愿。至贞元三年[3]二月十五日，忽谓门徒曰："吾化缘方毕，今可归天。汝依吾诚，无令断绝。"语讫而去。是日，祥云映谷，天乐响空，异香氤氲，弥满林壑，群鸟欢噪，百兽鸣吼。有吉祥白鹤，盘旋经日而去。门徒无主，众等咸依师嘱，供养不绝。

【注释】

[1] 黑白：僧人穿缁衣，黑色，所以，以黑代表僧人，而以白代表俗人。

[2] 漉具：漉，使干涸。漉具，过滤器具。

[3] 贞元三年：贞元，金海陵王完颜亮年号。贞元三年，1155年。

安生塑真容菩萨十

大孚灵鹫寺之北,有小峰,顶平无林木,岿然高显,类西域之鹫峰焉。其上祥云屡兴,圣容频现,古谓之化文殊台也。唐景云[1]中,有僧法云者,未详姓氏,住大华严寺。每惟大圣示化,方无圣像,俾四方游者,何所瞻仰?乃缮治堂宇,募工仪形。有处士安生者,不知从何而至。一日,应召为云塑像。云将厚酬其直,欲速疾工。生谓云曰:"若不目睹真像,终不能无疑。"乃焚香恳启。移时,大圣忽现于庭。生乃欣踊蹞地祝曰:"愿留食顷,得尽模相好。"因即塑之。厥后,心有所疑,每一回顾,未尝不见文殊之在傍也。再茸[2]功毕,经七十二现,真仪方备。自是,灵应且胵蠁[3],退迩归依,故以"真容"目院焉。

圣宋太宗皇帝践位,神武天资,克平伪主[4],重恢宇宙,再造生灵,故得像教弥隆,灵峰更弊。初,遣中使诣五台山焚香虔祝,特加修建。太平兴国之五年[5]四月十五日,敕使臣蔡廷王、内臣杨守遵等,诣五台山菩萨院,与僧正[6]净业,同计度修造事及同部辖工匠等。并敕河东、河北两路[7],转运给五台山菩萨院修造费用。至七年八月二十二日,张廷训等奏,修造功毕。皇帝先自下西蜀[8]后,于兴国二年丁酉岁,敕于成都府写造第五大藏金字经一藏。至八年癸卯岁七月五日,敕内臣安重海监送,就五台山菩萨院安置,每岁度僧五十人。

真宗皇帝御宇,景德四年[9],特赐内库钱一万贯,再加修茸,并建大阁一座,两层十三间,内安真容菩萨,赐额名"奉真之阁",岁遣内臣诣山,设斋供养。自是,层楼广殿,飞阁长廊,云日相辉,金碧交映,庄严崇奉,逾越前代矣。

仁宗皇帝缵祖考之丕业,典儒释之大教,屡遣中使,斋供诣山。每郊禋[10]礼毕,道场设斋供养。宝玩之属,多出禁掖。庆历八年[11]春三月,敕遣内侍黄门谢禹圭,送宝冠一戴。

先是,庆历至皇祐三年[12],朝廷三次遣使,颁降太宗、真宗、仁宗皇帝三朝御书,凡一百八十轴,并天竺字源七册。后有山门僧守法、慧顺,绾于瑞相殿北,重建大阁一座,两层,凡一十三楹,于上层置斗宫[13]分布,中楹安卢舍那佛像,四周造万圣像。雕刻彩绘,备极工巧。嘉祐二年[14]丁酉岁,敕遣入内内侍省黎永德,送御书飞白宝章阁牌额一面,诣真容院,于三月二十二日安挂阁上。若非皇上留心圣教,注想灵蜂。则何以屡锡宝严,躬洒神翰?况太宗朝旧敕:山寺土田,尽蠲租赋!

自古朝廷崇尚,建立伽兰,广度僧尼,除免差役,何止一端?所以北齐数州之倾俸,有唐九帝之回光者欤!

【注释】

[1] 景云:唐睿宗年号,710—711年。

[2] 稘:一年为稘。

[3] 肸蠁:散布,引申为神灵感应。杜甫《朝献太清宫赋》有:"若肸蠁而有凭,肃风飙而乍起。"

[4] 伪主:此处指北汉主刘继元。宋太宗于979年灭北汉。

[5] 太平兴国之五年:太平兴国,宋太宗年号。太平兴国之五年,980年。

[6] 僧正:佛教僧官名。厝代以后,一般在各州立僧正,管理地方僧尼事务。

[7] 河东、河北两路:宋河东路,辖太原(并州)、隆德(潞州)、平阳(晋州)。河北路有东路、西路,东路辖大名(北京)、开德(澶州)、河间(瀛洲),西路辖真定(镇州)、中山(定州)、信德(邢州)、庆源(赵州)。

[8] 西蜀:指后蜀。宋太宗于965年灭后蜀。

[9] 景德四年:景德,宋真宗年号。景德四年,1007年。

[10] 禋:升烟以祭,古代祭天的礼仪。也引申为祭祀。

[11] 庆历八年:庆历,宋仁宗年号。庆历八年,1048年。

[12] 皇祐三年:皇祐,宋仁宗年号。皇祐三年,1051年。

[13] 斗宫:斗同斗。斗宫,疑指天象南斗、北斗之形。或,此句有漏字。

[14] 嘉祐二年:嘉祐,宋仁宗年号。嘉祐二年,1057年。

牛云和尚求聪明十一

　　僧牛云者,雁门人也,俗姓赵氏。童蒙之岁,有似痴蠢,父母送之黉堂(学堂
也),都无言览之意,独见僧尼,擎跪作礼。年十二,其亲送之(往也)华严寺善住
阁院出家,礼净觉为师。每令汲水拾薪,众皆讥其庸钝。年满受具,殊无诵习。洎
三十六岁季冬月,乃发志诚,内自惟忖曰:"我见人云:台上每有文殊现身。我今
跣足而去,若见文殊,唯求聪明,学诵经法。"时方雪寒,心无退惮。先至东台顶,
忽见一老人,然火而坐。云问曰:"如此雪寒,从何方而来?"老人曰:"吾从山下
来。"云曰:"为何道上全无脚迹?"老人云:"吾从雪前来。"复诘云:"师有何心
愿,冒雪跣足而至,岂不苦也?"云曰:"吾虽为僧,自嗟蒙钝,不能诵念经法。"老
人曰:"来意若何?"曰:"求见文殊菩萨,惟乞聪明。"老人云:"奇哉!"老人又问:
"此处不见文殊菩萨,更拟何之?"云曰:"更上北台。"老人曰:"吾亦欲去。"云
曰:"同去得否?"老人曰:"请师先行。"云乃游遍台顶,告别老人,向西而去。至
暮,方抵北台,亦见老人,然火而坐。牛云惊疑,谓老人曰:"适向东台相别,吾先
来,何为老人已至?"老人云:"师不知要路,所以来迟。"云虽承此语,心谓"只此
老人,应是文殊师",乃礼拜。老人曰:"吾是俗人,不应作礼。"云但设拜,情更不
移。良久,老人云:"候吾入定,观汝前身,作何行业而闇钝也?"老人才似闭目,
遽即语曰:"汝前生为牛,因载寺家藏经,今得为僧。从牛中来,因闇钝尔。于龙
堂边取一镢来,与汝斫却心头淤肉,即明决也。"云遂依言向堂边,果得一镢,度
与老人。老人曰:"汝但闭目,候吾令汝开眼,即可开之。"云依教,似觉当心被
斫,身无痛苦,心乃豁然,如暗室中遇明灯,若昏夜之吐日月。老(人)令开眼,
师目既启,即见老人化文殊像,语云曰:"汝自今已去,诵念经法,涉历耳目,无忘

失也。于华严寺涧东院,有大因缘,无得退转。"云乃不胜悲恋,伏地而礼。未举头顷,菩萨已隐。师即下山,肢体轻便。习诵经典,眼见耳闻,无不总持矣。来年夏五月,绕阿育王塔[1]行道念经,至夕二更初,倏见真光一道,从北台顶连瑞(?)塔基,久而不散。于光明中,当阁上现阁一座,光色焕烂,前有牌额,题金字云:"善住之阁。"师乃忆菩萨所授之言,依光中所现之阁而建置焉。至唐明皇帝开元二十三年[2],师年六十三,夏腊[3]四十四,无疾而终。

【注释】

　　[1]　阿育王塔:阿育王,古印度摩揭陀国孔雀王朝人,在位时为前273—前232年。他热心扶植佛教,传说他曾在各地建八万四千寺塔。五台山僧人附会说,五台山有阿育王塔。这个传说中的阿育王塔,在今塔院寺大白塔内。唐末,这个阿育王塔已由二层八角塔包裹在底下,元代重建,明代修成尼泊尔式大白塔。这里所说的阿育王塔,应指此塔。

　　[2]　开元二十三年:开元,唐玄宗年号。开元二十三年,735年。

　　[3]　夏腊:又称法腊、戒腊、法岁,指僧人受戒出家后的年数,即僧龄。

佛陁波利入金刚窟十二

　　佛陁波利者，唐言觉爱，北印度罽宾国[1]人也。亡身徇道，遍观灵迹。闻文殊师利在五台清凉山，远涉流沙，躬来礼谒。以唐高宗大帝仪凤元年[2]至台山。南陟思阳岭，见林木干云，景物殊胜，内心忻怿，五体投地，向山顶礼，曰："如来灭后，众圣潜灵，惟有大圣文殊师利，于此山中汲引众生，教诸菩萨。波利所恨，生逢八难[3]，不睹圣容。远陟流沙，故来礼谒，伏乞慈悲普复，令睹尊仪。"言已，悲泣泪流，向山顶礼。礼已，忽见一老人，从山中出来，作婆罗门语[4]，谓波利曰："师情存慕道，追访圣迹。不惮劬劳，远寻灵异。然汉地众生，多造罪业，出家之士，亦多犯戒律。西土有《佛顶尊胜陁罗尼经》，能灭众生罪业。未知师将得此经来否？"波利报曰："贫道宜来礼谒，不将经来。"老人曰："既不将经，徒来何益？纵见文殊亦不识。师当却回，取此经至，流传斯土，即是遍奉众圣，广利群生，拯济幽冥，报诸佛之恩也。师如取得经本来，第即示师文殊所在。"波利得闻此语，不胜喜跃。遂裁抑悲泪，至心礼拜。举头之顷，不见老人。僧大惊愕，倍更虔诚，毕志捐生，复还西域，求《佛顶尊胜陁罗尼经》。至永淳二年[5]，回至长安，具以上事闻奏高宗大帝。遂留经入内，请日照三藏法师[6]及敕司宾寺典客令杜行顗等，共译唐本，敕赐绢三千匹，经遂留内中。波利泣奏曰："贫道捐躯委命，取经来意：愿普济群生，救拔苦难。不以财宝为念，不以名利关怀。请还经本流行，庶使含灵同益。"帝遂留新翻之经，还僧梵本。乃将诣西明寺，访得通梵语唐僧顺正，奏共翻译。帝可其请。波利遂对诸大德[7]与顺正译讫。波利持本，再至五台山，相传入金刚窟，于今不出。僧顺正等具波利所述圣诲，序之经首耳。

【注释】

〔1〕 罽宾国:古西域国名,在今喀布尔河下游流域克什米尔一带。

〔2〕 仪凤元年:仪凤,唐高宗年号。仪凤元年,676 年。

〔3〕 八难:佛家认为,见佛闻法有障碍八处,称为八难。八难为:一、地狱;二、饿鬼;三、畜生;四、郁单越;五、长寿天;六、聋盲喑哑;七、世智辩聪;八、佛前佛后(二佛中间无佛法之处)。

〔4〕 婆罗门语:印度有四种姓:婆罗门、刹帝利、吠舍、首陀罗,以婆罗门最尊贵。所以,又称印度为婆罗门国,而称梵语为婆罗门语。

〔5〕 永淳二年:永淳,唐高宗年号。永淳仅一年,第二年即改元弘道。永淳二年当为弘道元年,即 683 年。

〔6〕 三藏法师:佛教经书分经、律、论三藏。通晓三藏者称为三藏法师。

〔7〕 大德:原为对佛的尊称,后泛指高僧。

无著和尚入化般若寺十三

僧无著者,姓董氏,温州永嘉人也。天姿颖拔,毅然不群。爰自童蒙,沉嶷成性。年十二,依本州龙泉寺大德猗律师出家,诵大乘[1]经数十万偈。唐天宝八年[2],以业优得度。二十一岁,始绍师业。首习毗尼[3],因诣金陵牛头山忠禅师,参定心要,厉节无亏,寸阴不舍,研穷理性,妙契本源。忠谓师曰:"汝志性聪敏,宜自开发。众生与佛元(原)无别,心如云翳,若除,虚空本净。"无著言下顿开法眼,东山[4]秘旨,有所归焉。虽道无不在,而境胜易从,远诣台山,志求大圣。大历二年[5]正月,发迹浙右,夏五月初至清凉岭下。时日暮,倏见化寺,鲜华绝止。因扣扉请入。有一童子,名胸眩者,启出应。无著请童子入白寺主。以昏夜寓宿,童子得报,延无著入。主僧宾接,如人间礼,问曰:"师自何来?"无著具对。又曰:"彼方佛法何如?"答:"时逢像季[6],随分[7]戒律。"复问:"众有几何?"曰:"或三百,或五百。"无著曰:"此处佛法如何?"答云:"龙蛇混迹。凡圣同居。"又问:"众有几何?"答云:"前三三与后三三[8]。"无著乃良久无对。主僧云:"解否?"答云:"不解。"主僧云:"既不解,速须引去,无宜久止。"命童子送客出门。无著问曰:"此寺何名?"答:"清凉寺。"童子曰:"早来所问'前三三与后三三',师解否?"曰:"不能。"童子曰:"金刚背后,尔可觑之。"师乃回视,化寺即隐。无著怆然久之,即说偈曰:

廓周沙界[9]　圣伽兰　满目文殊接话谭　言下不知开何印[10]　云回头只见旧山岩

无著既出，坐而待旦，天晓即路。是月望日，届华严寺众堂[11]安止。次月朔日，维那[12]白："斋后，大众各备盏啜茶。"有一老人，持盏付无著云："啜茶讫，送金刚窟来。"无著受教。少顷，茶毕众散。无著坐食堂南床上，见一老人僧踞北床，问无著云："师从南方来，持得好念珠来否？"无著云："无。但有粗珠耳。"老僧请看，无著与之，遂失所在。翌日中昃[13]，坐般若院经藏楼前，有二吉祥鸟，当无著顶上，徘徊飞翔数匝，东北而去。越三日，景正东时[14]坐房中，见白光二道，至无著顶上而灭。同房僧法贤等具见。无著大骇曰："是何祥瑞？乞再现之，决弟子疑网。"言讫再现，久而方灭。

无著是日正中时，独诣金刚窟。既至，礼十余拜，即坐而少憩。忽如昏寂。睡中，闻人叱牛数声，似令饮水者。无著惊觉，倏见一老人，年及耄期[15]，弊巾苎服，足履麻屦，牵牛而行。无著前执老人手，因拜问曰："从何方来？"曰："山下丐粮去来。"无著曰："家居何所？"曰："在此台山。"老人问曰："师何因来此？"无著曰："传闻此地有金刚窟，故来礼拜。"老人曰："师困耶？"无著曰："不也。"曰："师既不困，何缘昏睡？"无著曰："凡夫昏沉，何足为怪。"老人曰："师昏沉，请师少息啜茶，得否？"无著许诺。老人手指东北，无著随观，见一寺，仅五十余步。老人牵牛前导，无著踵后。既抵门阃，老人呼"君提"(文殊侍者之名)数声，有童子启扉而出，见无著伸礼，即牵牛入，延无著入。但见其地平坦，净琉璃色，堂舍廊宇，悉皆黄金。其堂三架，东西两掖各一楹。老人延无著升堂，自坐柏木牙床，指一锦褥，令无著坐。童子送茶二器，皆琉璃盏。酥蜜各一，器即玳瑁楪[16]。老人谓无著云："南方有此物不？"无著云："无。"又云："南方既无此物，甚么吃茶？"无著不对。老人曰："且吃。"茶毕，老人曰："师出家作何事业？"无著曰："都无事业。大、小乘中，亦无功课，遣日而已。"老人曰："师初出家时，本求何事？"曰："本求大果[17]。"曰："师以初心修习，即得。"复问："师年几许？"曰："三十一。"曰："师年至三十八，宿福必至，复于此地有缘。"谓无著云："徐徐而归，好看道路，勿损手足。吾方且偃息。"无著请留一宿，老人不许，曰："师缘有两伴，不见师归，即怀忧恼，不当住此。缘师有执处在也。"无著曰："出家之人，有何执处？虽有行伴，亦不顾恋。"老人曰："师常持三衣[18]否？"无著曰："自受戒已(以)来持之。"老人曰："此是执处也。"无著曰："亦有圣教在。若许住宿，正念舍之。"又曰："曾听律否？"曰："曾。"老人曰："准律云：明相[19]，小乘无难，不得舍衣。师早下去。"老人即起，无著亦起，相随圣堂前立。老人说偈曰：

若人静坐一须臾　　胜造恒沙七宝塔
宝塔毕竟坏微尘[20]　一念净心成正觉

偈毕，顾童子送之出寺。老人抚无著背云："师好去。"无著即退至金刚窟边。童子问曰："此何窟?"无著云："名金刚窟。"童子曰："金刚下更有何字?"无著思惟久之，谓童子曰："下有般若字。"童子曰："此即化般若寺也。"无著执童子手，礼，一拜取别。童子曰："回礼圣贤。"因说偈曰：

面上无嗔供养具　　口里无嗔吐妙香
心里无嗔是真宝　　无染无著是真如[21]，

说是偈已，无著再拜，举首不见童子，化寺亦隐。唯睹苍山崔嵬，乔木翁鬱。无著悲怆恋慕，伫立久之。因观所遇老人之地，有白云涌起，须臾遍谷，见文殊菩萨乘大师子，万圣翼从。凡食顷间，东有一段黑云来过，菩萨即隐。少顷云散。

既而，遇汾州菩萨寺僧修政等六人，同至金刚窟，游礼圣迹。忽闻山石震吼，声如霹雳。群僧骇怖，奔走映藂[22]，俄顷而息。修政等询问无著，乃言所遇之事。修政等庆闻灵迹，自恨不睹其事，即歔欷久之。乃依无著口，依实录之，传于遐迩，示后览之者，注想灵峰矣。其无著兴修供养之事，具如别录所载，此不繁述。

又，《华严钞》[23] 说：无著厥后常思灵异。一日，复在金刚窟观礼圣迹，遇一老人命入。无著推其先入，老人即入，遂不复出。无著窟前伫立，都无所见。忽睹冠裳数人，朱紫服色，俨至窟前，相推而入。无著心疑，因诘其从者曰："此何人也，得入斯窟?"答云："是一万菩萨。□[24] 帝扬化诸处，任官岁久，职满却归此窟。盖大圣文殊师利菩萨见(现)在窟中，讲《华严经》。"无著闻已，欣然随人。行三两步，石窟狭小，不容乃止。

《广清凉传》古籍校注

GuangQingLiangZhuanGuJiJiaoZhu

83

【注释】

[1] 大乘:乘指乘载(车、船)。大乘为1世纪左右形成的佛教派别,自称能运载无量众生从生死大河之此岸到达菩提涅槃之彼岸,成就佛果,所以称大乘佛教。而原始佛教和部派佛教则追求个人自我解脱,被贬称为小乘佛教。

[2] 天宝八年:天宝,唐玄宗年号。天宝八年,749年。

[3] 毗尼:梵语,译为戒律经典。

[4] 东山:禅宗四祖道信、五祖弘忍,都住在黄梅(今湖北省黄梅县)东山,接引学人,所以,称禅宗为东山法门。

[5] 大历二年:大历,唐代宗年号。大历二年,767年。

[6] 像季:佛灭后五百年,佛的法仪未改,称正法时。正法时后一千年,佛去世久,道化讹替,所行是与正法相似之佛法,称像法时。像季,即像法之末季。

[7] 随分:随力量之分限。又,指随其本分。

[8] 前三三与后三三:这是禅宗历史上有名的话头。悟寂于《前三三与后三三》一文(《五台山研究》1986年第3期)中,以为有二义:其一,“三三”为重复词,前三三即前三,后三三即后三。“前三”便是无著先见到的“金刚窟”三字,“后三”便是无著出金刚窟后见到的化“般若寺”三字。金刚窟表示此岸世界,般若寺表示彼岸世界。其二,“三三”表示三字之第三画“一”,“一”者,一万的意思。“前三三”表示此岸世界五台山有僧人一万,“后三三”表示彼岸世界化般若寺有真身菩萨一万。因此,“前三三与后三三”是对唐代五台山佛教盛况的反映。悟寂的解释,可供参考。

[9] 沙界:恒河沙之世界。恒河之沙无数,因以沙界比喻无数世界。

[10] 印:印契、印相。用指作种种形相,以为法德之标帜,称为印。又,佛、菩萨手所执种种之具,称为印。

[11] 众堂:众僧安止之堂舍。

[12] 维那:梵语,也作都维那,寺院三纲之一,管僧众庶务,位于上座、寺主之下。后为禅宗寺院东序六知事之一,主掌僧众威仪进退纲纪。

[13] 中昃:昃,日西斜。《易·丰》:“日中则昃。”

[14] 正东时:早晨,日正东之时。

[15] 耄期:老年。《书·大禹谟》:“耄期倦于勤。”《孔传》:“八十、九十曰耄”。

[16] 玳瑁梭:玳瑁,海生动物,角质板可制纽扣、眼镜框或装饰品。梭,不知何物。《佛祖统纪》卷第四十一《无著禅师入五台求见文殊》中为“玳瑁杯”。疑此处“梭”为“杯”之误。

[17] 大果:学佛之人,精修有得,称为证果。果,比喻如果成熟。大果,成佛。

[18] 三衣:一、众聚时衣,大众集会时穿;二、上衣,在安陀会上穿;三、中着衣,裸体而

穿。只有三衣,不另蓄别的衣服,这是十二头陀行之一。

[19] 明相:天空开始呈白色,称为明相。等明相出现,可以食早粥,这是僧律。

[20] 微塵:物体极少为极微,七倍极微称微尘。

[21] 真如:也称法性、法界、佛性、法身等,指绝对不变的永恒真理或本体。

[22] 映藁:不知何指,疑字误。

[23] 《华严钞》:即澄观撰《华严大疏抄》。

[24] □:此处各本均缺,不知何字。

神英和尚入化法华院十四

释神英，俗姓韩氏，本沧州人也。龆年[1]悟道，丱岁[2]从师，讽诵精勤，日夜匪懈，事师竭力，五事[3]无亏，操比松筠，心同金石，依年受具，行业益修。每念浮生速于瞬息，遂乃杖锡云游，寻访知识，早通禅定，兼明经论。远诣南岳参神会[4]，和尚他日谓英曰："汝于五台山有大因缘，速须北行，瞻礼文殊大圣，兼访遗踪。"既承师教，策励忘倦，以唐开元四年[5]夏六月中旬到山，顶[6]礼大圣，止华严正院。尝一日斋后，独游西林，忽睹精舍，额题"法华之院"。神英直入巡礼。俄见多宝佛塔[7]，一座四门，玉石形像，细妙光莹，神工罕及。次后，有护国仁王[8]楼五间，上有玉石文殊、普贤像，并及部从。前三门一十三间，里门两掖有行宫道场，亦有文殊、普贤、部从。三门外是五台山十寺血脉图[9]。巡礼既毕，神英欲出院门，复见众僧，姿状神异，心疑化境。遂出东行，约三十步间，闻声，回首视之，略无所见。神英乃悲泣，久之，曰："此必大圣所化。我于此地，有大因缘。"即于化院之地，结庵而止，发大誓愿："我当为化院建置伽蓝。"居之岁余，归依者众，遂募良匠营构，不酬工直(值)，所须随缘。远自易州，千里求采玉石，制造尊像，砻琢精绝，巧妙人神。壁画多是吴道子[10]之真迹。院成工毕，费盈百万。题号"法华之院"，和尚因即住持。春秋七十有五。一日，命诸门人，嘱以后事，奄然示灭。年代虽远，灵塔犹在。

【注释】

［1］ 龆年:童年。龆,换齿,男八岁换齿,女七岁换齿,因指龆年为童年。

［2］ 丱岁:丱,两角貌。儿童头发梳两角,所以,丱又引申为幼稚,童稚。丱岁,即幼年。

［3］ 五事:应指五戒,即:不杀生、不欺诈、不偷盗、不奸淫、戒私财(或不饮酒)。

［4］ 神会:(?—760),本姓方,襄阳人。本师事神秀,后师事禅宗六祖慧能。神秀一派在两京流行,神会积极活动,指出禅宗的正统法嗣不是神秀而是慧能。自此,神秀的门庭冷落,慧能一派独尊于天下。后来神会被尊为禅宗七祖,其法统称荷泽宗。

［5］ 开元四年:开元,唐玄宗年号。开元四年,716年。

［6］ 顶:各本原文为"愿",疑误。

［7］ 多宝佛塔:宝塔中有多宝佛肉身舍利(佛体之化石)。多宝佛,东方宝净世界之佛,入灭后,以本愿为全身舍利安置于宝塔中。诸佛说法,多宝塔必定出现在前。

［8］ 护国仁王:佛、菩萨觉世济人之道,无大有力者看护持,则将消灭。大有力者,上自梵天、帝释、八部鬼神,下至人间帝主及诸信徒,均在其内,因其守护世界一方,称护世或护国。仁王本指释迦牟尼佛,因他名能仁,又为法王。《仁王经》所说仁王,指古印度十六国之王。

［9］ 血脉图:佛教各宗派都有列祖传来的教旨,代代相传,如人体之血脉相连,所以各宗派法系称血脉。此处各寺血脉图可能指各寺宗派世系图。

［10］ 吴道子:唐代画家。阳翟(今河南省禹县)人,擅佛教和道教人物画,长于画壁,所写衣褶,飘飘欲举,后人称为"吴带当风"。宋代苏轼评价说:"画至吴道子,古今之变,天下之能事毕矣。"

卷 中

道义和尚入化金阁寺十五

　　释义禅师者,未详姓氏,本江东人也,受业于衢州龙兴寺。神清骨秀,风标彩人。唐开元二十四年[1]四月二十三日,远自江表,与杭州僧普守同游,至台山清凉寺粥院安止。有主事僧白普:"请于东岭荷薪。"道义即以竹鞋一辆,雇人代行。遂披三事衲[2]衣,东北而行,访寻文殊所在。心自惟曰:"大圣是九祖佛师[3],神用叵测,洪纤隐显,靡所不知。自恨末法[4]出家,圣贤伏迹。唯此台山圣境,大摄生灵,金颜玉毫[5],有时而现。顾自江左远达灵山,无有患难,盖由加持[6]所致。伏愿慈悲广洽,不择枯荣,普示真身,则愚诚愿之。"精心一念,物我俱忘。忽举目顷,见一老僧,身甚伟大,容色辉映,丝发皓然,顶骨图(突)起,身挂云衲[7],神彩严峻,乘一白象,寻岭而来。道义见之,不觉避路,投身于地,倾心礼之。象行稍疾,俄顷而至。象以鼻触义,意令礼拜。大圣僧谓义曰:"师远自江表,来陟灵山,不惮艰危,大收圣神。然此台山一境,上下五峰,不论道俗,乃至足践一土一石,非但灭生死之罪,佛记此等,当年必获紫金之身[8]。师既到来,因谐果就,自须喜幸,幸莫大焉。今日天色虽和,然山顶风冷,即时且去,须取绵衣,明但(旦)登台,得其宜也。"义遂礼谢。未及再视,象过如风,杳然莫睹。

　　义归清凉寺,取所寄衣衾,自宵达旦,方至西台,果遇风寒。师心自奇,前事莫敢语人。及上台顶,果睹光瑞灵塔、八功德水[9],罔不周览。明赴中台,适行半路,复遇昨所见者乘象老僧,杖锡而来,谓义曰:"师可急行,及他食次。老僧今日须到太原,一、缘赴韦尹家斋;二、要论少事。然不久别,午后为期,莫远东西,自有消息。"义礼未毕，俄尔失所。

义遂前进，至供养所，果与众僧食次。义复奇之，慰沃心灵，体忘疲倦。直至日昃，略无音信。道义登岭翘望，挈缾行脚，向中台顶上处处巡礼，一心注想大圣真仪，又忆乘象神僧所教，伫伺消息，靡敢懈倦。因出僧堂南，约数十步，翘首瞻望，忽见一童子，年十三四，衣新黄衫，履新麻屦，自称觉一，云："和尚在金阁寺，遣来屈衢州道义阇梨[10]吃茶。"义遽随觉一，向东北行二三百步，举目见一金桥。义即随登，乃金阁寺三门。楼阁金色，晃曜夺目，大阁三层，上下九间。睹之惊异，虔心设礼，遂入寺庭。堂殿廊庑，皆金宝间饰，独当门大楼及所度桥，纯以紫磨真金成之。义瞻仰不暇，神志若失，唯竭诚展礼。童子引义入东厢，从南第一院登门。忽见乘象老僧，当门踞大金绳床而坐，云："阿师来耶？莫要礼拜，请上阶来。"义欲敷坐具展拜，老僧制之。义不敢拒命，即升堂伫立。大圣呼觉一："取一小绳床来，令阇梨坐。"其绳床器物，亦是纯金。道义合掌顶礼，悚惕而坐，内怀惊叹，未敢咨询。少选，大圣谓义曰："阿师从江东来，彼处佛法如何？"义曰："末法住持，少奉戒律。若非目证，不可知也。"大圣言："善哉！"义因此方敢咨问，谓和尚曰："此中佛法如何？"大圣曰："此中佛法，凡圣同居，不在名相[11]，但随缘利物，即是大乘。"义曰："和尚寺舍尤广，触目皆是黄金所成，愚情莫能测度，可谓不思议者也。"大圣曰："然。"遂令觉一将茶及药食[12]来。既至，命义啜食，香味芬馥，迥殊常味。食已，大圣复召觉一："送阿师游十二院。"义与觉一遍历诸院修谒。至大食堂前，多有僧侣，或禅或律，若坐若行，数约盈万，或复受礼，或相承接者。十二院题额各异：

东廊六院

大圣菩萨[13]院　观音菩萨[14]院　药王菩萨[15]院　虚空藏菩萨[16]院
大慧菩萨[17]院　龙藥菩萨[18]院

西廊六院

普贤菩萨[19]院　大势至菩萨[20]院　药上菩萨[21]院　地藏菩萨[22]院
金刚慧菩萨[23]院　马鸣菩萨[24]院

义巡谒毕,老僧遣义早归:"寒山难住。"道义遂辞老僧,出寺百步,回顾已失所在,但空山乔木而已。方知化寺,遂回长安。大历元年^[25],列其上事闻奏代宗皇帝。帝下勒建置,诏十节度使,照修创焉。

【注释】

[1] 开元二十四年:开元,唐玄宗年号。开元二十四年,736年。

[2] 三事衲:纳取旧敝以为衣,称为衲衣。三事衣,指三条、七条、九条之衲衣,这是僧人常服。

[3] 九祖佛师:《法华经》:"往昔日月灯明佛未出家时有八子,闻父出家成道,皆随之出家。时有一菩萨,名妙光,佛因之说《法华经》。佛入灭后,八子皆以妙光为师,妙光教化之,使次第成佛,其最后之佛名燃灯。其妙光即文殊也。"照此,则文殊居八代之首。燃灯为释迦牟尼佛之师,所以文殊为释迦九代之祖。

[4] 末法:佛家有正法、像法、末法三时之说。末法指佛去世已久,教法转微末之时。一般说法称,正法为佛去世后五百年,像法为一千年,末法一万年。

[5] 玉毫:佛眉间白毫毛,皓白光润,犹如白玉,称为玉毫。

[6] 加持:佛教术语,指加附佛力于软弱之众生,而住持其众生。又,祈祷也称加持,因祈祷为的是加附佛力于信者,使信者受佛力保佑。

[7] 云衲:僧人云游四方,如同云水,所以云游之衣称云衲。

[8] 紫金之身:指佛身。

[9] 八功德水:八功德水,《俱舍论》十一:"一甘,二冷,三软,四轻,五清净,六不臭,七饮时不损喉,八饮已不伤肠。"佛家以极乐池中及须弥山与七金山之内海水为八功德水。

[10] 阇梨:梵语阿阇梨之略,指僧徒之师,或译为轨范师,以其能为弟子轨范。引申为对僧人的尊称。

[11] 名相:佛家认为,一切事物有名有相,耳可闻,谓之名;眼可见,谓之相。名相是虚假的,凡夫不明,由名相而起种种妄惑。

[12] 药食:又称药石,指寺院晚食。因为僧人过午不食,所以晚食称药食,以其可治疗饥渴病。

[13] 大圣菩萨:指文殊菩萨。

[14] 观音菩萨:又称观世音、观自在,唐代避太宗李世民讳,只称观音。显教以为观音为阿弥陀佛之弟子,密教以为阿弥陀佛之化身,与大势至菩萨同在阿弥陀佛身旁(观音左,

势至右),称为阿弥陀佛二胁士。

〔15〕 药王菩萨:名星宿光,过去世以药救病,因号药王。佛告弥勒:是药王菩萨久修梵行,诸愿已满,于未来世成佛,号净眼如来。

〔16〕 虚空藏菩萨:此菩萨包藏一切之功德如虚空,因名虚空藏。为密教胎藏界曼荼罗虚空藏院之中尊。

〔17〕 大慧菩萨:梵名摩诃摩底,在楞伽经会座为一会之上首,以其问答抉择无穷尽,名为大慧。

〔18〕 龙蘷菩萨:应为龙树菩萨。龙树,又称龙猛、龙胜,佛灭后七百年出世于南天竺,传说他入龙宫得《华严经》,开铁塔传密藏。

〔19〕 普贤菩萨:主一切诸佛之理德、定德、行德,与文殊菩萨之智德、证德相对,所以与文殊同为释迦牟尼佛之二胁士。

〔20〕 大势至菩萨:《观无量寿经》:"以智慧光,普照一切,令离三塗,得无上力,是故号此菩萨名大势至。"

〔21〕 药上菩萨:名电光明,为药王菩萨之弟,随兄以药救病,号为药上,次药王作佛,号净藏如来。

〔22〕 地藏菩萨:此菩萨安忍不动如大地,静虑深密如秘藏,故称地藏菩萨。在释迦既灭之后,弥勒未生以前,众生赖此菩萨以救苦。此菩萨自誓必尽度六道众生,始愿成佛,现身于人天地狱之中,以救苦难。又,一说地藏菩萨即阎罗王之化身。

〔23〕 金刚慧菩萨:疑为密宗金刚界诸菩萨之一。

〔24〕 马鸣菩萨:佛灭后六百年出世的大乘论师名,又称马鸣大士、马鸣比丘。传他本为大光明佛。又,天竺相传马鸣菩萨化为蚕虫之人,为养蚕之神。

〔25〕 大历元年:大历,唐代宗年号。大历元年,766年。

法照和尚入化竹林寺十六

释法照者,本南梁[1]人也,未详姓氏。唐大历二年[2]二月十三日,南岳云峰寺食堂内食粥,照向钵中见五台山佛光寺,东北一里余有山,山下有涧,涧北有一石门。自觉身入石门,行五里许,见一寺,题云"大圣竹林之寺"。久之方隐,心极骇异。二十七日辰时,还向钵中,尽见五台山华严寺诸寺,了然可观。地皆金色,殊无山林,内外明沏,池台楼观,众室庄严,文殊大圣及万菩萨咸处其中。又现诸佛净国。食毕方灭,心疑益甚。因归院语诸僧众,且问:"有人尝至五台山否?"时有嘉延、昙晖二阇梨应曰:"某甲曾到五台山佛光寺安泊,与师钵内所见颇同。"虽然问知,亦未发心游礼。至四年夏,在衡州湘东寺高楼之上九旬,入念佛道场。及六月初二日未时,五色祥云遍复诸寻,云中现诸楼阁。阁中有数十梵僧,各长一丈,执锡行道。衡州举[3]郭咸见阿弥陀佛及文殊、普贤、一万菩萨,俱在此会,其身高大。大众睹圣现,涕泣致礼,酉时方灭。法照向晚,行道场外,遇一老人,年约七十,告法照曰:"阿师尝发愿向五台山,今何不去?"法照曰:"时难路险,若为去得?"老人曰:"师可急去。"法照却入道场,再发诚愿:"夏满即往台山礼拜大圣。"

是秋八月十三日,自南岳与同志十人来游台山,果无留难。至明年四月初五日,方达五台县南,遥望对佛光寺南,有数十道白光,举众咸睹。六日,诣佛光寺栖止,果如钵中所见之寺。是夜后分,因出房户,忽见一道白光,从北山下来,至法照前。师遽入堂内,乃问众僧曰:"是何光相?"僧答曰:"此处常有大圣不思议之光相。"照闻已,即具威仪[4],步寻其光。遂至寺东北,约一里许有山,山下有涧,涧北有一石门。及见二青衣童子,似八九岁,颜貌端正,倚门而立,一称善财,一名难陀[5]。相见欢喜,问讯礼拜。法照云:"何故多时流浪坐死,始来相见!"遂引入门,向北而行,将至五里,忽见一金门楼,可高百尺,兼有掖楼[6]。渐至门所,方见一寺,寺前有大金桥,金榜题号,曰"大圣竹林之寺",一如钵中所见。周圆可二十里,中有一百二十院,院中皆有宝塔庄严,其地纯是黄金,渠流花果,充满其中。法照入寺,至讲堂内,见大圣文殊在西,普贤在东,各处师子之坐说法次。其身及座,高可百尺。文殊左右,菩萨万余。普贤亦有无数菩萨前后围绕。法照至二圣前师子座下,稽首礼已,问二圣言:"末代凡夫,去圣时远,智识转劣,垢障尤深,烦恼益缠,佛性无由显现。佛法浩瀚,未审修行于何法门,最为真要,易得成佛,利乐群生?唯愿大圣为断疑网。"时文殊师利告言:"汝以念佛,今正是时。诸修行门,无过念佛、供养三宝[7],福慧双修。此之二门,最为其要。所以者何?我于过去久远劫中,因观佛故,因念佛故,因供养故,今得一切种智。是故一切诸法,般若波罗密多[8]、甚深禅定乃至诸佛成无上觉,皆从念佛而生。故知念佛是诸法之王。汝等应当常念无上法王[9],令无休息。"法照又问:"当云何念?"文殊告言:"此世界西,有极乐国,彼当有佛,号阿弥陀。彼佛愿力,不可思议。当须系念,谛[10]观彼国,令无间断。命终之后,决定往生彼佛国中,永不退转,速出三界,疾得成佛。"说是语已时,二大圣各舒金色手,摩法照顶,而为授记[11]:"汝已念佛,故不久证于无上正等菩提[12]。若善男子、善女子愿疾成佛者,无过念佛。则能速证无上菩提,尽此一报之身,定□[13]苦海,到于彼岸。"时文殊大圣而说偈言:

汝等欲求解脱者	应当先除我慢[14]心
嫉妒名利及悭贪	去却如斯不善意
应专念彼弥陀号	即能安住佛境界
若能安住佛境界	是人常见一切佛
若得常见一切佛	即能了达真如[15]性
若能速断诸烦恼	即能了达真如性
在苦海中而常乐	譬如莲华不著水
而心清净出爱河	即能速证菩提果

于是，文殊师利菩萨又说偈言：

诸法唯心造　　了心不可得　　常依此修行　　是名真实相

普贤菩萨亦说偈言：

普诫汝及一切众　　常应谦下诸比丘
忍辱即是菩提因　　无瞋必招端正极
一切众见皆欢喜　　即发无上菩提心
若依此语而修行　　微尘佛刹从心现
悉能广修诸行愿　　运接一切诸有情[16]
速离爱河登彼岸

法照闻已，欢喜踊跃，疑网悉除。

法照礼谢已，合掌而立。文殊师利告法照言："汝可往诣诸菩萨院，次第巡礼。"即受教已，次第巡礼，遂至七宝果园。其果才熟，可大如碗，即取食之，味甚香美。法照食已，身意泰然，回至大圣前，作礼辞退。遣二童子送至门外。礼已举头，遂隐不现。师乃怆然，倍增悲感，遂立石题记，今犹在焉。

四月八日，至华严寺般若院西楼下安止。十三日，日中后，与五十余僧同往金刚窟巡礼，到"无著见大圣处"[17]，虔心敬礼三十五佛[18]名，凡礼十余遍。忽见其处尽是琉璃七宝宫殿，文殊、普贤、一万菩萨及佛陀波利俱在一会。法照见已，惟自庆喜，随众归寺。是夜中时，向华严寺西楼上，忽见寺东山半，有五盏圣灯，其大如碗。法照祝曰："请分百盏灯。"遂分百。再祝曰："请分为千。"寻即便分，复变为三，行行相对，遍于山半。因此忘身，独诣金刚窟所，观见大圣。于夜后分，至金刚窟，重礼三十五佛名十遍，五会[19]念阿弥陀佛二千口，悲泪启告："自惟无始恶业[20]，漂流生死。"种种尅责，蹋[21]身三十余次。自扑未已，忽见一梵僧，身长七尺，称是佛陀波利，至法照前语曰："师今悲泣，有何意耶？"答："法照远来，愿见大圣。"佛陀波利言："师实愿见否？"答："愿见。"师即脱履，立于板上，曰："师但闭目，随我而行。"遂引法照入金刚窟。忽见一院，黄金题榜，云："金刚般若之寺。"皆七宝庄严。房廊楼阁，都一百七十五间。《金刚》、《般若》[22]、一切经藏在宝阁中。遂向大圣投身作礼，合掌启告文殊师利言："惟念：何时速证无上正等菩提，广度众生，令入无余[23]？何时果我无上愿海[24]？"发是愿已，尔时，文殊师利菩萨告言："善哉！善哉！"再为摩顶授记，言："汝心真正志为菩萨，能于恶世发斯胜愿，利乐群生。如汝所说，必当速证无上菩提，必能速具普贤无量行愿，圆满具足，为天人师，度无量众。"法照蒙授记已，稽首作礼，又问："未审今时及未来世，一切同志，念佛四众[25]，不求名利，勇猛精进，临终定感佛来迎接上品往生[26]，速离爱河[27]否？"文殊告言："决定无疑，除为名利及不志心者。"言讫，遂遣童子难陀将茶汤来，并及药食。法照言："不须药食。"大圣言："但食无畏。"遂进两碗汤，一碗味甚极甘美。大圣亦进三碗汤，并及药食。其器皆是琉璃宝成。既而，令波利送出，照意不欲出，大圣告言："不可。汝今此身，原是凡质不净之体，不可住此。但为汝今与我缘熟，此一报，尽得生净土，方得却来。"言讫不见，还在窟前板上伫立。天明，独见一梵僧，告法照曰："好去！好去！努力！努力！勇猛精进。"作是语已，忽然不见。良久迟回，悲喜不已，始知大圣悲愿[28]，难可思议。

法照虽睹圣异，不敢妄传，恐生疑谤。至冬十二月初，遂于华严寺入念佛道场绝粒，要期祈生净土，得无生忍[29]，速超苦海，救度群品。如是七日，至初夜分，正念佛时，忽见一梵僧，至道场内，告法照曰："汝所见者，台山境界，何故不说？"言讫而隐。法照心疑此僧，亦未宣露。翌日申时，正念诵次，复见梵僧，年约八十，神色严峻，告法照："向时所见者，台山境界，何不依事实记录之？普示众生，令所见者发菩提心，断恶修善，获大利益。师何秘密，不向他说？"照答曰："实无有心秘密斯事，恐人疑谤，堕于地狱，所以不说。"梵僧告言："大圣文殊，见(现)在此土，尚有人谤，岂况汝今所见境界？但令多人见闻之者，发菩提心，来到此土，灭除无量无边生死之罪，断恶修善，称佛名号，得生净土，即是利益无量无边众生，岂不大哉？何虑疑谤而不说？"法照闻已，答云："谨奉所教，不敢秘密。"梵僧微笑，即隐不现。法照方依所教，具前逢遇实录，一一示众。

江东释惠，从以大历六年[30]正月初九日，与华严寺僧崇晖、明谦等三十余人，随法照至金刚窟所，亲遇般若院所立石标志。同行徒众，虔诚瞻仰，悲喜交集。倏闻其处锽然钟声，清音雅亮，众咸惊叹：灵异果特。谓照师曰："所见不虚。"俱念宿缘多幸,得与同游,书之精舍屋壁,普使见闻,同发胜心,共期佛果。
后至大历十二年[31]九月十三日,法照与小师[32]等八人,于东台同见白光十余
现,次有黑云叆叇,少顷云开,见五色通身光,光内,红色圆光大圣文殊乘青毛
师子,众皆明睹。又降微雪及五色圆光,遍现山谷,不可知数。其同行人:小师纯
一、惟秀、归政、智远、沙弥惟英、行者张希、童子如静等,无不咸见。其后,法照
大师乃度华严寺南一十五里,当中台中麓下,依所逢大圣化寺式,特建一寺,仍
以竹林题号焉。

　　德宗皇帝贞元年[33]中,有护军中尉郇国公扶风窦公,施敕赐三原县庄租
赋之利。每皇帝诞圣之日,于五台山十寺、普通兰若[34]设万僧供,命司兵参军
王士詹撰述,刻石记纪颂,其词略曰:"弥陀居西国,照师宗焉;帝尧在位,郇公
辅焉。是知佛宝、国宝,殊躅[35]而同体也。竹林精刹,应现施工,已立西方教主。
大师法照,自南岳悟达真要,振金锡[36]之清凉,根瑞相[37]以徘徊;蹑云衢[38]
而直进,跻灵山,入化寺。周历而□□□[39]百二十院,所睹异光奇迹,具纪于大
师实录□□□播,故略而不书。兹乃净土教主东流也,故治地□□寺焉。"文多
不能具载。

　　中台慈恩和尚,先化黑白[40]五百人,雕造玉石功德一十二尊,并大殿一
座。于大宋元祐五年[41]春月,三人故放火,烧毁殿上钉自济[42],玉石功德
盏[43]化为灰粉。僧省瑞再化十方,四众同力修营,于定州黄山雕造到玉石释
迦、文殊、普贤等一十二尊,将至中台并殿。绍圣五年[44]六月日[45]终毕,告示
后人:烧功德人不出一年,尽皆恶死,殃随无间。故知毁之者恶报无量,苦轮不
息[46];同力修崇者获福无边,果证菩提矣。

【注释】

[1] 南梁:南朝萧梁所置,故治在今四川省阆中县西。

[2] 大历二年:大历,唐代宗年号,大历二年,767年。

[3] 举:一本作"奉",均不可解,疑误。

[4] 威仪:坐、作、进、退,有威德,有仪则(规矩),称威仪。

[5] 难陀:本是牧牛之人,因问佛牧牛十一事,知佛具一切智,因而出家,获阿罗汉果。

一说，难陀为佛之亲弟，佛方便化之，得阿罗汉。

　　[6]　披楼：正楼两侧的边楼。

　　[7]　三宝：佛、法、僧，称为三宝。

　　[8]　般若波罗密多：波罗密多，又作波罗密，梵语，译为到彼岸度菩萨所修法，能使人从生死此岸到达涅槃彼岸，称为波罗密多。波罗密多有六种或十种，般若波罗密多为其中之一。般若，梵语，译为智慧。

　　[9]　法王：指佛。《同药王品》："如来是诸法之王。"

　　[10]　谛：真实。

　　[11]　授记：佛对发心之众生，授与将来必能作佛之记别，称授记。

　　[12]　无上正等菩提：菩提，梵语，译为觉。菩提有三等：声闻、缘觉、佛。佛所得菩提，无有过之者，因弥无上正等菩提。

　　[13]　□：原文各本皆缺。

　　[14]　我慢：恃己而凌他，称我慢，为十六惑之一，有七慢、九慢之别。

　　[15]　真如：真者，真实；如者，如常。佛性真实而非虚妄，如常而无变易，因称真如，又称佛性、自性清净心、法身、如来藏、实相、法界、法性、圆成实性。实际上，真如就是佛家心目中的本体。

　　[16]　有情：佛家对动物的总称。

　　[17]　无著见大圣处：参看本书（《无若和尚入化般若寺十三》）。

　　[18]　三十五佛：三十五佛为释迦牟尼佛、金刚不坏佛、宝光佛、龙尊王佛、精进军佛、精进喜佛、宝火佛、宝月光佛，现无愚佛、宝月佛、无垢佛、离垢佛、勇施佛、清净佛、清净施佛、婆留那佛、水天佛、坚德佛、栴檀功德佛、无量掬光佛、光德佛、无忧德佛、那罗延佛、功德华佛、德念佛、莲华光游戏神佛、财功德佛、善名称功德佛、红炎幢王佛、善游步功德佛、斗战胜佛、善游步佛、周币庄严功德佛、宝华游步佛、宝莲华善住婆罗树王佛。

　　[19]　五会：法照创造的念佛方法。以《无量寿经》上有下文："清风时发，出五音声，微妙宫商，自然相和。"所以分念佛之调为五番：第一会，平声缓念；第二会，平上声缓念；第三会，非缓非急念，第四会，渐急念；第五会，四字转急念（四字为阿弥陀佛）。每一会重复几百遍，以五会为一周，称为五会念佛。

　　[20]　无始恶业：无始，没有开端。佛家以为，世间一切都无始，今生从前世因缘而有，前世又从前世而有，如此展转推究，求元始而不可得，故称无始。恶指乖戾之行，而身、口、意三者所作之事称为业。无始恶业，意为自无始以来即有之恶业，多不可数。

　　[21]　躃：同躄，瘸腿。借作动词用，应为撞身之义。

《广清凉传》古籍校注

[22] 金刚、般若:此处应指经名。金刚,应指密宗金刚界部各经。般若,应指显教各经。

[23] 无余:事理之至极,残无余蕴,称为无余。实际上,指最高真理。

[24] 愿海:菩萨之愿事深广,比如海,称为愿海。

[25] 四众:有不同说法,一般指比丘、比丘尼、沙弥、沙弥尼。

[26] 上品往生:净土宗的术语。净土宗认为,往生净土(极乐国土)的人,有九种品类,称为九品。其往生称九品之往生,其来迎称九品之来迎,其往生之土称九品净土。上品往生一般已达菩萨地位。

[27] 爱河:佛家认为,爱欲溺人,比之为河,称为爱河。

[28] 悲愿:佛、菩萨大慈悲,所发之誓愿称悲愿。

[29] 无生忍:安住于无生无灭之理而不动,称为无生忍。或为初地之证名。

[30] 大历六年:771年。

[31] 大历十二年:777年。

[32] 小师:僧人受具足戒未满十年的,称为小师。又,弟子之称。

[33] 贞元年:唐德宗贞元年,为785—805年。

[34] 兰若:僧人所居处,即普通寺院。

[35] 躅:足迹。

[36] 金锡:即锡杖。

[37] 根瑞相:草木之根,有增上之力,能生枝干,所以,"根"引申为因。瑞相,显现出来使人能见的吉瑞之形,称瑞相。根瑞相,由于吉瑞之相。

[38] 云衢:云间,比喻成佛之路。

[39] □□□:各本原文均缺字,下同。

[40] 黑白:僧人穿缁衣,黑色。所以,黑喻僧人,白喻俗人。

[41] 元祐五年:元祐,宋哲宗年号。元祐五年,1090年。

[42] 钉自济:各本均如此,疑误。

[43] 盉:疑为衍文。

[44] 绍圣五年:绍圣,宋哲宗年号。绍圣五年即元符元年,1098年。

[45] 六月日:疑月日间脱漏数字。

[46] 苦轮不息:佛家认为,生死果报,一切皆苦,轮转不息。《胜天王般若经》一:"众生长夜,流转六道,苦轮不息,皆由贪爱。"

《广清凉传》古籍校注

亡身徇道僧俗十七

释无染者，未详姓氏。受业中条山，讲《四分律》[1]、《涅槃经》[2]、《因明百法论》[3]。每诵《华严经》，至《诸菩萨住处品》说："东北方有处，名清凉山。从昔以来，诸菩萨众于中止住。现有菩萨名文殊师利，与其眷属诸菩萨众一万人俱；常在其中，而演说法。"仍闻佛陀波利自西国而来，追求圣迹，遇化老人，再令西域取经，入金刚窟，于今不回。古德既然，吾岂独无缘乎？师乃自誓发迹游方巡礼，遍访名公。或遇禅宗，参决理性；或逢讲授，探讨经义。以唐贞元七年[4]至五台山，止善住阁院。时院僧智颙，为五台山十寺都检校，主厘僧务，师乃依颙挂锡[5]，栖心为终焉。计常念："文殊化境，非凡庶可登。吾幸居此，岂宜懈怠哉？"冬即采薪荷众，夏即跣足游堂，立志不移。历二十余载，凡七十余次礼诸台。所遇震迹、化相、金桥、宝塔、圣磬、金钟、圆光之类，莫穷其数。最后，中台之东，忽睹一寺，额号福生，内有梵僧，数约盈万。师乃从头作礼，遍行慰劳。既而面见文殊，亦为僧相，语师曰："汝于此山，宿有因缘，当须供众，勿得空过。"言讫不见，化寺亦隐，梵僧俱失。师乃叹曰："吾觌此灵异，岂可徒然？念此危脆[6]之乐，有何久固？"乃发誓愿，告示四方游台僧尼，并及信士，每供养一百万僧，乃然（燃）一指以志之。渐及五百万数，遐迩悉知，王侯不化而自来，金宝不求而自至。千万供毕，十指皆然（燃）。至开成[7]中，夏四月，乃白大众曰："吾于此山，薄有因缘，七十二次游诸圣迹，酬千万僧供，不出此山。吾今耄矣，春秋七十四，夏腊[8]五十五。此身难保，危同朝露，欲于中台顶上，焚一炷香，答辞十方诸佛、一万菩萨，息心而住。诸徒众等，各不相代。并是菩萨弟子、龙王眷属，凤兴善业，得住此山，凤夜精勤，省筴[9]三业[10]。龙花三会[11]，共结要期。"比候下山,恐有留难,珍重而去。徒众不晓师意,则共白言:"三五日间,早来归院。"师乃但携瓶、锡准、焚香,独与清信士赵华,持蜡布二段,粗麻一抨,香油一斛,于中台顶,从旦至暮,礼拜焚香,无时暂息,都捐饮食,亦不睡眠,念佛虔诚,声无间断。至夜将半,华讶其归,晓复至台顶,见师执志确然不移,转益精专,倍于常日。师乃告华曰:"吾有密愿,已见功成。汝与吾照缘,不得障道。为吾取蜡布、粗麻、香油,将来缠裹吾身,要于夜半子时,然(燃)身供养诸佛。吾若道果得成,首度于汝。"华劝论不止,遂持蜡布以缠师身,次被(披)以麻,香油溉灌,将从顶炼。师戒曰:"吾若有余骸,照以薪光,火尽天灭,当须扬散,无使显异,惑乱众人。"华即如教,自头而然(燃),至足方倒。华勉曰:"昔闻喜见[12]愿力然(燃)身,今见上人,继乎先躅,奇哉!"乃宣告门人,取众灵骨,就梵仙山南起塔,于今现在。

　　代州总因寺沙门福运,清苦节行僧也。慈悲济物,每慨虚生。常谓人曰:"鹰隼逐鸟,何不相逢?猛虎搏人,几时遭值?自恨年耄,身肉枯干,不能与众生一顿饱食。苦哉!苦哉!"唐开元二十一年[13]二月十五日,径入南山岁谷大石寺北,有一盘石,跏坐[14]于上,执刀自割,分其身肉为三十段,投置石上,因誓愿曰:"施诸飞走众生一餐之食,愿食此肉者,舍恶趣[15]身,受人天报。"言讫而卒。门人士俗,奔走其所,见之骨灰,荡然无余。神异如此,若非忘我相[16],了色空[17],孰能若是哉?

　　清信士宋元庆者,洛阳县北乡人也。唐圣历元年[18]二月十四日来游五台,礼文殊大圣。元庆善根宿植,久厌尘劳,行结冰霜,曾无瑕玷。届兹真境,深契素心,愿启一时,功逾多劫。因游两台秘麽岩寺,乃潜于佛庙之侧后,积薪油焚身,供养文殊菩萨洎[19]诸圣众。当此之时,闻东南隅山震数声,西北有光,烂然五色。盖表斯人内财[20]供养之感应也。异哉!

　　繁峙县阐明雅者,智达空有[21],物我齐忘,厌有漏身[22],贺三坚果[23]。于元庆焚身之年四月三日,秘麽师庙之侧,屠身供养。手自持刀,支(肢)解身体,略无变色。始从两足,次及于心,皮肉纷然,唯有胸臆,犹合掌发愿,愿早成佛,济度众生。后乃剖心,命由斯殒。惜哉!

【注释】

[1]《四分律》:六一卜卷,姚秦佛陀耶舍、竺佛念共译。

[2]《涅槃经》:有大乘、小乘之二部。小乘《涅槃经》,西晋白法祖译;《佛般泥洹经》二卷,东晋法显译;《大般涅槃经》三卷,失译。大乘之《涅槃经》,西晋竺法护译二卷,东晋法显译六卷,隋阇那崛多译三卷,北凉昙无谶译四十卷,刘宋慧观等再治前经三十六卷。

[3]《因明百法论》:不详。

[4] 贞元七年:贞元,唐德宗年号。贞元七年,791 年。

[5] 挂锡:又称挂单,指行脚僧投寺暂住。

[6] 危脆:不可靠。

[7] 开成:唐文宗年号,836—840 年。

[8] 夏腊:僧龄,僧人出家年代。

[9] 筞:策的异体字。

[10] 三业:身之所作,口之所语,意之所思,称为三业。

[11] 龙花三会:弥勒为佛时,坐龙花树下,开三番法会,度尽上、中、下三根之众生,称龙花三会。

[12] 喜见:一切众生喜见菩萨之略称。传说此菩萨为药王菩萨前身,尝为供养佛,以愿力自焚其身。

[13] 开元二十一年:开元,唐玄宗年号。开元二十一年,733 年。

[14] 跏坐:足加胜上之坐法。胜,腿部肌肉。跏坐有两种:一,两足交叉置于左右股上,称全跏坐;二、单以右足押在左股上,或单以左足押在右股上,称半跏坐。

[15] 恶趣:趣,所往。恶趣,众生以恶业之因丽趣之所,即地狱,畜生等。

[16] 我相:佛家以为,我与法皆空。以我为实有,这是妄见,称为我相。

[17] 色空:佛家的“色”,指有形之万物。万物为因缘所生,非本来实有,因而是空。这个观点,是佛教理论的一个主要内容。

[18] 圣历元年:圣历,武则天年号。圣历元年,698 年。

[19] 洎:及。

[20] 内财:此处指肉身。

[21] 空有:佛家以为,凡夫执迷,以一切为有。此处“空有”,指以空破常有之见。

[22] 有漏身:漏,烦恼的异名。含有烦恼的事物,佛家称为有漏。有漏身即有烦恼之身。

[23] 三坚果:修道者得无极之身,无穷之命,无尽之财,称坚法,或称三坚。因是修行所得之果,又叫三坚果。

州牧宰官归信十八

开元十八年[1]，代州都督薛徽，以岁属亢阳[2]，久愆[3]时雨，草木焦枯，种植俱废。都督谓众曰："吾闻台山文殊菩萨极多灵异，有无缘，慈，必哀祈请。"遂登台顶，竭诚祷雨。俄见华严寺上，有群飞白鹤，凡二十二只，徘徊翱翔，集于台上，须臾即散。俄顷，黑云叆叆，驶雨洪澍[4]，五县霈足(古有唐林县[5]也)。民至二十六日方兴未粗。是秋大丰，未粗小谷皆熟，粟斗三钱，百姓饶乐。若非至诚感神，曷能致此？

开元二十三年[6]，代州都督王嗣，尝巡礼清凉山五台诸寺院，忽遇一伽兰，广大庄严，内有文殊师利像。因入中礼拜，复从院出，乃逢隐者三五人，草衣麻屦，容状甚陋。都督谓是贫士，行乞至此，乃问："自何而来？"隐者曰："来游山林，因而纵赏。吾以六合入于一尘，三千纳于毫芥[7]。"又为都督谈十二空之正理[8]，演十二见之邪宗[9]，辞论纵横，辩才无碍。都督闻之愕骇。隐者仍有告诫，都督俛首未对，忽然而失。嗣于是顿发愿心，欲饭千僧，以祈胜福[10]。问寺僧曰："此中有千僧否？"僧云："今七八月，游山者皆去，僧难可及。"嗣乃志心，虔求冥助。至设斋日，感千僧普会，嗣尽诚斋施。既毕，僧散，并不知所止。嗣睹此感应，信心益固，后遥礼五台，没身归向矣。

圣历二年[11]，长史崔义猷游礼五台北台，忽云雾晦暝，跬步[12]无睹。猷即投身自扑，遍体血流，死而复苏。仰见云间一道光明，接华严寺。猷乃寻光而行，过处随灭，直至华严寺，经宿南去，向佛光寺。一百余里，先此瑞应。至寺睹见解脱禅师[13]如生，共猷谈对。既而语诸寺僧，寺僧靡不惊骇，皆云："解脱已亡多年，何故复见？此不可思议事也。"猷益异云耳。

圣历二年,长史齐政,携家游台,至清凉寺北,遇数僧,持锡杖,跣足而行。政询之,答云:"访文殊师利。"因勉政发心,共登台顶。及登,遽失僧所在。政嗟异而下,还及清凉寺,又闻圣钟铿然,响亮山谷。政竭诚斋设供施而归。感其灵应,因为记云。

中台西南百余里,有一小山,名曰峰山,当台邑之北,山半有生风穴、仙人掌、道人庵、说法台。昔名九泉山,上有金华寺,下有澡浴池,世传万菩萨过夏之所。有时现象,犹若片云,飞腾峰顶,或如白鹤,群翔山后,久而方歇。土俗备睹,咸云:"万圣出现,岁丰之兆。"其言颇验。

圣宋庆历二年[14]七月五日,有薄雾数片,从寺古殿后出,渐遍山顶,其中现菩萨形相,或三或五,各成行列。离山而南,右绕县邑,僧俗告语,无不仰观。前县令路坦,留诗以记其异。

【注释】

[1] 开元十八年:730 年。

[2] 亢阳:阳极盛的意思。《易·乾》上九孔颖达疏:"亢阳之至,大而极盛。"

[3] 愍:同"您",误的意思。

[4] 澍:与"注"通。

[5] 唐林县:唐置,后晋改广武,故城在今山西省原平县崞阳镇南四十里。

[6] 开元二十三年:735 年。

[7] 六合入于一尘,三千纳于毫芥:六合,天地四方,也泛指天下。一尘,即一微尘,为物质的极小。三千,佛家所指多数,如三千诸法,一念三千,三千世界之类。毫芥,极细微。"六合入于一尘,三千纳于毫芥",指把天下都装进细微的东西之中。

[8] 十二空之正理:十二空,又称十二真如、十二无为。十二真如为:一、真如;二、法界;三、法性;四、不虚妄性;五、不变异性;六、平等性;七、离生性;八、法定;九、法住;十、实际;十一、虚空界;十二、不思议界。

[9] 十二见之邪宗:各称自己所信之宗为真宗,而称外宗为邪宗。至于十二见,不知何指,似与十二空相对而言。

[10] 胜福:上等之福。

[11] 圣历二年:699 年。

[12]　跬步:古半步。

[13]　解脱禅师:俗姓邢,五台夹川人。出家后,曾各处访问名师,后来居于五台山佛光寺,从隋初到唐初,近五十年。《古清凉传》载,他善讲经,慕名而来听者,日达万人。

[14]　庆历二年:庆历,宋仁宗年号。庆历二年,1042 年。

高德僧事迹十九

释智頵者,亡其姓氏,中山人也。韶龀之年[1],杰出流辈;尔以弱冠[2],厌俗遗荣。远诣台山,依善住阁院贤林为师,策励无怠,夙夜忘劳,落彩[3]登坛,戒珠[4]圆结,天性节俭,室无长衣,遇有余资,随施贫病。既而辞师访道。不数年间,大通佛教,讲《法华》[5]妙典,穷佛知见;阐维摩[6]胜旨,了不二法门[7]。常念法性[8]幽微,筌蹄权假[9],乃收迹灵境,挂锡旧居。其如高德服人,囊锥脱而露颖[10],嘉誉流远,宫钟击以飞声[11]。唐元和年[12]中,众议请:充山门僧首。固让不获,挽仰从命。遭时岁艰俭,供施稀旷,院宇萧疏,钟磬息韵。众复叩请为华严寺都供养主[13],知大常住[14],即四方聚供之所也。

宜其德,必有邻。善则获应。故值法照、无著、华严疏主[15]、并释门龙象[16]、宝地芝兰,缁素[17]争依,神灵密佑。时澄观新制疏毕,众请頵讲《华严大经》。繇是日有千僧,斋供丰腆,帑藏充溢,不知其由,时人咸谓"感圣来游"。

师自主寺务,凡十余载。有邻院僧义园,亦诸僧之翘俊者,以頵久典常住,意其利于资供。既生疑谤,乃构流言,谓:"頵心非平等,志务贪婪。修德竞时,岂当若是?"頵聆斯谤,遽求自退,众遂许之,师乃即日拱手而出。是夜,有护法天神报义圆曰:"智頵和尚乃千佛一数,师敢轻言耶?可速求谢咎。若其不然,必沉恶趣矣。"义圆骇惧,诘旦诣頵,礼足悔谢。頵之德行,感(人)如此。

及武宗在位,毁灭释氏[18]。頵藏匿岩薮,余众解散。宣宗践阼,重兴寺宁,敕五台诸寺,度五千僧,再请頵为十寺僧首并都修造供养主。至大中七年[19]夏四月,普供天下巡礼四众,斋粥一月。既罢,一日,诰大众曰:"人命如箭,焉能久保?心徇浮华,不求息虑,谁之过欤?"遂退居静室,不出二日,端坐而终。春秋七十七,夏腊五十八。

释法珍,不知何许人也,亦忘受具[20]之年。自舍尘俗,戒行精苦,誓除人我,志求解脱。讲《华严》、《楞伽》、《唯识》、《瑜伽》[21],每升座宣扬,如师子吼[22],化导无间,遐迩归心。在华严寺三十余载,见文殊师利云中出没,现种种形,数盈千万。法师因发誓愿,设无遮大会[23]。巡山之人,岁有万数,诣五台顶,然(燃)长明灯,幡花不绝。至隋开皇十三年[24]七月而终。后五年,隋帝梦五台山华严寺法珍大师院,有摩尼[25]宝珠二十颗。敕遣黄门侍郎郭驰骅求取珠,法珍院供养库中果得宝珠,尽符圣梦。乃造七宝函盛之进献。自余珠宝,有百千种,凡五斛余,有诏复送台山。仍以珊瑚树一株,并归山供养文殊师利。师之德行,概见于此云耳。

释孙哲,不知姓氏及何所人,住天盆寺三十余年。服饵松柏,以中食[26]。常坐不卧,寡于言说,志节高邈,迥逾尘表。寒暑行道,曾无懈息。身衣弊衲,都无余服。菩萨行[27]愿,人所罕测。居常一日,亲睹文殊师利持一银戴[28]金面鼓,来入伽兰。哲惊异悲感,因自躃身,口鼻血流,起而言曰:"往闻:圣鼓,他化天[29]乐。佛在世时,大圣持来,供养于佛。如来灭后,还归天上。弟子业秽之质,大圣示迹,降此伽兰,俾无限尘劳[30],于斯尽矣。"乃勤恳致礼,礼已不见。自此谓门人曰:"吾命将尽,恐身不净,汙秽伽兰,欲去横水镇趣灭,尔等各念无常[31],勉修胜业。"嘱已下山,果至彼镇,俨然示化。

释神赞,俗姓卢氏,不知何许人也。戒行孤绝,好求访圣迹,不惑[32]之年,来诣台山,礼谒菩萨。住华严寺、清凉岩间,禅诵为业,众推高德。未详终没之所。

释惠龙,幽州人也。卝岁出家,弱冠受具,性圆秋月,节劲霜松,戒等护鹅[33],慈深救蚁[34],了《四分毗尼》[35],略无凝滞,远近请益,教诱尽材。专诣台山,礼文殊师利,六时忏诵[36],徇法亡躯,自刺身血,写菩萨戒[37]普施,愿早成佛。师气貌严峻,言声响亮,演法导迷,无刚不伏,亦僧中之能士也。后不知其所终。

释令休,河南人也。乐寻圣迹,遍历名山,励节勤苦,众咸推伏。远诣台山,礼文殊师利,忽闻空中有声告曰:"南阎浮提[38]人,多不定聚[39],刚强难化。汝宜度之,勿惮劬劳,斯为上士。"僧曰:"欲求解脱,若为可得?"空曰:"汝可除心。"僧曰:"云何'除心'?作何方便?"空中告曰:"无心之草,名曹蓁[40]。汝就观之,自当悟解。"师即求之。后果见其草,乃自惟曰:"我问'除心',有何方便?却令观此无心之草，有何意旨？"如是审思，豁然了悟，曰："草譬烦恼，'无心'喻空，草既无心，烦恼亦尔，烦恼既空，当何所断？"乃大悟。无生法[41]、空观门[42]，于斯了矣。师不胜悲喜，即就此草结庵而止。人或问其故，师指草谓曰："人多心病，此草能攻。所欲来求，与宣良验耳。"厥后，获愈者多矣。至开皇二十一年[43]癸酉正月上旬，无疾而卒，春秋七十有三。

【注释】

[1] 龆龀之年：龆与龀，都指儿童换齿。《韩诗外传》卷一：男八月生齿，八岁而龆龀；女七月生齿，七岁而龆龀。龆龀之年，指童年。

[2] 弱冠：弱，年少。古代男子二十岁行冠礼，因以弱冠指二十岁左右的男子。

[3] 落彩：僧衣无彩尚黑，落彩即指除掉彩衣穿僧服。

[4] 戒珠：戒律洁白，庄严人身，比如珠玉，所以称戒律为戒珠。

[5] 《法华》：指《法华经》

[6] 维摩：维摩罗诘，略称维摩诘、维摩，菩萨名，辅释迦之教化，有《维摩经》。

[7] 不二法门：不二，不异，即佛经中一实之理。佛道之规范称法。众人由此进入，称门。佛教有八万四千法门，不二法门在诸法门之上。《维摩经》载：文殊师利问维摩：何等是不二法门？维摩不语。文殊师利曰：善哉！善哉！无有文字语言，是真不二法门。

[8] 法性：又称真如、法身等，即佛家心目中的本体。

[9] 筌蹄权假：筌，捕鱼竹器；蹄，捕兔器。《庄子·外物篇》："筌者所以在鱼，得鱼而忘筌；蹄者所以在兔，得兔而忘蹄。"后来以"筌蹄"比喻达到目的的手段。权假，方便假借之意。"筌蹄权假"，意思是语言文字这些工具毕竟只是借用之物，很难捕捉到幽微的法性。

[10] 囊锥脱而露颖：《史记·平原君虞卿列传》："平原君曰：'夫贤士之处世也，譬若锥之处囊中，其末立见。……'毛遂曰：'臣乃今日请处囊中耳。使遂蚤(早)得处囊中，乃脱颖而出，非特其末见而已。'"这里的"囊锥脱而露颖"，即从毛遂语而来，比喻有才能者终能自显。

[11] 宫钟击以飞声：比喻名声如同钟被击而发声一样，飞传很远。

[12] 元和中：元和，唐宪宗年号，806—820 年。

[13] 都供养主：寺院有劝募供养物者，称供养主。都供养主，即掌管劝募之事的僧人。

[14] 大常住：寺院从各处劝募来的财物，称为常住物，通常有四类：一、众僧之厨库、寺舍、器具、花果树林、田园、仆畜等，称常住常住物，二、日日供僧的食物，称十方常住物；三、各僧人所有私物，称现前现前物；四、亡僧所遗之物，称十方现前物。这里的"大常住"，当为掌管各种常住物。

［15］　华严疏主：即澄观。

［16］　龙象：水行龙力最大，陆行象力最大，所以用"龙象"一词比喻有最大力的罗汉，也用作对僧人的敬称。

［17］　缁素：僧人穿缁衣，所以，缁代表僧人，素则代表俗人。

［18］　武宗在位，毁灭释氏：唐武宗废佛，会昌五年(845)统计，凡毁寺院四千六百多所，小寺庙四万多处，还俗僧尼二十六万人，没收寺院良田数千万顷。

［19］　大中七年：大中，唐宣宗年号。大中七年，853 年。

［20］　受具：受具足戒之略称。具足戒，又称大戒，与沙弥、沙弥尼所受十戒相比，戒品具足，所以称具足戒。

［21］　《华严》、《楞伽》、《唯识》、《瑜伽》：均为佛经名。

［22］　师子吼：《维摩经·佛国品》："演法无畏，犹如师子吼。"

［23］　无遮大会：无遮，不遮蔽，平等宽容。无遮大会，贤圣道俗贵贱上下无遮，平等行财、法二施之法会。

［24］　开皇十三年：开皇，隋文帝年号。开皇十三年，593 年。

［25］　摩尼：梵语，珠的总称。此处似指番珠(外国珠)。

［26］　中食：午餐。

［27］　菩萨行：求自利、利他，圆满佛果之菩萨各种行为，称菩萨行。

［28］　鼗：鼓框。

［29］　他化天：他化自在天，略称他化天，为欲界六天中之第六，故又称第六天。

［30］　尘劳：即尘俗之劳。

［31］　无常：佛家以为，世间一切事物，生灭迁流，永无止息，称为无常。《无常经》："未曾有一事，不被无常吞。"无常是佛家的基本观点，由无常观点才引出一切皆空等理论。

［32］　不惑：《论语·为政》："三十而立，四十而不惑。"不惑指四十岁。

［33］　护鹅：《大庄严经论》十一说：有一比丘，知鹅吞入宝珠，但主人怀疑比丘。比丘恐主人杀鹅取珠，宁肯自受责打救鹅。

［34］　救蚁：《杂宝藏经》四：一罗汉养一沙弥，知其七日后必死，遣其归家。途中，沙弥见众蚁为水漂流，即将淹死，便自脱袈裟救蚁。因此，七日后得不死。

［35］　《四分毗尼》：毗尼，梵语，译律。《四分毗尼》，即《四分律》。

［36］　六时忏诵：昼三时(晨朝、日中、日没)及夜三时(初夜、中夜、后夜)，合为六时。忏诵，忏悔所造之罪，诵念经文。

［37］　菩萨戒：大乘菩萨僧之戒律。

［38］　南阎浮提:又称南瞻部洲,在须弥山南方之咸海中,按佛家说法,即人类住处地球。

［39］　不定聚:三聚之一。三聚:一、正定聚,必定证悟者;二、邪定聚,毕竟不证悟者;三、不定聚在前二者之间,有缘证悟,无缘不证悟。

［40］　蓸蓥:草名,待考。

［41］　无生法:指真如之理,涅槃之体,以其远离生灭,因称无生法。《楞严经·长水疏》八上:"真如实相,名无生法。"

［42］　空观门:观诸法皆空之理,称空观。佛家以为,一切诸法,尽为因缘所生,无有自性,空寂无相。以空观为入理之门,称空观门。

［43］　开皇二十一年:601 年。

高德僧事迹十九之余

释嘉福,俗姓聂氏,代郡雁门人也。年七岁,于本州总因寺出家,十五受具,后住清凉,望台三十余年。常诵《维摩经》。"菩萨"、"声闻"二本戒文,《涅槃》、《般若》二部,多所悟入。并诵诸部经、论,百有余本,十日一周,略无余暇。及然(燃)五指供养文殊,臂上烧灯,求生净土。至开皇二十四年[1]十二月下旬,倏见白光一道,直至西方,如是二日,众人咸睹,奄然而逝。

释道宣,俗姓钱氏,吴兴人也,盖彭祖[2]之后。少诵教文,长亲师席。关之东西,河之南北,求访宗匠,无惮苦辛。外总九流[3],内精三学[4],戒香芬洁,定水澄漪,存护法城[5],著述无辍。尤攻律藏[6],穷计幽微,七聚五篇[7],涣然冰释。感天厨馈食[8],备于先记。自梁迄今,曾无俦匹。按《华严灵记》[9]云:律帅[10]常至中台顶上,见一童子,形貌异常。律师问其所由。童子曰:"弟子,天也。帝释[11]遣令巡守圣境。"律师又问:"道宣尝览《华严经·菩萨住处品》,文殊师利住清凉山。宣自到山,未尝得见。其理如何?"童子曰:"师何致疑?世界初成,此大地踞金轮之上。又于金轮上撮骨狼牙,生一小金轮。其轮至北台半腹,文殊菩萨七宝宫殿之所在焉。园林果树,咸悉充满,一万菩萨之所围绕。北台上面,有一水池,名曰:金井。大圣文殊与诸圣众于中出没,与金刚窟正相通矣。大圣所都,非凡境界,师可知之。"言终乃隐。律师下山,向众亲说其事云。

释窥基法师,姓尉迟氏,祖讳懿宁,国公;父敬宗,六军卿胄之职,任松州都督;伯父敬德,即唐初总管,武略冠古,声名盖代,封鄂国公。唐书有四传[12],孔子有四科[13],罗付有四圣[14],大唐三藏[15]有四弟子:基、光、昉、测[16],故今疏主[17]即其一焉。三藏西域取经既回，圆教大乘[18]，创流东土。将图普利，必藉周材，法苑[19]所推，专归疏主。至年十七，遂预缁林[20]，特奉明诏，为三藏弟子。疏主专受大乘三藏秘诀[21]。三藏以为，广济群品，莫大于弘宣。传付有归，受命著述，制《法华》、《唯识》等疏一百部，盛行于世。又于三藏大师终后数年，乘游五台山，礼文殊菩萨，于花严寺西院安止。法师常月造弥勒像一躯，日诵《菩萨戒》一遍。愿生兜率[22]，求其志也。感通之应，绰然可观。又复亲书金字《般若经》毕，有神光瑞云，萦拂台宇，辉耀函笥[23]，曰："我无坚志，灵应何臻？"从游山讫，旋之京师慈恩寺，于永淳二年[24]蝉蜕[25]去尔。

开元二十三年[26]三月十五日，有清凉寺普观禅师，与同造功德主[27]、沙门法会，于中台顶造玉石释迦、文殊、普贤等一部从，神功妙绝。至开元二十四年，功毕。后武宗会昌五年[28]。拆天下寺宇，例遭除毁，悲矣。

释志远，俗姓宋氏，汝南人也。早丧所天，孤养于母，承顺颜色，晨夕靡倦。母常读《法华经》，精通五卷。师因夙植善本，每念辞荣[29]，年二十八，乃启母出家。事师之礼，服劳无替，躬执僧后，未尝违众。厥后，辞师参学，负笈[30]八年，南北两宗[31]，大道渊旨，然于天台顿教[32]，无所宗尚。可谓定慧双明，惠修兼备[33]。后闻台山灵异，乃结侣同游，就华严寺右小院挂锡，演天台圆顿，仅四十年，众因目其院为天台焉。至会昌五年，忽绝粒数日，而讲课之务，未曾暂息。及二月十七日，告门人曰："吾平生修进，靡欺心口。今获二种果报[34]，卧安眠觉而无痛恼。吾所著《法华疏》十卷，《本迹二门三周记》、《别开近显远玄门》十卷，《五义判释止观》十卷，其天台宗疏，务在宣阐，并使传通，勿令止绝。"言讫，奄然而逝。春秋七十七，僧腊四十八。

案碑文云：金光照和尚者，其先河南府渑池县人也，俗姓李氏。年十三出家，依于新安县宝云寺主灵粲为师。至年十九，入洪阳山，祖述迦叶和尚。伏勤三年，犹如一日。可谓衣不带布褐遮身，残形毁容，勤求至道。和尚谓曰："道，常无为而无不为；佛，常无应而无不应。守斯守一，勤则居三。虽恒沙异名[35]，随缘摄化；而彼岸同体，感物从权。且清凉山者，诸佛之应化[36]也。众生缘重，尔可往焉。"师既亲受言教，来至汾州。自宝应[37]中，遇奸臣凶动，戎马生郊，师阻难中，未可前路。乃回入马头山，经姑射山，又转至耘特山。六年居山，事慧超禅师，誓愿苦身，以崇至学。每兴重愿，以救苍生，志在山林，祈无上觉。禅师知其

《广清凉传》古籍校注

愿重,乃命速行。转至屋党山、夏县,师于惠悟和尚谘参至理。又闻方山纯达禅师德行清高,名誉远彻。既至其所,禅师一见,乃问:"师从何而来?"师曰:"从无所来。"禅师乃接以微言,豁然启悟。乃知众生即佛,佛即众生,三界圆通[38],唯一心耳。遂住嵩山,经于三载,禅习为务,守戒为常。每自思曰:"台山之愿,竟未(遂)心。"属我国家圣德广运,日月照临,功高百王,业济千古,至唐大历二年[39],方达五台山,于大华严寺万菩萨院安止。其日,忽雷电交发,雨雹驶飞。师乃骇心,嘿念大圣,俄尔晴霁。倏睹白光从台飞下,光中千佛,严丽赫然。师涕泣交流,举身投地而为作礼。比至举首,忽然其前涌出高楼十丈,有千叶花座而以盛之。遂见诸佛舒金色臂,三摩师顶,告师曰:"尔从今已去,应名金光照耳。"诸佛令师诵《金刚》、《般若》,以为恒式。言讫,忽然不见。师心内喜跃,感悟良多。翌日,礼辞寺众,遂诣秘麽岩,幽居进德,日有所新。后又自西台,忽雷风暴震,曳电注雹,良久云开,谷腾黄雾,倏忽之间,千变万化。师一心瞪视,誓求佛果。应时,和风清畅,云雾竟涌,忽见维摩居士、普贤菩萨、文殊师利。师悲泣礼拜,忽然不见。又见二童子,引师直诣台顶,见二如来,净如琉璃,内外明彻,紫光蔽日,白气浮天,遍满山林,尽同金色。同行伴侣,罔知厥由。后又诣东台那罗延窟,遥见三僧,乘白云涌出,至前便隐。又,至夜三更已(以)来,忽见窟前楼阁层峙,天乐嘹亮。至数日已,却往秘麽居止。六载后,繁峙县令吕才俊,坚请至县,虔心供养。后,代州都督辛云晃,聆师之德望,差指使迎入大云寺,居止为首,广兴佛事。后不知其所终云耳。

　　华严疏主,法讳澄观,俗姓戴氏,本越州会稽山阴县人也。即唐第八帝肃宗皇帝世,年十三出家。厥后,儒典九流,百家子史,莫不该尽。具戒之后,节操非常,但有名山必游,胜友皆访。于大历十一年[40]来游五台,于华严寺西般若院下(此处似脱"安止"二字)。疏主至山,前后游台四十余(此处似脱"次"或"日"字)。后至大华严寺,专读大乘方等之教[41]。《华严》一经,遍所翫习,以自悟心,庆在朝闻,卷不释手。其时,有善住阁院(隋朝本名东道场也)僧,名贤林,亦不测之人也,时充华严寺主。乃与寺众恭请法师讲《华严》、《法华》等经,前后五载。法师每谓《华严》旧疏旨约文繁,乃自唯曰:"窃以大圣文殊师利表乎真智,普贤菩萨旌乎真理,二法混融,即表毗卢遮那之自体[42]也。理包万行,事括千门,广喻太虚,周齐罔报,大矣!我即《华严》奥旨欤?我今既措趾文殊圣都,清凉

112

妙域，《华严》大典，岂得捐乎？”于是，旦暮策怀，思惟造疏。即自华严寺徙住般若院，从容谓众曰：“余来圣地，旷劫稀逢，欲屏交游，澄心造疏。可能为余建阁一座，于上造疏，可乎？”寺主贤林等佥曰：“允从。”乃募工起手，不日而成。时有温州无著，躬自书梁羲之[43]笔迹，奇哉可观。功毕，疏主于上，起立制疏道场，即唐兴元元年[44]四月八日也。朝夕焚祝，心祈瑞应。数日之后，中夜，寝梦一金人于疏主前立，师乃以手揽之，从手餐食至足而寤。私心喜曰：“此必大圣垂祥，是余餐受《华严》之法味，得其粹旨，示造疏始终之兆也。”乃起盥漱，遽入道场，焚香设礼，庆谢嘉瑞。厥后，若躬对圣容，援毫洒翰，才思如流，精择微言，未尝疑阻。遂得一部七处九会之文[45]，焕然在目。自兴元元年迄正元元年[46]丁卯岁十一月五日绝笔。法师既造疏已，乃罄资缘设千僧会斋，用为显庆。又欲验其疏流通之兆，乃入道场，祈祷冥应。忽于夜寐，梦见自身化为大龙，首枕南台，尾枕北台，腾跃其身，复化作千个小龙，分散而去。疏主觉已，喜曰：“斯乃新疏流行之应矣。”于是，华严寺主贤林、尚座[47]悟寂、山门十寺都供养主温州无著、并阖山僧众，又共设大斋，显庆新疏。正元四年，并州节度使马遂、代州都督王朝光，各遣使斋供施至山，令请疏主讲其新疏。每日，可谓座列千僧，聆宣妙典。所出学徒，前后计及千数。其余事疏，具如别传所云。

释常遇，姓阴氏，范阳人也。先从本土安集寺出家。其性淳朴，体貌魁梧，好适林泉，栖心物外。大中四年[48]，杖锡孤游礼五台山，寻访圣迹。止华严寺菩萨堂，瞻大圣真容，然（燃）右手中指为供养。后遍历五顶，大睹祥光，不可胜纪。至西台，遇古圣迹，名秘麽岩。师启目之际，忽睹金光，灿烂夺目，渐分雉堞，方势如城，即古所谓“金色世界”也。因问寺僧，寺僧曰：“是地昔有古德住持，名金光照和尚。斯亦因光立谥，必其祥也。”师悲喜交集，誓居此地，乃结庐住止，涤虑栖神。一入定门，经四十九日，鸟飞花雨，合卒香云，扬袂抠衣，归依如市。因即创兴梵宇，缔构佛宫。十有七年，不下峰顶，禅诵精勤，寸阴无废，可谓圣力潜通，道出凡境。至昭宗运季[49]，师亦化不常有，时抚掌高声大笑，或复手执二石相磨，只云：“并合！并合！”人不测其由。至唐庄宗吞并朱梁[50]之后，人方悟前语。师神异前知如此。时武皇[51]之在河东也，向慕高德，就山致礼。文德元年[52]夏四月，命宪州刺史马师素传意邀请，师固不受命，即以其年七月十八日，嘱门人已，蝉蜕而去。春秋七十二，夏腊五十一。

释愿成，姓宋氏，不知何许人也。家世儒素，遐迹知名，不务浮华，不趋荣利。初，其母阴氏，夜梦庭中双树，尽放繁花，俄顷而谢，唯有一枝，独无凋变，结成珍果，觉而有娠。阴氏心喜，愿生男子，既发愿已，如期生男，遂名愿成。乃长从师，犹称小字。师子衿之岁[53]，出就黉舍[54]，务学明敏，首冠群辈。厥后，弃俗辞亲，诣五台山，依佛光寺僧正[55]行严为师。至大和五年[56]受具，诵大、小乘戒[57]、《法华》、《金刚》、《佛顶大悲神咒》[58]，用为常务也。武宗世，诛剪释门，师执志无改。宣宗皇帝即位，重兴佛寺，山门再选，召师为其首，特许修营佛光一寺。功毕，寻颁命服，师号圆相，就加山门都检校。至光启三年[59]六月五日，忽觉气志衰败，乃罄舍衣盂[60]，以充坛施[61]，无几而卒。后之人起塔于寺之西北。

佛光寺乘方禅师者，遗其姓氏、乡里，即解脱禅师之孙也。身长七尺五寸，古貌棱棱，垂手过膝，眉长数寸，目有重瞳。礼念六时，行道无息，绍其高躅，再修梵宫。台殿横空，等级相次。有太原士女，造立大圣一躯，拟送山门。路经滹沱，河水泛涨，波涛鼓怒，舟楫倾危。禅师隔岸遥礼，焚香恳启，水忽绝流。圣像既济，湍激如故。厥后，忘其年月，示灭于寺。肉身犹在，有碑，居寺西一里。

无名和尚，渤海郡人，即先朝高力士之孙也。幼年慕道，落绀发[62]于金园，求具寻师，沾戒品[63]于京洛。心地渊奥，受荷泽之宗[64]；文藻纵横，出汤休之句[65]。可谓法苑之梁栋，释门之标准。至正元年[66]，示灭之日，澡盥清洁，凌晨一食，告召寺众、门徒，跏趺而逝。其后十一年，河东节帅素公顶谒，闻有异香，重修龛室，感神光数丈，瑞相仍现。方议茶毗[67]，肉随火化，霜骨端坐，鲜洁光明，支(肢)节钩连，莹滑如玉。建塔于寺，刻石犹在。

铨律和尚，本代地土居人也。七岁出家，依年受具，戒珠清莹，行业芬敷，外习毗尼藏教[68]，内修大乘因地[69]。他心通照，事必先知。蔬食不过中，敝衣才蔽体，不贮粒粟，不畜缕帛，可谓清苦高行僧也。示灭之日，有彩云翳空，天乐盈耳，异香芬馥，远近袭人。召集寺众，执手叙违，付嘱门人，跏趺而灭。

释法兴，本西京人也。七岁出家，与时流不杂，承侍师长，策励忘疲。讽《妙法莲华经》[70]，期年成诵。又念净名[71]金偈，不盈九旬。二本戒经[72]，仅逾一月。日常一过，讽味精通，律轨精严，秉持无犯。来礼圣迹，志乐林泉，隶名佛光，遂有终焉之志。四方供利，身不主持，付嘱门人，修弥勒大阁，凡三层九间，高九十五尺，尊像庄严，靡不周备已至。七十二位圣贤、八大龙王、台山诸寺圣像，万有余尊，绘塑悉具，僧徒称赞。众口一辞，列上所属，请充山门都纲[73]，规矩准绳，为后世法。大和二年[74]正月，闻空中有声云："人灭时至，兜率天众今即来迎。"师乃澡浴焚香，端坐而灭。建塔在寺西北一里。

王子烧身寺必救都纲者，不知何许人也，未详其字姓。盖闻诸古老口相传授，事多湮废，今但传其梗概。孔圣所谓"我爱其礼"，斯亦如之。世传阎罗王之师舅也，以曾掌僧务，因谓之"都纲"。昔清凉府，即今五台县之故城也。彼其县宰，忘其名氏，夏中独坐，夜饮于公庑之下。倏见数人，形质甚伟，持枷锁，似宫中追摄人者，至前立。其县宰诘问厥由，对曰："某，阎罗大王之使卒，大王遣来相追摄尔，公可行焉。"宰于是大骇，起立谓狱使曰："死即古今之常事，余不罹[75]也。只缘有寡亲在堂，唯凭官俸以为恩养，若赴追摄，孝养弗周。若待其百年，死而无恨。今广贻金玉，可能捐否？"卒曰："此大王严命，某不敢专也。公若要免，五台山王子烧身寺有必救都纲，是大王之外舅，若能往告，必能相为也。"于是，县宰遽俾被(备)马，与府卒匆匆而发，比至日出，乃得达寺。师房扉尚掩，眠犹未兴。宰躬自敲门，微声而唤。少倾，师出，宰即折躬致礼。师曰："山僧愿德，不销贵人之礼。"宰旧尝巡山，颇相轻视，此时事通，致敬忘劳，曰："不识圣人，罪实深矣。"泣泪又拜。师因问其故，宰具述厥由。师曰："可也。"因索纸笔，具书其事。书毕，付与其宰，宰致拜再三，陈谢而退。自后至官满，了无他事。师自此传名。名既彰矣，师寻亦示灭。有塔见(现)在寺之东南。集传者曰："此大圣化。故《化金阁传》[76]云：凡圣混居。斯其验矣。"

降龙大师，俗姓李氏，讳诚惠，本蔚州灵丘县人也。其亲壮而无嗣，闻五台山文殊灵异，躬诣祈请。既还，妻即感娠，后月满生男。乡闾嗟异，咸曰："圣子。"及长，风骨爽秀，神智不群，乃诣台山，依真容院殿主法顺为师。至年二十，登坛受具。东台东南约一百余里，有池名"龙宫"者，耆旧相传：大师尝居彼，结庐修道。今见有丛树，故基犹在。师于净瓶中素畜一龙。龙曾逃出，入清水河，中有一巨石，上通三穴，潜隐。其一日凌旦，河上西南，见白气出，师知龙潜其下，乃携瓶诣河，向石穴大叱之。龙还入瓶，携之归庵。其泉犹有灵异，虽河瀑涨，淤滓混流，独此泉中，略无纤秽。天禧年[77]中，余亲往观之。今龙泉店，亦因泉得名也。大师尝于西台东北李牛谷中，亦有结庐诵经之所，尝感山神现身听法。后有王子寺僧湛崇等，率众连书，殷请住寺，展师资礼。师不违来愿，徙居彼寺。故得金峰增耀，宝埌腾芳，九州之深厎[78]皆来，十寺之楼台益盛。财施、法施，佛田、僧田[79]，由师住持，同沾利泽。后唐庄宗，闻师高行，同光元年[80]七月，遣使持紫衣、师名敕书赐之，诏云："诚惠。鹫岭名流，鸡园上哲，精守护鹅之戒，弘宣住雁[81]之谈。潜括三乘[82]，深明四谛[83]，忍草长新于性苑[84]，意花不染于情田[85]。自隐迹灵峰，栖心胜地，泛慈舟而拯溺，持慧炬以引迷。五百龙神，皆降懿德，一万圣众，尽继玄踪。为法字之栋梁，作空门之标表。朕方兴景运，大阐真风，宜旌积行之名，以奉无为之教。今赐号'广法大师'，仍赐紫衣。"师固辞不受。续降敕敦劝，其略："爰遣内臣，远班（颁）成命。师号既旌，于戒行，紫衣无爽；于受持，久属当仁。匪宜多让。"至同光三年乙酉岁十二月，嘱门人已，枕手而终。春秋五十，僧腊三十。师终后，敕赐谥曰：法雨大师，并灵塔号：慈云之塔，今现在本寺。

超化大师，讳匡嗣，俗姓李氏，太原文水县齐凤村人也。幼年慕道，不乐世荣，注意台山，愿求披剃，依真容院浩威为师。受具之后，励志不群，杖锡南方，参寻知识，学通内外，博究禅律，传法度人，开众耳目。晋天福三年[86]戊戌岁，游方行化，至湖南，谒伪国主、王公，公施香茶盈万。至丁未岁[87]，遣使赍送入山，遍给诸寺。癸卯岁[88]，至吴越国，见尚义、元帅钱王。王礼接殊厚，语论造微，雅合王意，遂施五台山文殊大士、一万圣众前供物、香茶，及制银钵盂、镣子[89]万付、茗荈（赤兖反，茶叶老者也）百笼，仍遣人送至吴越馆内。诸州刺史各办施利，辅陈供具，无不周备。别造巨舶乘载，由海路北归。尝遇暴风四起，波涛鼓怒，舟人惶骇，顷刻沉没。大师整衣焚香，望山遥礼文殊大圣，乞加冥护。俄顷，见文殊师利出于海，上现半身，猛风骇浪，顿然恬息。遂达沧州，舆载归山。寻与降龙大师均施诸台寺院、山坊、兰若，不私其利。及挂锡旧居，徒众坚请主领僧务，厥后，朝命典统山门。十五年间，兴修佛寺，供众僧数过百万。案别传云："昔湖南马王[90]，素钦令望，尝使赍茶二百笼，送诣台山，以充大圣前供养，乃俵给[91]山门诸寺。后与大师偕之台顶，焚香祈祷。设礼既毕，俱宴龙池之侧，忽见一小蛇，其身赤色，跃于水上，回首盼师。师曰：'你来也。'乃告其使曰：'尔可速归，俱有大事。'使即依言，与师俱旋至院。翌日，使心忽忙，策马而去。比至，其主已薨。使乃方悟见蛇之验。"师预见如此，其何人哉！亦不测之人也。

住持之外，禅诵为务。以大晋天福九年[92]甲辰岁九月构疾，五日迁逝。荼毗已（以）后，门人收灵骨舍利起塔，见（现）在。

取性道者，晋代人也，失其乡里姓氏，居取性院，即今王子寺东北兰若，改名北福圣院是也。师内行莫测，外相粗鄙，衣唯弊衲，食且众残，不染声名，人钦若圣。乡川供施，无不乐输；缁素游山，瞻济无择。常操利刀一口，入山见蛇即斩，唯云："取性！取性！"由此，故名取性道者。每诫弟子云："汝山采柴，若见蛇时，慎勿打杀。蛇报果重，千年少一，更重受之。"弟子云："若果尔者，师何斩之？"师云："咄！尔何知也？老僧斩之，令其取性，即解其蛇报。尔等不能，岂同吾也？"师之密行如此，后终于本院云尔。

僧统大师者，俗姓刘氏，讳继颙，燕蓟人也。父讳守奇，唐末任沧州节度使。师幼失所怙，性禀知识，遭乱避地清凉山，礼真容院果胜大师弘准为师。年满受具，诵习无疲。远诣京师听学，述数本经论，遂还旧寺。首戴《大方广佛华严经》[93]，跣足游礼五台。每至一顶，讲《菩萨住处品》一，终岁以为常。每讲终，设茶药异馔以供。其后，对妙吉祥[94]焚香立愿，游历东京。时晋少主[95]在位，见之信重，赐大相国寺讲《大华严经》。将相王侯，归依信受。及解讲，获施财巨万。尽以所直，于本寺讲常四面、飞轩之下，创立石壁，命工镌勒所讲之经。期月之间，功用造毕。寻请还山，赐赏财施，不可胜计。遂建真容院四面廊庑及华严寺楼阁，凡三千间，不啻设供七百余会。塑山龛罗汉三十二堂，转[96]《金刚经》并藏经[97]六百万卷及真言[98]咒偈，刻坛尽甓[99]。逢三八普施温汤，设四众无遮粥会。殊因妙果，植大福田，未有若斯之盛者也。寻诏授五台山十寺都监，赐师号"广演匡圣大师"、鸿胪卿，仍颁布服。伪汉高祖[100]一见师奇表，叹未曾有，特命与诸王为兄弟。少主[101]即位，加五台山管内都僧统，后以功授大汉国都僧统、检校太师，加中书令。以伪汉天会十七年[102]正月十二日，迁灭于五台山菩萨院，享年七十有三，僧腊三十有二。诏伪谏议大夫杨梦申撰神道碑铭，立于院之西北。门人收灵骨建塔，犹在。

【注释】

[1]　开皇二十四年：开皇，隋文帝年号。隋文帝用"开皇"年号仅二十年，随即改元"仁

寿"。因此,开皇二十四年显误。如以开皇二十四年为仁寿四年,则应系604年。

[2] 彭祖:传说故事人物,姓篯,名铿,生于夏代,至殷末已七百六十七岁(一说八百余岁),殷王以为大夫,托病不问政事。事见《神仙传》及《列仙传》。旧时因以彭祖为长寿的象征。

[3] 九流:即儒、道、阴阳、法、名、墨、纵横、杂、农九家,通称九流。

[4] 三学:一、戒学,能防身口意所作恶业;二、定学,能使静虑澄心;三、慧学,观达真理而断妄惑。

[5] 法城:佛家以为,法能遮防非法,称为法城。又,涅槃是安身之处,称法城。

[6] 律藏:结集佛教中有关戒律的著作而无所遗漏,称为律藏。即有关戒律的总集。

[7] 七聚五篇:律学惯称七聚五篇。五篇:一、断头,如断头不能再生,不得再为比丘;二、僧残,向僧众忏悔此罪,以全残命;三、堕狱;四、向彼悔,向他比丘忏悔,便得除灭之罪;五、恶作,其所作之恶,罪最轻。上五篇于第三位加大障善道,即犯断头与僧残二罪而未成之罪,再加上把恶作罪分恶作、恶说,总称为七聚。

[8] 天厨馈食:道宣所编。天厨,是官名,属紫微垣,共六星,在天龙座内,传说为天官厨房。馈食,赠送食物。

[9] 《华严灵记》:待考。

[10] 律师:此处指道宣。

[11] 帝释:又称天帝释、帝释天,佛教护法神之一,为忉利天之主。

[12] 唐书有四传:不知何指。疑指《尚书》中陶唐氏的《尧典》。秦代焚书之后,汉初,伏生传出《尚书》,称《今文尚书》。后,鲁共(恭)王刘余从孔壁中发现《古文尚书》。孔安国校读,多出十六篇。东晋时梅颐又献《尚书》,为今天通行的本子。

[13] 孔子有四科:孔子评论人物分为四类:德行、言语、政事、文学。《论语·先进》:"德行:颜渊、闵子骞、冉伯牛、仲弓。言语:宰我、子贡。政事:冉有、季路。文学:子游、子夏。"后世因称为"四科"。

[14] 罗付有四圣:不知何指,疑印刷有误。

[15] 大唐三藏:指玄奘。佛教典籍分经、律、论三部分,称为三藏。精通三藏者称三藏法师。玄奘在唐代为三藏法师,人们尊称之为唐三藏。

[16] 基、光、昉、测:玄奘四大弟子窥基、普光、玄昉、圆测。

[17] 今疏主:指窥基。窥基著作甚富,世称百疏论主。

[18] 圆教大乘:后魏光统律师立三教,第三为圆教。圆教之名自此始。其后,天台宗判四教,第四为圆教。华严宗立五教,第五为圆教。按天台宗说法,从圆体说,圆教之圆为圆融圆满,圆全无缺,十界三千之诸法,一如一体,条条具足。大乘,乘的含义是运载。1世纪左右

形成新的佛教派别，自称大乘佛教，自称能运载无量众生从生死大河之此岸到达涅槃之彼岸，成就佛果，而贬称原始佛教和部派佛教为小乘。大乘佛教在 7 世纪以后逐渐衰微，但在中国则大盛。圆教大乘，实际上是大乘佛教传入中国后形成的天台宗、华严宗、法相宗对自己教派的美称。

〔19〕 法苑：佛教法义聚讲之所，称法苑。

〔20〕 缁林：僧人穿缁衣，所以僧众聚处为缁林。

〔21〕 大乘三藏秘诀：《智度论》指大乘三藏为声闻藏、缘觉藏、摩诃衍藏。

〔22〕 兜率：佛家认为，世界中心须弥山腹为四天王天。其上第二层为忉利天，在须弥山顶上。第三层为夜摩天，第四层为兜率天。兜率天依空而居，一昼夜为人间四百年。

〔23〕 筥：竹器，用以盛饭或盛衣物。

〔24〕 永淳二年：永淳，唐高宗年号。唐高宗用"永淳"年号仅一年。此处"永淳二年"显误。永淳年后为弘道元年，683 年。

〔25〕 蝉蜕：指逝世。

〔26〕 开元二十三年：开元，唐玄宗年号。开元二十三年，735 年。

〔27〕 功德主：即施主。

〔28〕 会昌五年：会昌，唐武宗年号。会昌五年，845 年。

〔29〕 辞荣：辞避人间荣华富贵。

〔30〕 负笈：笈，书籍。负笈，求学。《后汉书·李固传》注"固"负笈追师三辅，学五经，积十余年"。

〔31〕 南北两宗：指禅宗南北两宗。禅宗五祖弘忍死后，弟子神秀，在长安等地传法，主张渐悟成佛，称为北宗。慧能在南方传法，主张顿悟成佛，称为南宗。后慧能南宗大盛，尊慧能为禅宗六祖。

〔32〕 天台顿教：天台宗以为释迦说法所用的仪式和方法，有顿、渐、秘密、不定四种，顿教为其中之一。

〔33〕 定慧双明，惠修兼备：佛教修行有三学：戒、定、慧。隋唐佛教特别强调的是禅定和慧（钻研理论），天台宗的智颛大师指出："若人成就定、慧二法，当知此之二法，如车之双轮，鸟之双翼，若遍习修，即堕邪倒。"这里所说"定慧双明"，即指明晓定慧二种修行原则。"惠修兼备"则指既能自我修行，又能惠利他人。

〔34〕 二种果报：果报，泛指人生所感受的一切吉凶之事。比如麦种为因，农民之力或雨露之润为缘；收下的麦子，对麦种来说为果，对农民之力或雨露之润来说则为报，合称果报。这里志远所说"二种果报"，应即下文的"卧安眠觉而无痛恼"。

[35] 恒沙异名:恒沙,印度恒河之沙,用来比喻无数。恒沙异名,即名称的不同可以无数。

[36] 应化:应者,应现,佛应众生之机类而现身。化者,变化,佛应真佛缘而变化种种。

[37] 宝应:唐肃宗年号,即762年,实际上仅一月。

[38] 三界圆通:佛家认为,凡人生死往来之世界分为三:一、欲界,有淫欲与食欲二欲之生物住所;二,色界,为有形之物质,在欲界之上;三、无色界,此界无一物质,无身体,也无官殿国土,在色界之上。三界圆通,指在三界可以通入无碍。

[39] 大历二年:大历,唐代宗年号。大历二年,767年。

[40] 大历十一年:大历,唐代宗年号,大历十一年776年。

[41] 大乘方等之教:方等为大乘之别名,指所说之理方正平等。大乘方等之教,即大乘佛教。

[42] 毗卢遮那之自体:毗卢遮那,佛名。天台宗以为是佛的法身,华严宗以为是佛的报身,密宗以为是理智不二的法身佛称号。此处,似以毗卢遮那为理智混融的佛自体。

[43] 梁羲之:即号称书圣的梁朝王羲之。

[44] 兴元元年:兴元,唐德宗年号,仅一年,即784年。

[45] 七处九会之文:《八十华严经》一部,有三十九品,分七处九次会所说,所以又称七处九会之文。

[46] 正元元年:正元,即贞元,唐德宗年号。贞元元年为785年。此处说"自兴元元年迄正元元年丁卯岁"恐误。因贞元元年为乙丑岁,丁卯岁则为贞元三年。

[47] 尚座:也作上座,寺院三纲之一,指全寺之长。通常也称年高德邵僧人为上座。

[48] 大中四年:大中,唐宣宗年号。大中四年,850年。

[49] 昭宗运季:昭宗,唐昭宗李傑,在位时间为889—907年。907年,朱温灭唐即位为梁。所以,昭宗时,唐朝已是末年,"昭宗运季"指此。

[50] 唐庄宗吞并朱梁:朱梁,即朱温所建的梁朝,史称"后梁"。唐庄宗,李存勖,于923年灭梁建唐,史称"后唐"。

[51] 武皇:指宋太祖赵匡胤。

[52] 文德元年:文德,唐僖宗年号。文德仅一年,即888年。

[53] 子衿之岁:《诗经·郑风·子衿》:"肯青青子衿。"子称男子,衿是衣领,古时读书男子衣领是青布滚边的。子衿之岁,指上学的年龄。

[54] 黉舍:学堂。

[55] 僧止:佛教僧官名。唐代以后,一般在各州立僧正管理地方僧尼事务。

[56] 大和五年:大和,应为太和,唐文宗年号。太和五年,831年。

［57］　大、小乘戒：大、小乘戒有区别。戒本为小乘之教，有十戒、二百五十戒等，要求严格。大乘则较疏阔，有十重、四十八轻戒、三聚戒等。

［58］　《佛顶大悲神咒》：疑即《首楞严经》所说大佛顶咒。

［59］　光启三年：光启，唐僖宗年号。光启三年，887年。

［60］　衣盂：衣，僧衣。盂，盂盆，盛饮食之器具。衣盂为僧人最重大财物，所以，作为僧人财物之代称。

［61］　坛施：坛，梵语坛那之略称，译为施。坛施，梵汉复合词。

［62］　绀发：绀，青而含赤之色。绀发，佛顶上之毛发，又称绀顶。此处指无名和尚之发。

［63］　戒品：戒的品类，如五戒、十善戒等。又，指《梵网经》中之《卢舍那佛说菩萨心地戒品》。

［64］　荷泽之宗：神会所创的禅宗支派。神会（？—760），襄阳人，初师事神秀，后谒慧能，服勤给侍，不离左右。慧能死后，他先在南阳，后在洛阳大宣禅法。当时，神秀一派盛行，称为北宗。神会在滑台（今河南滑县）活动，宣传慧能的南宗，指出禅宗的正统法嗣不是神秀而是慧能。自此，神秀一派门庭冷落，慧能一派独尊于天下。神会后被尊为禅宗第七祖，其法统称为荷泽宗。

［65］　汤休之句：不知何典。

［66］　至正元年：此处疑误。至正为元惠帝年号，正元为三国魏高贵乡公曹髦年号，均不通。

［67］　茶毗：梵语，译焚烧。

［68］　毗尼藏教：毗尼藏，即戒律经典，因包藏一切戒律之法，因称藏。毗尼藏教，即律藏之教。

［69］　大乘因地：因地，修行佛道之位。大乘因地，即大乘之法修行佛道之位。

［70］　《妙法莲华经》：经名，七卷或八卷，秦罗什译。

［71］　净名：即维摩诘菩萨。

［72］　二本戒经：不知何指。疑指比丘之戒本与比丘尼之戒本二部。或指大、小乘之戒经。

［73］　都纲：明代在各直省府属置僧纲司，设都纲一人，副都纲一人，掌佛教之事。唐代还没有这一官名，似为推举的五台山地区佛教总管。

［74］　大和二年：应为太和二年，828年。

［75］　罹：忧愁。

［76］　《化金阁传》：待考。

［77］　天禧年：天禧，宋真宗年号，1017—1021年。

《广清凉传》古籍校注

121

[78]　赆:赠给人的路费或礼物。

[79]　佛田、僧田:佛田是比喻,凡向佛而植善根,则生无数福果,所以名佛田,佛即众生生福之田地。僧田即寺院所有之田地。

[80]　同光元年:同光,后唐庄宗年号。同光元年,923年。

[81]　住雁:传说佛在波罗捺国为四众说法,时空中有五百雁闻佛音声,爱乐之,来下世尊所。时有猎师设罗,五百雁罹于罗,为猎师所杀,以闻佛功德,生于忉利天。

[82]　三乘:三乘为声闻乘、缘觉乘、菩萨乘。

[83]　四谛:又称四圣谛、四真谛,指四真理,即苦、集、灭、道。苦谛,指世间一切苦。集谛,即推究致苦的原因,以为业是苦的正因,烦恼是苦的助因。灭谛,如果断绝业与烦恼,苦果自然随而断灭,修行者也就无障无缚,从轮回中解脱出来,达到清凉安住之地位。道谛,即达到涅槃的道,以为离苦乐两端而行中道乃得涅槃。

[84]　忍草长新于性苑:诸法之自体称性,性或指真心,此处应指心自体。佛家提倡忍。这一句是用文学比喻手法,说明忍耐常住于心中。

[85]　竟花不染于情田:这一句也是用比喻手法,说明心中产生的意念是洁净的。

[86]　天福三年:天福,后晋高祖年号。天福三年,938年。

[87]　丁未岁:947年。

[88]　癸卯岁:943年。

[89]　锁子:平木器。一本作锛子,同匾子。

[90]　马王:马殷于896年建楚国,都长沙。951年,马希崇为楚王时,亡于南唐。

[91]　俵给:俵,散发。俵给,散给。

[92]　天福九年:天福年号仅用八年,九年应为开运元年,即944年。

[93]　《大方广佛华严经》:常略称《华严经》,有六十卷、八十卷、四十卷三种译本。

[94]　妙吉祥:即文殊师利菩萨。

[95]　晋少主:后晋少主石重贵,在位五年而后晋亡。

[96]　转:佛教名词,指转读,只读佛经每卷的初、中、后数行,作为仪式。

[97]　藏经:《隋书·经籍志》记,梁武帝于华林园中,总集佛教经典,共五千四百卷,这是佛经有藏之始。以后称佛经总集为大藏经,略称藏经,或称一切经。

[98]　真言:即佛教中的密语,又称咒明。

[99]　氎:细棉布。

[100]　伪汉高祖:指北汉高祖刘崇。

[101]　少主:指北汉少主刘继元。

[102]　天会十七年:天会,北汉少主年号。天会十七年,当宋开宝六年,即973年。

高德尼事迹二十

　　按《华严经·感应传》云：唐仪凤年中，西域有二梵僧至五台山，赍草花，执香炉，肘膝行步，向山礼文殊菩萨。遇一尼师，在岩石间松树下绳床上，俨然独坐，口诵《华严》。时景方暮，尼谓梵僧曰："尼不合与梵僧同宿，大德[1]且去，明日更来。"僧曰："深山路遥，无所投寄，愿不见遣。"尼曰："若不去，某不可住，当入深山。"僧徘徊惭惧，莫知所之。尼曰："但下前谷，彼有禅窟。"僧依而往寻之，果见禅窟，相去可一里余。二僧一心合掌，手捧香炉，面北遥礼，倾心听经，聆聆在耳。初启经题，称"如是我闻"[2]，乃遥见其尼身处绳床，面南而坐，口中放光，赫如金色，皎在峰前。诵经两帙已（以）上，其光盛于谷南，可方圆十里，与昼无异。经至四帙，金光稍收。六帙都毕，其光并入尼口。《华严经·菩萨住处品》云："震旦国[3]东北方，有菩萨住处，名清凉山。过去诸菩萨，恒于中住。今有菩萨名文殊师利，与万菩萨俱。"其山在代州东南，名五台山者。《首楞严三昧经》云："文殊是过去平等世界龙种上尊王佛。"又，《央崛摩罗经》云："文殊是北方欢喜世界摩尼宝积佛。"想神尼之境，必文殊之分化[4]，以示梵僧也。

　　尼法空者，俗姓韩氏，宣州人也。幼时辞亲，诣五台山西南一百余里建安寺出家，后于祇洹寺受戒。每诵《法华》，用为常务。后负笈听学经律，数十载间，殊无开悟，自知性乏明慧，无宿习力。尝闻五台山文殊菩萨现种种身，赈济群品。有僧道超，别无行业，但久住华严寺，不出山门二十余载，其后命终，生于兜率勒院内。彼天人谓超曰："尔于人间，别无妙行，只承文殊菩萨境界力，故得生此处。尔可还下人间，接诱四部，俾令闻知文殊功德，冀望暂登此山中，大销诸罪，则用补天之阙行也。"道超依言，不舍天报，下告人间。法空如是思惟："文殊菩萨

《广清凉传》古籍校注

大愿境界,不可思议。"生希有心。复自念言:"无始生死,三界流转[5],不得解脱。善恶二业,由心造作。"遂发大愿往五台山,志求大圣,垂慈接引。乃与亲妹尼立愿,今誓以元和四年[6]届山巡礼。遍游五顶,睹种种化现后,至华严寺西北三泉院前深林中,逢一老人,谓法空曰:"汝宜住此修行,决证胜果[7]。"言讫遂隐。法空知大圣告谕,乃悲泣雨泪久之,方自悔责:"恶业罪障,志愿灭除。"即依此愿,别结草庵居,策励三业[8],晓夕靡息。至元和八年[9]二月十五日,取身所著衣,令弟子悉送常住,施大众用,乃集众取别。人问其故,法空告曰:"我从止此来,蒙大圣告语,教示'妙法莲华'[10]四字。开佛知见,清净无染,得生净土。众各努力,无得空过。"言讫而逝,端坐如生。众遂荼毗,收得舍利千余粒,四众分之,以充供养焉。

【注释】

[1] 大德:对僧人的尊称。

[2] "如是我闻":各卷佛经开头,都有此四字。据说佛经是佛逝世后,号称多闻第一的阿难所编集。阿难在每卷首都写有此四字,"如是"指经中所说的佛语,"我闻"是阿难自称。以后便成定式。

[3] 震旦国:古印度对中国的称呼。

[4] 分化:诸佛为化有缘众生,分身子十方,化现成佛之相。

[5] 无始生死,三界流转:凡人在欲界、色界、无色界中生死往来,流转不息,没有开端,从来如此。

[6] 元和四年:809年。

[7] 胜果:指成佛。声闻、缘觉、菩萨三者,声闻、缘觉非为圆满,是果而非胜。菩萨未为圆满,是胜而非果。大佛果为究竟圆满之妙果,称胜果。

[8] 三业:身、口、意之所作。如身之所作,口之所语,意之所思,称三业。

[9] 元和八年:813年。

[10] 妙法莲华:《法华经》所说之法,号称"妙法莲华"。

宋僧所睹灵异二十一

释净业,姓孟氏,代州五台县人也。幼而刚毅,神俊不群。初年十三,依五台山真容院通悟大师为师,事师服劳,特出伦类。每诣太原行化,山门供养资具,靡不悉备。伪主刘氏[1],深所崇仰,乃赐紫衣,加号广慧大师。至天会十一年[2],众请充山门都监。寻属宋太宗皇帝戎辂亲征,克平晋邑。师喜遇真主,乃率领僧徒,诣行宫修觐,陈其诚欵。遂进《山门圣境图》并《五龙王图》。帝遽令展之御座前,忽大雷震,天无片云,驶雨霶注。帝大骇曰:"是何祥也?"师对曰:"五台龙王来朝陛下。今二龙相见,当喜,故也雷雨若是。"帝大悦,即命收图,谓师曰:"候朕师旅还京之日,别陈供养。"乃赐命服,改号崇教大师,仍擢为台山僧正,应阊山刘氏所赐衣、师号,并改伪从真。至淳化四年[3]四月下旬,寝疾而终。春秋五十九,僧腊三十九。

释睿谰,姓刘氏,云州人也。风俗神俊,出乎人表,志轻轩冕[4],性乐林泉,辞亲出家,于五台山礼真容院僧统大师继颙为师。厥后,师既去世,葬礼云毕,胜愿内兴,欲崇佛事,乃于楼观谷内东北,有泉名曰"鹿泉",泉侧不远,结庐诵经,励精勤苦,晨夕忘倦。一日,忽梦老叟告曰:"尔不须独善,可崇大事,兼于此地,大有因缘。吾赞尔力。"言讫而寤。内自惟曰:"斯必圣贤相誓,于此处建大伽兰。"异日,办装之北地缘化。北朝[5]宁王与夫人,先梦见师化缘修造,及师达境,一见如旧。既符先梦,大施金币。暨回本山,募工修建。复诣太原,谒伪主刘氏,亦蒙原赍。寺号曰"白鹿之寺"。宋太宗讨平晋地,师乃躬诣行宫请见。上问台山兴建之由,师奏对称旨,又蒙恩锡甚厚,寻赐额号"太平兴国之寺"。师之感召,大概如此。至大中祥符元年[6]八月初一日,以疾而终。春秋六十有六,僧

《广清凉传》古籍校注

腊四十九,影塔具(俱)在。

祥符[7]中,有两浙僧,失其州郡名氏,来礼大圣。登东台顶,忽遇一院,楼台壮丽,殿宇严洁。僧遂入院,前后殿宇,像设鲜辉,释梵龙王,俨然相对。其僧遍诣,参见主僧,叙接言笑,宛如素延,迎毕语临,出院巡遣。僧初无骇异,及出,了无所见,僧方悟化现,始惊叹之。遂离台顶,西行下山,游真容院,安止毕,礼谒前后殿宇,主事诸僧,一如东台所见,了然无异。僧乃礼谒台山境界,赞叹不思议事,遂向院僧具陈所见,无不叹嗟。

淳化[8]中,有扬州僧,忘其法名,身服疏布,斋戒严谨。尝斋五百副钵,大小相盛,每副各五事,入山普施。虔礼大圣,至真容院安止。因斋设日,均散咸毕。后有施主诣北浴室院设浴,启请阖山贤圣,下及缁素,一无拣别。其僧斋毕,先诣温浴,有三五僧偕行澡浴。既至浴所,扬州僧率先解衣褰帷而入,忽见端正妇人,就水洗浴。僧狼狈而出,众询其故,僧具说所见。人或不信之者,入室验之,果无所睹。

至道[9]中,有僧道海,俗姓杨氏,代郡土人也,受业真容院,亦逢施主设浴。斋罢,遽自诣浴所,尚无一僧入院澡浴。海解衣而入,忽见满堂众僧挥洗,略无识者。睹此僧人,一时俱出。海心虽疑,未测凡圣,遽出视之,阒无人矣。集德[10]者曰:"大凡施主设浴,必豫供养圣贤,后乃凡庶。清旦,贤圣临降,凡庶慎勿先就。一则触犯圣贤,自贻伊咎;二即灭施福,徒设劬劳。斯亦圣人设警,凡百君子,得无念焉。"

华严店昔有猎者,名马秋儿,家贫,以射生自活。尝至东台,东台东十余里,有古寺基,人传云:"是古华严寺也。"秋儿至此,见一巨石,其砥如桉[11],下有光明,心甚疑之。乃呼数人,举石视之,倏见佛经数十部。遂取一卷,启之开视,字皆金色,光夺人目。秋儿辈皆山野蠢愚,不以为异。既归,告语其事,有人传达于真容院主僧宽。宽闻惊喜非常,遽召门人弟子五七人,赍供具遄(专)往求之。既至其地,了无所睹,唯有故基破瓦而已。怅恨久之,遂焚香叹息而归。

代郡唐林县昔有女人,三十五年不离城邑,人呼"姑姑长发尼"。同头陀行[12],长物不畜,单衣被身,冬寒夏暑,不以为苦。坊市巷陌,随处而眠,悠悠之徒,时叵[13]能测。五台百二十所寺,无不曾过。夏月巡台,则到处人见,同行共语,坐在丘芜,呵毁俗尘,憎恶色欲。后不知所终。故西域《婆粲豆菩萨传》[14]

云:"此世界有一亿菩萨住持,往来化物,示说不虚。"前传[15]数云:"凡圣混居。"得不信哉?后之来臻此境,忽遇斯人,慎勿慢渎,戒哉!

僧道演,俗姓崔氏,忻州定襄人也。数岁出家,依真容院法忍大师为弟子,每诵《法华》、《孔雀》、《金刚》、《般若》等经,以为常务。师素有息贲之疾[16],结块如石,每一发动,痛不可忍,几将不救。忽见青衣妇人,至卧榻前立,问其疾之所由,师以实告。妇人乃以手触块曰:"师欲愈否?"答曰:"甚适所愿。"即以物如丝缕,缠其块而拔去之,寻即痊愈。方欲起谢,遽失所在。遂向邻僧说之,僧具顶礼。后每思之,未尝不感叹圣贤救护之力。厥后日益康强,年八十有五,方寿终焉。

【注释】

[1] 伪主刘氏:指北汉主刘崇父子。

[2] 天会十一年:1133年。

[3] 淳化四年:淳化,宋太宗年号。淳化四年,993年。

[4] 轩冕:古时卿、大夫的车、服,因而也指官高爵显的贵人。

[5] 北朝:指辽国。

[6] 大中祥符元年:大中祥符,宋真宗年号。大中祥符元年,1008年。

[7] 祥符:即大中祥符,1008—1016年。

[8] 淳化:990—994年。

[9] 至道:宋太宗年号,995—997年。

[10] 集德:"德"字疑误,应为"传"。

[11] 其砥如桉:砥,平。桉,案的异体字。其砥如桉,即其平如案。

[12] 头陀行:头陀,僧人行脚乞食者的俗称。头陀行,头陀之行法,有十二种,但多专指乞食一行而言。

[13] 叵:同叵,不可。

[14] 《婆槃豆菩萨传》:婆槃豆,梵语,又作婆薮槃豆,译为天亲或世亲。婆槃豆菩萨,即天亲菩萨。《婆槃豆菩萨传》,一卷,陈朝真谛译。

[15] 前传:指前面提过的《化金阁传》等。

[16] 息贲:息贲之疾,疑指食管癌。贲,贲门。

灵异藁木二十二

华严寺东北,有楼观谷,谷内有金刚窟。谷口,昔传有凤栖藁。次,西有十二因缘藁,与凤栖藁相近,在金刚窟侧,一身回出一十二枝,高逾百尺。昔有古德,于藁下修十二因缘观[1],遂以为名。

入谷一二里,有白水池,色如酥酪,味如甘露。人饮其水,肌肤润泽,若常服之,令人难老。

东台西有王子造论碑,文字尚存。又有司空都督见佛碑,到者知焉。今年祀寝远,废毁不睹,良可叹哉。

华严寺东、横河侧,有一枞藁,松身柏叶,横枝到地,干耸凌云。古昔相传,名四谛藁。枝叶四垂,合围成荫,有象明堂,八窗四闼,中心一插,向上百重,上围下方,可谓奇异。雨雪不透,风日不穿,巡台之人,同到藁下,可容数百。常(尝)有僧来,止其藁下,为众宣四真谛法[2],悟入者众。时群鸟来止其处,飞翔上下,久而不去。僧曰:“此鸟如佛在日,有鹦鹉于佛前聆四谛法,而得生天,此亦应尔。”因谓之“四谛藁”。瑞鸟灵禽,游集栖宿,藁既灵异,僧亦非凡。

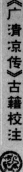

《广清凉传》古籍校注

【注释】

[1] 十二因缘观:又称十二缘起、因缘观、支佛观,为辟支佛观门。十二因缘为:一、无明;二、行,三、识;四、名色,五、六处;六、触;七、受;八、爱;九、取;十、有;十一、生;十二、老死。佛家以为,无明与行为二惑业,属过去世之因。识、名色、六处、触、受五者,属缘于过去惑业之因而受之现在果,是过、现一重之因果。又,爱、取二者为现在之惑,有则为现在之业,缘

于此惑业现在之因而感未来之生与老死之果,是现,未一重之因果。总之,十二因缘为三世两重之因果。依照三世两重之因果,可知轮回之无始无终。

　　[2]　四真谛法:即苦、集、灭、道。参看《高德僧事迹十九之余》注[83]。

大圣文殊师利古今赞颂二十三

文殊像赞

（并序）

晋　支道林^[1] 撰

文殊师利者，是游方^[2]菩萨，因离垢^[3]之言而有斯目，非厥号所先也。原夫称谓之生，盖至道兴其邈。何者?虚引之性^[4]，彰于五德^[5]；轨世之表，闻于童真。庶仁之风移，则感时之训兴。故云："儒，首以法王子为名焉。"去欲穷其渊致者，必存其深大。终古邈矣，岂言像之所及。难笄^[6]之劫，功高积尘，悠悠遐旷焉。可谓诸言，略叙其统。

若人之始生也，爰自帝胄，尊号法王。无上之心，兆于独悟，发中之感，无不由也。近一遇正觉，而灵殊内映，玄景未移，遂超发道位。于是，深根永构于冲埌，条异神柯而月茂。慈悲之气，与慧风俱扇；三达^[7]之明，与日月并辉。具体而微，固已功侔法身矣。若乃天机将运，即神通为馆宇；圆应密会^[8]，以不迹为影迹。斯其所以动不离寂，而弥纶宇宙；倏无常境，而名冠游方者也。世尊兴出，乃授跃进之明。显潜德于香林，因庆云而西徂^[9]，复龙见于兹刹。法轮^[10]既转，则玄音屡唱，对明渊极，辄畅法深。言道映开士^[11]，故诸佛美其称；体绝尘俗，故濯缨者^[12]高其迹。非夫合天和以挺祚，吸冲气而为灵，舒重霄以回荫，吐德音而流响，亦孰能与于此哉?

时欲摇荡群生之性宅，玄宗而独至。开宏基与一篑，廓恒沙而为宇，若然不说文殊之风，则未达无穷之量，长笑于大方之疾矣。自世尊泥洹（涅槃），几将千祀，流光福荫，复与时而升降。由是，冥怀宗极者，感悲长津之丧源，惧风日之潜损,遂共长表,容之金石,继以文颂。人思自尽,庶云露以增润。今之所遇,盖是数减百年有转轮王[13],王,阎浮提[14]号曰"阿育",仰窥遗轨,拟而像焉。虽真宰[15]不存于形,而灵位若有主;虽幽司不以情求,而感至斯应。神变之异,屡干民听,因金悟时,信有自来矣。意以为接颓薄之运,实由冥维之功;通天昏否之俗,固非一理所弘。是以托想之贤,祇诚攸寄。丝纽将绝之绪,引豪心以摽位。乃远谟良匠,像天所像,感年自表,不觉忻然。同咏为之赞曰:

眇眇童真,弱龄启蒙。含英吐秀,登玄履峰。神以道王,体以冲通。浪化游方,乃轨高踪。流光遗映,爰暨兹邦。思对渊匠,靖一惟恭。灵襟绝代,庶落尘封。

文殊师利赞

童真领玄致,灵化实悠长。昔为龙种觉,今测梦游方。恍惚乘神浪,高步维摩乡。擢此希夷质,映彼虚闲堂。触类兴清遭,目击洞兼忘。梵释钦嘉会,闲邪纳流芳。

文殊像赞

殷晋安 撰

文殊洞睿,式昭厥声。采玄发晖,登道怀英。琅琅三达,如日之明。亹亹神通,在变伊形。将廓恒沙,陶铸群生。真风幽暖,千祀弥灵。思媚哲宗,寤言祇诚。绝庆孤棲,祝想太冥。

文殊师利赞

秘书丞郗济川 撰

释尊降世,说法度人。大圣文殊,示菩萨身。佛不并化,助道能仁。金口宣言,证号往音。龙种上尊,摩尼宝积。普化色身,未来当得。双林灭景,众圣韬光。我大导师,奄宅清凉。五百仙俱,讲道为常。波利远归,无著愿见。或授秘语,或睹神变。为接有情,不舍方便。我曾供养,今复亲依。瞻仰真像,若觌灵晖。俗缘未断,善念长归。我对金容,当发大誓。运菩提心,广度一切。近侍吉祥,亿生万世。

［1］ 支道林:支遁,字道林,约生于公元 313 年(两晋愍帝建兴元年),死于 366 年(东晋废帝太和元年)。本姓关,一说姓闵,隐居于江苏吴县支硎山,因名支遁。他是东晋著名僧人,般若学六大家之一。

［2］ 游方:云游四方。

［3］ 离垢:一本作"难垢",都不可解,疑误。

［4］ 虚引之性:佛家有引出佛性之说。

［5］ 五德:有多种五德,如自恣五德、举罪五德、瞻病五德、戒师五德等。

［6］ 笇:同算。

［7］ 三达:指天眼、宿命、漏尽。天眼知未来生死之因果,宿命知过去生死之因果,漏尽知现在之烦恼而断尽。知之而明谓之明,知之而穷尽谓之达。因此,在罗汉称为三明,在佛称为三达。

［8］ 圆应密会:圆,圆融圆满,指大乘教派。密指密教。

［9］ 徂:往。

［10］ 法轮:佛家认为,佛所说之法,能摧破众生之恶,如轮王之轮宝,能辗摧山岳岩石,所以喻为法轮。又,佛之说法,不停滞于一人一处,展转传人,犹如车轮,因喻为法轮。

［11］ 开士:开悟之士,指菩萨。

［12］ 濯缨:濯,洗涤;缨,系帽的丝带。《楚辞·渔父》:"渔父莞尔而笑,鼓枻而去,歌曰:'沧浪之水清兮,可以濯吾缨;沧浪之水浊兮,可以濯吾足。'"后世用"濯缨"表示避世隐居或清高自守的意思。

［13］ 转轮王:具三十二相,此王即位时,由天感得轮宝,转其轮宝而降伏四方。又,十殿阎王中之第十五,称转轮王。

［14］ 阎浮提:佛家所说的南瞻部洲,即人类住处。

［15］ 真宰:假想中的宇宙主宰者。《庄子·齐物论》:"若有真宰,而特不得其联。"联,迹象。支遁通庄学,此处是以庄子的概念解佛。

续　遗

前代州管内僧正胜行大德沙门　明崇　撰

安州人张氏,崇信三宝[1],纯厚人也。元丰[2]甲子,来游此山,以钱百万奉曼殊室利(文殊师利)。每日三时[3],必来开殿,办香茶珍果,情貌如肃。守殿者以其诚恳,不以为劳。一日,遍游诸台,至西台之顶焚香次,忽闻异香,久而莫测。既而仰视空中,乃见天花百千万朵,青、黄、朱、紫,众彩毕具,缤纷乱坠,甫齐人头。观者数百人,人欲取之,即腾起。一朵独落张公之手,其色不可名状。晚,还真容院,僧俗睹之,叹未曾有。主僧恳求菩萨前供养,公曰:“菩萨授我,而返留之,是我逆菩萨之惠也。况仙陀圣卉乎?”主僧亦不敢夺其志。清朝下山,亲捧其花,常有圆光丈许随身。送者逾数十里不能舍,叹息而归。

德州市户王在,家甚殷富。元祐[4]庚午仲夏,挈妻、仆游台山,晚宿真容院。翌日,弹冠整衣,诣文殊像,既而晚睹,微有不敬之色,出声就馆。知客僧[5]省彦求谒,与在语曰:“山僧住此,仅四十余年,所接众多。今日,君拜谒之礼,似有初谨后怠,加之容色不怡,何也?”在怒而言曰:“在此一来,出于过听。谓有肉身菩萨,故不远千里而来。今观之,乃一泥块耳。反思跋涉之劳,宁不为苦?”彦曰:“是何言欤?昔大圣于此鹫台,屡见瑞相。安生亲塑,意有所疑,祈而复现,七十有二。故唐睿宗以‘真容’目为院额,公何言之易也?且此山龙神守护,或若以怒,公身窜之无地也。”在曰:“岂一龙焉能祸我乎?”彦曰:“君此一来,轻侮像貌,痛斥龙神,第恐祸生不测,可速悔过。不然,公之身必碎于龙神之爪牙矣。”在意不悛。后三日游东台,与众百余人,宿于台顶化现堂。甫及夜半,大雷忽发,若天圻地裂。堂之壁已为穴，火焰随入，俄顷，火从穴出，在之身已碎矣。其仆孝存，借寺家绵衣一件以御寒，里外衣并烧损，唯中间借物在焉。其妻、仆火其骨而下山，闻者靡不叹异。是夕，有沧州尼海俊，同宿化现堂。日已曛暮，有叟语曰："敝居不远，敢邀师一访，兼就晨粥。"尼应命，至一石洞，叟遂失，所在清朝复化现堂。知在之祸，免其惊惧。究其所寓石室，乃那延洞也。

僧惠通，沂州人也，今为僧之上首[6]。昔政和[7]改元，首夏，与缁素千人同游台山。今僧正通义大德明恽，时充知客，谓通曰："梵仙山，五龙时复出现，可一观焉。"惠通因与其徒二三子同游。至山，复逢同志者，因询之曰："山有神龙，子见之乎？"同志曰："见。"通问："其状若何？"曰："如蛇。"通曰："正是真龙，犹为畜类，况蟒蛇乎？"乃还所寓之舍。俄顷，通觉腰间有物如蛇，而如爪角，渐束其腹甚紧，苦痛不可忍，起而复倒者再。同志者走报主僧，述其事。通亦遣人白主僧求救，曰："我以傲慢龙神得罪，闻山中有熙菩萨，为我忏悔。"会熙公随漕使陈公知存游兴国寺，主僧亦惧不可测，就命菩萨殿主洪辩大师温晟作法忏悔。通罄舍衣盂悔过，少顷，苦方息。陈公闻之，亦相与叹焉。

书生李昇者，中山相如里人也。昔与右丞王公安中同笔砚，其弟即修大华严寺功德主真熙也。代州守王冼，自中山召之，使子侄从其学。政和元年至山，与士大夫时复燕乐。一日，到寺，王天民（明）都巡陈去，捕盗伏抃，乃命先生游梵仙山。至东岩，祈于龙神祠下。少顷，二龙出于石间，一为金色，一为绀青。诸公焚香设拜，以筍召之。金色者缘筍而上脊[8]，若有所戴者。诸人之意加勤，独先生以杖触之曰："此乃怪蛇异物，何足贵哉？"言未竟，有物如神，仆先生于地，众咸惶骇。俄又掷于岩下，高数百尺。先生既死，其弟熙以礼葬之。是夕，雨雹大作，雷电晦暝，先生之尸，暴露于外，因火之而葬焉。

那罗延洞者，在东台东侧，洞门向东，深二丈余，迤逦隘窄，如斗许大。游礼者至此，既不能进，往往但以手扪探，或秉烛照之。一穴唯指西北，稍向上，然深不可测，时有冷风拂面。传云：此洞与金刚窟皆大圣之所宅也。宣和八年[9]五月二十八日，有邵武僧，失其名姓，与僧宗新同游台山，止真容院，瞻礼真像。一日，登东台顶，会代郡赵公康弼，与都巡检薰凉等诸官升山门。上首僧慈化大师真熙一百余人俱至，求现光景。已而游是洞。赵公等遍入观览，唯邵武僧伫立洞外。其一官戏之曰："师何不入？入之则无碍矣。"其僧乃揖赵公、慈化、宗新曰：

"珍重!珍重!"遂趋步而进,至隘窄处,则褰衣伛偻而入,略无阻碍,如行空室。举众惊愕,渲噪不已,莫测其由。宗新呼之数番,杳无声迹。既移时不出,宗新谓众曰:"吾与彼僧同行数旬,竟不知其为圣贤也。"因恸哭曝怨,众亦泣下。赵公求其遗物,宗新视之,得竹笠一顶,蒸饼数枚。寻有平隘寨官张仲古作诗美之,以呈赵公,云:"南僧远礼五台山,去入那罗洞不还。自古赵公传拂子,今留笠子在人间。"今诗碑犹在,其笠子亦尚存。噫!始信清凉境界,龙蛇混迹,凡圣同居,不为虚矣。

朔州慈勇大师,未详受业名氏,其道行博识,遐迩钦伏。天会[10]壬子季,复游台山,与其徒史法师等百余人,同宿真容院,史亦纯厚人也。一日,游大华严寺,忽于寺侧见祥云自东而来,五彩毕具。又于云中现文殊,大圣处菡萏座,据狻猊之上。及善财前导,于阗[11]为御,波离[12]后从,暨龙母、五龙王等执珪而朝。自余峨冠博带,奇相异服,千状万态,而能尽识。大圣目瞬手举,衣带摇曳,第不闻其圣语,迤逦自西而去。观者千余人,四众欢喜,叹未曾有。当是时也,真容院遇回禄之余,始欲兴复,由斯祥瑞,四方枉信,辐凑施财施力者,唯恐后至。真容院大殿,不日而成。切切,现土现身,非徒设也。

僧永洲者,晋阳祁人也,姓王氏。天眷[13]末,来游五台,遍观圣迹,寓真容院。仰慕圣境,久而忘归。一日,众集择菜,忽视众人,面、衣服尽作金色,不觉神情惊骇。欲言之,恐人疑怪,唯自庆幸。始悟台山之众,皆是菩萨眷属,金色世界中人也。后闻长兴大禅师以《人天眼目》[14]提振于云中,乃往趋法席,展师资之礼,果有所得。因众普请,话及台山所见事迹,雁门圆果寺僧普安能会其事也。

【注释】

[1] 三宝:佛、法、僧,称为三宝。

[2] 元丰:宋神宗年号,1078—1085年。元丰甲子,1084年。

[3] 三时:晨朝、日中、黄昏,称为三时。

[4] 元祐:宋哲宗年号,1086—1093年。元祐庚午,1090年。

[5] 知客僧:又称典客、典宾,寺院中接待宾客的僧人。

[6] 上首:一座大众中的主位,称上首。后称首座为上首。

［7］ 政和:宋徽宗年号,1111—1117年。

［8］ 夅:疑为"脊"字之误。

［9］ 宣和八年:宣和,宋徽宗年号。宣和仅七年,宣和八年,应为宋钦宗靖康元年,即1126年。

［10］ 天会:金太宗年号,1123—1134年。天会壬子,1132年。

［11］ 于阗:国名,在今新疆和田。此处疑指于阗王。

［12］ 波离:邬波离之略称,又称优婆离,梵语,罗汉名。

［13］ 天眷:金熙宗年号,1138—1140年。

［14］ 《人天眼目》:书名,六卷,宋智昭著,集禅宗诸家之要义。

续 清 凉 传

XuQing LiangZhuan

朝奉郎权发遣河东路提点刑狱公事　张商英述

前　言

《续清凉传》作者张商英(1043—1121),字天觉,号无尽居士,蜀州新津(今四川省新津县)人。他曾参加王安石变法,在新旧党争中遭贬逐,宋徽宗时被起用为丞相。史称他政绩平平,因在奸相蔡京之后为相,所以,尚得到一些赞誉。从《续清凉传》来看,他是一个十分热心的佛教信徒。

当时,理学正在形成,理学家也都对佛教很感兴趣,但他们主要是在吸收佛学中的哲学思想,特别是吸收禅宗的东西。对于佛教中必不可少的迷信成分,不过敷衍附和而已。与此不同,张商英对佛学并不关心,对佛教中的迷信倒十分热衷。在学术和思想境界方面,同时代的理学家比他高明得多。

1087年,张商英游五台山,1088年再来。1089年,到五台山求雨。《续清凉传》就是记载这三次五台山之游的,但一不记山川形胜、土特物产,二不记佛教历史、建筑艺术,只记所见到的白光、金灯、银灯、金桥,光中所现佛、菩萨、宫殿楼阁等等,宣扬这是文殊菩萨显圣而化现。不仅如此,他还充分利用天人感应观念,以为这些现象都是专为他一个人而显示的,他想见圣灯则现圣灯,想见菩萨队仗则现菩萨队仗,想要圣灯到面前就到面前,想让下雨就下雨,似乎他与文殊菩萨是相通的。这些记述,纯属迷信,没有什么价值。

当然,张商英宣扬这些迷信,是很适合一般佛教徒的需要的。一切宗教,包括佛教在内,其核心便是对神的信仰及崇拜。要使人们信教,必须首先证明神的存在。从古到今,一切宗教家都费尽心机地企图证明这一点,又毫无例外地都失败了。道理很简单,因为根本就没有什么神,神无非是人们幻想的产

物,这种幻想的东西如何能证明呢?因此,宗教从来不能采取讲理的办法使人们接受它的观点,而只能依靠盲目的信仰。在宗教那里,充满着种种奇迹的宣传,正是通过绘声绘色地宣传奇迹,引起某些人对超自然力量的顶礼膜拜,宗教才获得市场的。宣传的效果如何,看是谁宣传及如何宣传。张商英当时已是正六品上阶的朝奉郎,后为丞相。他以丞相之尊撰文宣扬文殊灵迹,其效果当然比常人要大得多。五台山的僧人打着张丞相的招牌宣传文殊,招引信徒,自然也十分光彩。这就是《续清凉传》这本纯属迷信的著作能列为清凉三传之一,广为流布的原因。

文殊专为张商英化现,张商英也就非同凡人,而是"菩萨眷属"。不然,为什么别人一生在五台山见不到,张商英想见什么就能见到呢?张商英这种宣传,势必在迷信者中抬高了自己的身价。不仅如此,张商英还由求雨得雨而上书朝廷,以为这是"朝廷有道,众圣垂佑"之证,于是,皇上也由张商英的宣传而获得好处。宗教势力与政治势力互相结合,互相利用,张商英的《续清凉传》可作一例。

迷信毕竟是迷信,很难欺骗有理性的人。这一点,张商英是意识到了的。他说,这种迷信宣传,人"不以为妖,则怪矣","惧言之无益也","安能信之天下及后世耶",这才是他的真话。

如果说,《续清凉传》还有什么意义的话,也许是如下几点:

一、张商英所见的"圣灯",大概是五台山矿藏的某种表现。如硫璜矿之类,藏于地内,其气从地表的隙缝钻出,遇氧即燃,白天不易发现,至夜如灯,飘忽不定。而所谓圆光、摄身光、金桥、紫气、祥云、菩萨队仗之类,显然是五台山特有的气象现象。张商英的描绘比较详细、具体,研究五台山气象、地质的科学家们,可以作为参考。剥去其神秘外衣,有助于揭示五台山气象、地质规律。

二、在张商英的时代,五台山佛教寺院因受边臣摽夺,以至于僧人慨叹:"我等寺宇,十残八九,僧众乞丐,散之四方。"类似的资料,保存在《续清凉传》中,对五台山佛教历史的研究是有用的。

三、五台山之所以成为佛教圣地,确因五台山有其独特的地理环境,造成了奇异的现象,如形状诡异、变幻莫定的白云、雾障、圆光,时隐时现、扑朔迷离的点点火光之类。神、佛、菩萨本是幻想的产物,为了引起和坚定人们的信仰与崇拜,宗教多采用形象化的手段,如寺庙中的塑像、壁画。但木雕泥塑毕竟是人工所为,哪如自然界的奇异现象不可思议?由张商英的记述,可以使我们理解信佛者为什么趋之若鹜地朝拜五台山。

在张商英《续清凉传》之后,附有一些类似之作,其中,受人重视的是朱弁的《台山瑞应记》。

朱弁,字少章,徽州婺源(今江西省婺源县)人,南宋著名理学大师朱熹的叔祖。他生当北宋、南宋之交,少年颖悟,读书勤奋。靖康之乱后,宋高宗即位,建炎元年(1127),商议派使到金国,朱弁自告奋勇前往。他被授为修武郎(正八品),借吉州团练使(团练使,从五品。借吉州团练使,即借用吉州团练使之衔),为通问副使。不过,按《宋史·王伦传》,王伦"充大金通问使,阁门舍人朱弁副之。"照此,则朱弁出使时官为阁门舍人(从七品)。朱弁著《曲洧旧闻》中也有"余在馆中时,以史馆修撰寓直秘书省"的话,看来他确当过舍人之类的官。也许,本为舍人,出使时另授。总之,朱弁的官阶并不高。

朱弁随王伦至金,到云中(今山西省大同市)见金左副都元帅粘罕(宗翰),企图说服粘罕讲和。粘罕不听,并把他们羁留起来。绍兴十三年(1143),宋金达成和议,朱弁才得以返宋,在金共计被羁留十七年。返宋后,被转为奉议郎(正八品),第二年去世。在金期间,朱弁拒绝金人威胁利诱,守节不屈,正气凛然,连金人也受感动。但他同时致力于两国友好,金国名王贵人,多遣子弟前来就学。他借文字往来,说以和好之利,为传播中原文化及促进民族融合作出了贡献。

朱弁著作甚多,有《聘游集》四十二卷,《书解》十卷,《曲洧旧闻》十卷,《杂书》一卷,《风月堂诗话》三卷,《新郑旧诗》一卷,《南归诗文》一卷等。《台山瑞应记》一文,是他在金被羁留于大同时所作。

朱弁是理学家,走的是以儒释佛,或援佛入儒的道路。因此,他在《台山瑞应记》中,尽管也谈五台山的灵迹,但颇有微词:一、他声明此文是受人之托所作,曾拖延很久;二、所谓五台山的灵迹,尽是别人所说,自己并未亲见,也不一定真信;三、张商英的《续清凉传》并不好,所谓"味禅悦者,或有为病",即受到真懂佛学者的批评。朱弁以为张商英"亦为众人设耳",即不过是神道设教,愚弄群众而已。显然,朱弁这篇文章,比张商英的《续清凉传》高明得多。历代

《清凉传》的编印者们重视朱弁此文,无非因为此文谈到五台山灵迹,想借朱弁的文名为五台山佛教增色。其实,他们不见得真正了解朱弁此文的实质。

　　从整个《清凉传》(三传)来看,所有的描述,其立场都是信佛的,唯独朱弁此文的调子有些不同。尽管朱弁不反佛,但他不肯无原则地宣扬迷信,应该说是难得的了。

卷　上

朝奉郎权发遣河东路提点刑狱公事　张商英述

　　商英元祐丁卯[1]二月，梦游五台山金刚窟。平生耳目所不接，想虑所不到，觉而异之。时为开封府推官，以告同舍林邵材中，材中戏曰："天觉其帅并间[2]乎？"后五月，商英除河东提点刑狱公事。材中曰："前梦已验。勉矣行焉。人生事事预定，何可逃也？"八月至部，十一月，即诣金刚窟验，所见者皆与梦合。会天寒，恐冰雪封途，一宿遂出山。明年戊辰[3]夏，五台县有群盗未获，以职事督捕，尽室斋戒来游。六月二十七日壬寅，至清凉山。清凉主僧曰："此去金阁寺三里，往岁崔提举尝于此见南台金桥圆光。"商英默念："崔何人哉？予何人哉？"既抵金阁，日将夕，山林漠然无寸霭。僧正省奇来谒，即三门见之。坐未定，南台之侧，有白云绵密，如敷白氍。省奇曰："此祥云也，不易得。"集众僧礼诵，愿早见光相。商英易公裳，燃香再拜。一拜未起，已见金桥及金色相轮，轮内深绀青色。商英犹疑：欲落日之射云成色。既而暝黑，山前霞光，三道直起，则所疑茫然自失矣。癸卯，至真容院止于清辉阁，北台在左，东台在前，直对龙山，下枕金界。溪北浴室之后，则文殊所化宅也。金界之上，则罗睺[4]足迹堂也。知客晋[5]曰："此处亦有圣灯。旧有浙僧请之，飞现栏杆之上。"商英遂稽首敬祷。酉后，龙山见黄金宝阶。戌初，北山有大火炬，晋言"圣灯"也。瞻拜之次，又现一灯。良久，东台、龙山、罗睺殿左右，各现一灯。浴室之后，现大光二，如掣电。金界南溪上现二灯，亥后，商英俯视溪上。持灯者，其形人也。因念曰："岂寺僧遣人设一大炬，以见欺耶？"是时，晋已寝，即遣使王班、借职秦

143

愿,排门诘问。晋答曰:"山有虫虎,彼处无人行,亦无人居。"商英疑不能决。又睹灯光,忽大忽小,忽赤忽白,忽黄忽碧,忽分忽合,照耀林木,即默省曰:"此三昧火也,俗谓之'灯'耳。"乃跪启曰:"圣境殊胜,非我见闻。凡夫识界,有所限隔,若非人间灯者,愿至我前。"如是十请,溪上之灯,忽如红日浴海,腾空而上,放大光明,渐至阁前,其光收敛,如大青喙衔圆火珠。商英遍体森飒,若沃冰雪,即启曰:"疑心已断。"言已,复归本处,光满溪上。秦愿等自傍见之,如金色身,曲屈而上。妻拏所见,又异于是,有白领而紫袍者,螺髻而结跏趺者,仗剑者,戴角者。老僧曰:"此金毛飞师子及天龙八部[6]也。"良久,北山云起,于白云中,现大宝灯。云收之后,复现大白圆相,如明月轮。甲辰,至东台,五色祥云现,有白圆光从地涌起,如车轮百旋。商英以偈赞曰:

云贴西山日出东,一轮明相现云中。

修行莫道无捞摸,只恐修行落断空。

相次,大风,云雾奔蒸,如欲倾崖裂壑。主台僧曰:"巡捡下兵,适持肉烧煮,不可禁,愿来日屏去。"七月乙巳,谢巡检兵甲,沉币[7]于北台。

晚,休于中台。大风不止,四山昏晦,晋等失色。台侧有古佛殿,商英令扫洒,携家属祈礼。所与俱者,晋、台主二人,指使苍头、虞侯二人,茶酒二人。北陟数步,中台之顶已有祥云,五色纷郁。俄而,西北隅开朗,布碧琉璃世界,现万菩萨队仗,宝楼宝殿、宝山宝林、宝幢宝盖、宝台宝座、天王罗汉、师子香象,森罗布护,不可名状。又于真容殿上,见紫芝宝盖,曲柄悠扬,文殊师利菩萨骑师子,复有七八尊者,升降游戏,左右俯仰。台主戏曰:"本台行者,十九年未尝见一光一相,愿假福力,呼而视之。"既呼行者,则从兵潜有随至窃窥者矣。日渐暝,北台山畔,有红炬起。商英问秦愿:"此处有何人烧火?"愿以问晋,晋以问台主,台主曰:"彼顽崖巨石,且大风鼓山,何火可停?必圣灯也。"瞻礼之次,又现金灯二,隔谷现银灯一,如烂银色。适会汾[8]边安抚郭宗颜遣人驰束来,商英指灯示之曰:"汝见否?"曰:"见。"曰:"为我谢安抚,方瞻礼圣灯,大风不可秉烛,未及答束。"于是,再拜敬请:"愿现我前。"先西后东,一一如请。末后,西下一灯,于绀碧轮中放大光明而来,东西二灯一时俱至。自北台至中台十里,指顾之间,在百步内,远则光芒,近则收摄,犹如白玉琢大宝碗,内贮火珠,明润一色。拜起之际,复归本所。于时,台上之人,生希有想,殷勤再请,连珠复至。夜漏抄人,寒冻彻骨,拜辞下山,东灯即没,二灯渐暗。商英曰:"业已奉辞,瞻仰之心,何时暂释?"发是语已,于一绀轮中,三灯齐现,如东方心宿[9],绀轮之外,红焰满山。是夕,大风达丙午,昏霾亦然。商英抗声曰:"昨夜中台所见,殊胜如此,今日当往西台,菩萨岂违我哉?"行至香山,则庆云已罩台顶。沉币已,所见如初,止无琉璃世界耳。遂游玉华寺与寿宁寺,还真容院。郭宗颜及代州通判吴君俦、五台知县张之才、都巡检使刘进、保甲司勾当公事陈聿,各以职事来集,商英以所见告之。虽人人称叹不已,揆其闻而知之,亦若商英,曰:"卿之传闻也。"是夕,清辉阁前,忽现群灯如连珠,诸君各叩额再拜。顷之光隐,众散。罗睺殿侧,现大白光如流星,唯浴室后之松林,白气朦胧,过夜分乃息。

丁未,郭、吴按东寨,张之才还。比天色亦大昏霾,商英与陈聿及兴善监镇曹谞,晚登梵仙山,曹谞曰:"昨夕闻金灯见,窃于公宇后见之。"聿问曰:"君所见处所安在?"谞曰:"在空中。"聿叩头曰:"圣哉!圣哉!聿自高而视之,若在溪上,君自下而视,若在空中。"商英自以累日所求,无不响应,因大言曰:"为二君请五色祥云。"即起更衣,再拜默祷。俄而,西南隅天色鲜廓,庆云绷缊,紫气盘绕。商英曰:"紫气之下,必有圣贤,请二君虔肃,当见灵迹。"良久,宫殿楼阁,诸菩萨众,化现出没。商英又启言:"愿现队仗,使二人者一见。"言讫,歘然布列。二君但嗟叹而已。既暮欲去,眴视之际,失其所在。二君曰:"圣哉!圣哉!若假云气而现者,当隐隐沉灭,岂遽然无趴也哉?"其夕,复止清辉阁,念言:"翌日且出山,宝灯其为我复现。"抽扃启扉,则金界南溪上,已见大炬,浴室后三灯,东西相贯,起于松梢,合为一灯,光明照耀,苒苒由东麓而南行,泊于林尽溪碛之上,放大白光,非云非雾。良久,光中见两宝灯,一灯南飞,与金界溪上四灯会集,而罗睺足迹殿及龙山之侧,两灯一时同见。商英即发愿,言:"我若于过去世是文殊师利眷属者,愿益见希奇之相。"言讫,两灯挥跃,交舞数四。商英睹是事已,发大誓愿:"期尽此形,学无边佛法。所有邪淫、杀生、妄语、倒见及诸恶念,永灭不生。一念若差,愿在在处处,菩萨鉴护。"于是,南北两灯,黄光白焰,前昂后䪌,腾空至前。尔时中夜,各复本处。是日也,商英先至罗睋足迹殿，见其屋宇摧弊，念欲它日完之。其夜，足迹殿所现灯尤异，即以钱三万，付僧正奇修建。

戊申，至佛光寺，主僧绍仝曰："此解脱禅师道场也，碑与龛存。"因阅碑中所载"解脱自解脱，文殊自文殊"之语，喟然叹曰："真丈夫哉!"以偈赞曰：

圣凡路上绝纤痕，解脱文殊各自论。东土西天无着处，佛光山下一龛存。

日已夕，寺前庆云见，紫润成蕊。问仝曰："此寺颇有灵迹否?因何缘现此瑞气?"仝曰："闻皇祐[10]中尝有圣灯。"商英曰："审有之必如我请。"问其方，曰："南岭。"昏夜敬请，岭中果见银灯一，岭崦[11]见金灯二，但比之真容院所见，少差耳。

己酉，至秘魔岩。未至之十里，自台有白气一道，直贯岩头，岩前见文殊骑师子。既至岩，则天色晦昧，殊失所望。有代州圆果院僧继哲，结庐于山之阳，阅《大藏经》，不下山三年矣。即诣其庐，问以："居山之久，颇有见否?"哲曰："三年前，岩上门开，有褐衣、黄衣、紫衣僧三人，倚门而立，久之复闭。"又崖间有圣灯，哲闻而未之见也，哲乃曰："天色若此，岂贫道住庵无状，致公空来空去乎?虽然，愿得一篇，以耀岩穴。"遂拂壁写偈云：

阅尽龙宫五百函，三年不下秘魔岩。
须知别有安身处，脱却如来鹘臭衫。

写偈已出庵，望见岩口有金色祥云，光彩夺目，菩萨乘青毛师子，入于云间。商英曰："今夕大有胜事，必不空来也。"岩崖百仞，嵯峨壁立，率妻孥东向，望崖再拜敬请。逡巡，两金灯现于赤崖间，呼主僧用而视之。夜漏初下，从兵未寝，闻举家欢呼，人人皆仰首见之，喧哗盈庭。凡七现而隐。虔请累刻，崖面如漆，用曰："圣境独为公现，岂与吏卒共邪?幸少需之。"人定，用来白曰："左右睡矣，可再请也。"商英更衣俯伏，虔于初请。忽于崖左，见等身白光菩萨，立于光中，如是三现。商英得未曾有，即发大誓愿如前，又唱言曰："我若于往昔真是菩萨中眷属者，更乞现殊异之相。"言讫，两大金灯，照耀崖石。商英又唱曰：

"若菩萨以像季之法[12],嘱咐商英护持者,愿愈更示现。"言讫,放两道光如闪电,一大金灯耀于崖前,流至松杪。于是,十等主僧及其徒众确请曰:"谨按《华严经》云:'东北方有处,名清凉山。从昔已来,诸菩萨众于中止住,现有菩萨名文殊师利,与其眷属诸菩萨众一万人俱,常为说法。'即我山中众圣游止,不知过去几千劫矣。自汉明帝、后魏、北齐、隋、唐至于五代已(以)前,历朝兴建,有侈无陋。我太宗皇帝既平刘氏,即下有司,蠲放台山寺院租税。厥后四朝[13],亦罔不先志之承。比因边倅[14]议括旷土,故我圣境山林,为土丘所有;开畲斩伐,发露龙神之窟宅。我等寺宇,十残八九;僧众乞匄,散之四方。则我师文殊之教,不久磨灭。今公于我师有大因缘,见是希有之相。公当为文,若记以传,信于天下后世之人,以承菩萨所以付嘱之意。"商英曰:"谨谢大众。艰哉言乎!人之所以为人者,目之于色,耳之于声,鼻之于香,舌之于味,体之于触,意之于法,不出是六者而已。今乃师之书曰:'色而非色也,声而非声也,香而非香也,味而非味也,触而非触也,法而非法也。'离绝乎世间所谓见、闻、觉、知,则终身周旋,不出乎人间世者,不以为妖,则怪矣。且吾止欲自信而已,安能信之天下及后世邪?"已而,郭宗颜、吴君偁以书来,言曰:"假公之力,获观盛事。自昔传闻而未之见,今皆验矣。宜有纪述,以信后人。"商英三思曰:"以圣语凡,以寂语喧,以妙语粗,以智语愚,以真语妄,以通语塞,以明语暗,以洪语纤,以畛域不相知,分剂不相及,譬之阿修罗王[15]手撼须弥山[16],而蝼蚁不能举一芥;迦楼罗王[17]七日遍四天下[18],而蟭螟不能飞寻丈。商英非不愿言,惧言之无益也。"或曰:"若尝知唐之释法照乎?大历中入化竹林寺[19],虑生疑谤,不敢妄传。忽见一神僧曰:'汝所见者,台山境界,何不实记,普示众生,作大利益?'今君欲避疑谤乎?行利益乎?传百而信一,则传千而信十,传万而信百矣。百人信之,一人行之,犹足以破邪宗,扶正法,况百人能行之乎?"商英曰:"善哉喻乎!吾一语涉妄,百千亿劫沦于恶趣[20]。"谨书之以附《清凉传》后。

又述《清凉山赋》并诗,附之卷末云:

夫清凉山者,大唐东北,燕赵西南,山名紫府,地号清凉,乃菩萨修行之地,是龙神久住之乡。冬观五顶如银,夏睹千峰似锦,实文殊之窟宅,众圣之园林。钟声响碧障之间,楼台锁白云之内,常人游礼,解脱忘躯;禅客登临,群魔顿息。此乃不离圣境,有十二区之大寺,乃号百处之名兰。时逢春夏,乱花攒就极乐天宫;每遇秋冬,松影排成兜率内院。八池雾罩,九洞云遮,瑞草灵苗,惆怅吉祥,妙理难穷。文殊现老相之中,罗睺化婴孩之内。闲僧贫道,多藏五百龙王;病患残疾,每隐十千菩萨。歌楼茶店,恒转四谛法轮[21];酒肆屠沽,普现色身三昧[22]。飞蝇蠓蠛,皆谈解脱之门;走兽熊罴,尽演无生之法[23]。今观诸方游礼,遐迩友朋,若到清凉境内,莫生容易之心,此乃识则不见,见则不识,龙蛇混杂,凡圣同居者矣。

东台

迢迢云水涉峰峦,渐觉天低宇宙宽。东北分明观大海。西南咫尺望长安。圆光化现珠千颗,耸目初升火一团。风雨每从岩下起,那罗洞里有龙蟠。

南台

迢迢策杖上南台,北望清凉眼豁开。一片烟霞笼紫府,万年松径锁苍苔。人游灵境涉溪去,我访真容踏顶来。前后三三知者少[24],衲僧到此甚徘徊。

西台

宝台高峻足苍穹,师子遗踪八水傍。五色云中游上界,九重天外看西方。三时雨洒龙宫冷,一夜风飘月桂香。土石尚能消罪障,何劳菩萨放神光。

北台

北台高峻碧崔嵬,多少游人到便回。怕见目前生地狱,愁闻耳畔发风雷。七星每夜沾峰顶。六出长年积涧隈。若遇黑龙灵悚者,人间心念自然灰。

中台

中台岌岌最堪观,四面林峰拥翠峦。万壑松声心地响,数条山色骨毛寒。重重燕水东南阔,漠漠黄沙西北宽。总信文殊归向者,大家高步白云端。

总诗

五顶嵯峨接太虚,就中遍称我师居。毒龙池畔云生悚,猛虎岩前客路疎。冰雪满山银点缀,香花遍地锦铺舒,展开座具长三尺,方占山河五百余[25]。

题古并净明塔律诗一首[26]

月满汾川宝铎寒,谁来此地葬金棺。育王得道行空际,尊者飞光出指端。天上凝云常复定,人间劫火漫烧残。三千世界无留迹,聊向阎浮示涅槃。

【注释】

[1] 元祐丁卯：元祐，宋哲宗年号。丁卯，元祐二年，1087 年。

[2] 并间：并，并州（今山西太原）；间，乡里。

[3] 戊辰：1088 年。

[4] 罗睺：梵文，又作罗云、罗吼罗、罗睺罗，佛之嫡子，成阿罗汉果。又，罗睺为四种阿修罗王之一，能障蔽日月。

[5] 辯：僧人名。同辩字。

[6] 金毛师子及天龙八部：金毛师子，传说中的文殊坐骑。天龙八部：一、天众；二、龙众；三、夜叉，飞行空中的鬼神；四、乾闼罗，帝释天之乐神（奏俗乐）；五、阿修罗，常与帝释战斗之神；六、迦楼罗，即金翅鸟；七、帝释天之歌神（奏法乐）；八、大蟒神，即地龙。

[7] 沉币：待考。

[8] 淞：沿俗字。

[9] 心宿：星官名，也称商星、大火，二十八宿之一，青龙七宿中的第五宿。有星三颗，即天蝎座 6、a、r 三星。

[10] 皇祐：宋仁宗年号，1049—1053 年。

[11] 崦：日落所入山称崦。

[12] 像季之法：像季，像法之末季。佛教称佛灭后五百年为正法，正法后一千年为像法，指这个时期的佛法与正法时所行之法相似。像季之法，即像法时末期所行之佛法。

[13] 厥后四朝：指宋太宗以后的四朝，即真宗、仁宗、英宗、神宗。

[14] 倅：副，副职。

[15] 阿修罗王：阿修罗，梵语，译非天，六道之一，天龙八部众之一。阿修罗王，《法华经·序品》列四阿修罗王：如婆雅阿修罗王、佉罗骞驮阿修罗王、毗摩质多罗阿修罗王、罗睺阿修罗王，各有百千眷属。

[16] 须弥山：佛教所说之世界中心，译妙高山、妙光山、安明山、善积山、善高山。

[17] 迦楼罗王：迦楼罗，梵语，译金翅鸟、妙翅鸟、顶瘿鸟、食吐悲苦声等，居四天下之大树，取龙为食，此鸟两翅相去三百三十六万里，为天龙八部之一。

[18] 四天下：佛家以为世界中心须弥山半腹有一山名犍陀罗，其东西南北为四天下。

[19] 大历中入化竹林寺：参看本书《法照和尚入化竹林寺十六》。

[20] 恶趣：众生以恶业之因而趣之所，称恶趣，有地狱、饿鬼、畜生等。

[21] 四谛法轮：四谛，指苦、集、灭、道，为佛所说之法，佛家喻如轮王之轮宝，能摧辗山岳岩石，称为四谛法轮。

〔22〕 三昧:梵语,译定、正心行处、息虑凝心等。

〔23〕 无生之法:涅槃之理,无生无灭,因称为无生之法。

〔24〕 前后三三知者少:参看本书《无著和尚入化般若寺十三》,无著问文殊此处有众几何,文殊答"前三三与后三三",无著不解。

〔25〕 展开座具长三尺,方占山河五百余:参看《广清凉传·释五台诸寺方所七》中《憨山》条:文殊化为僧人,向北魏孝文帝乞一座具地,孝文许之,僧人展开座具,覆盖五百余里。

〔26〕 题古并净明塔律诗一首:此诗不是咏五台山之塔,疑为附入者。

卷　下

《传》[1]既成，遣人以锦囊盛一本，斋疏一通，以八月二十八日至真容院文殊前表明。疏文曰：

> 近者，亲诣台山，获瞻圣像，慈悲赴感，殊胜现前：庆云纷郁于虚空，宝焰荧煌于岩谷。同僧祇之队仗，不可说之圣贤。大风昏霾，愈彰瑞相；赤壁峭绝，更示真身。商英直以见闻，述成记传，庶流通于沙界[2]，或诱掖于信心。使知我清凉宝山，眷属万人之常在；金色世界，天龙八部之同居。叩梵宇以赞明，冀导师之证察。
>
> 僧正省奇，集僧众八十余人，读疏讫，菩萨殿内，忽现金灯四十余遍。商英思有以归奉者，即自塑泥像。以十一月出按民兵，八日，斋像于菩萨前发愿。其文曰：
>
> 一切处金色世界，真智所以无方；东北方清凉宝山，幻缘所以有在。无方，则一尘不立；有在，则三界同瞻。我是以投体归依，两泪悲仰。商英昔在普光殿内，或于大觉城东，一念差殊，四生[3]流浪，出没于三千刹土[4]，缠绵于十二根尘[5]。以往善因，值今胜事。荷刹那之方便，开无始之光明，揣俗垢之已深，恐慢幢[6]之犹在。托之土偶，明此愿轮[7]。三界空而我性亦空，孰真孰妄；十方幻而我形亦幻，何异何同。伏愿菩萨，摄入悲宫，接归智殿，起信足于妙峰山[8]顶，资辩河于阿耨池[9]中。誓终分段之身，更显希奇之作。

读文讫，殿内现金灯三。其日大雪，雪止之后，五色祥云遍空。其夕，清辉阁前，罗睺殿左右，现银灯十四。黄嵬岭上，现大白光三。翌日，五色云自辰及申，盘绕不散，至夜雪作。商英祝曰："昨日银灯光焰微细，与六七月所见不侔。岂商英黑业[10]所召，抑圣贤变化，亦有春夏秋冬之异？常闻诸佛、诸大菩萨，身光蔽映，魔宫犹如聚墨。随时小大，则大藏教[11]乃是虚言。"于是，阁前雪中，现向所见大金光三。商英即踊跃拜辞曰："大雪现灯，非所求也。"命开菩萨殿取，续书所见于后。既开殿，爱慕不能自已，又祝曰："待罪本路，悦未罢去，明年五六月乃可再来，颇更一瞻光相，满愿而去。"良久，于阁前再见大金光四。明年夏六月，以并亢旱，诣山讫求雨泽，因安奉罗睺菩萨圣像。乙巳平旦，至中天阁东南，林麓忽变金色，有青赤光直起，鲜明夺目，移时乃隐。日昳，登清凉山，有五色异气，为菩萨骑师子之像。丙午，至真容院，具威仪迎所安罗睺像，比及寺门，而报者曰："殿中灯旦现矣。"既谒菩萨，瞻仰之次，顶上宝盖忽尔明朗。主殿僧曰："此殿幡盖无数，掩蔽稠密，而顶盖最高，隐莫能辨。今烂若此，未之有也。"是夕，东台泊罗睺殿左右，现十余大金灯，往来上下，或移时，或移刻，或良久。丁未，诣菩萨前白言："《华严经》中，世尊八处放光表法。此光若是法性，本有无相之光，视之不见，则商英不疑。若是诸佛果德圆满之光，使人可见，则愿为示现。"于是，顶上宝盖，忽然通明，孔隙流光，迸射四出。已而，襟领间，如意间，各放宝光，烨烨闪动。又，于殿前，金莲花叶，灯焰交辉，开合无数。是时，远近僧俗，千数云集，呼而视之，欢呼震动，继以悲泪，各各叹言："无始以来，罪戾深重，请从今日，改往修来。"戊申，诣中台，日将暝，四山青黯，忽有异气，横跨北台山，如烂银刻划，长十丈，众呼曰："银桥现。"商英曰："非也。此殆白银阶道，圣贤所游蹑者也。"俄而，现宝灯一，分而为二。时有游僧十数人，已归台屋止宿，呼而视之，众僧叩头念佛。商英曰："此处当有三灯，各各谛观。"良久，三灯齐现。商英取《续传》示之曰："吾去年所书：如东方心宿，岂妄语耶？"己酉，太原金判钱景山，及经略司管勾机宜文字邵壎，来会于东台，而商英已还真容院，即遣人召二君还。二君曰："适已在东台见圆光、摄身光矣，但未见圣灯也。"是夕，遂与二君祈灯而观焉。庚戌，宿佛光寺，祥云异气，缤纷无数。辛亥，往秘魔岩，未至岩之三里，直光现，既至岩，而卢舍那佛面门放光，照耀满殿。初夜，于层崖间现大金灯五。壬子，出岩，于空中现金桥一。此桥不依山谷，不依云气，不假日光，亘空黄润，如真金色。呜呼！当处出生，当处入灭,非大幻[12]善巧方便,其孰能与于此哉!是行也,既以旱祈雨,在山三祷三应,但须臾即霁。癸丑,还至代州,大雨弥日,将槁之苗,变为丰岁。商英即以其事奏闻,其略曰:

"臣近以本路亢旱,躬诣五台山文殊像前及五龙池,祈求雨泽。昼夜所接,灵光宝焰,殊形异相,赫奕显耀,莫可名状。是时,四方僧俗千余人,同共瞻睹,欢呼之声,震动山谷。已而,时雨大降,弥复数州。臣之始往,草木萎悴,农夫愁叹。及其归也,木麻荞菽,青绿生动,村落讴歌,指俟大稔。此盖朝廷有道,众圣垂佑。有司推行诏条,布之于名山异境,其应如响。勘会五台山十寺,旧管四十二庄,太宗皇帝平晋之后,悉蠲租赋,以示崇奉。比因边臣谩昧朝廷'其地为山荒',遂摽夺其良田三百余顷,召置弓箭手一百余户。因此,逐寺词讼不息,僧徒分散,寺宇堕摧。臣累见状,乞给还,终未蒙省察。臣窃以六合[13]之外,盖有不可致诘之事。彼化人[14]者,岂规以土田得失为成与亏?但昔人施之为福田,后人取之养乡兵,于理疑若未安。欲乞下本路勘会,如臣所见所陈,别无不实,即乞检会累奏,早赐施行。"

虽然如是,彼大士以十方三界为一毗卢遮那座体,而商英区区以数百顷田浼之,其志趣狭劣,不亦悲乎!

【注释】

［1］《传》:即《续清凉传》。

［2］沙界:恒河沙之世界。恒河沙,比喻无数。沙界,即无数世界。

［3］四生:一、胎生;二、卵生;三、湿生(如虫);四、化生(无所依托,依业力而忽起者,如诸天与地狱及劫初众崖)。又,四生指四度生死。

［4］三千刹土:刹土,国土。三千,喻多。

［5］十二根尘:根者,能生之义。眼、耳、鼻、舌、身,意为六根,能生六识。六根由色(物)而生,与六根相对之色境称为尘。根尘共计十二,因称十二根尘。

［6］慢幢:慢心高举,如幢之高耸,因称慢幢。《六祖坛经》:"礼本折慢幢,头奚不至地。"

［7］愿轮:菩萨誓愿坚固,摧破一切之敌,如轮王之轮宝,因称愿轮。又,菩萨之身,始终转于自己之誓愿,因称愿轮。

［8］妙峰山:疑即须弥山。

[9]　阿耨池:即阿耨达池,又称玛那萨罗华,在喜马拉雅山之佛母岭。

[10]　黑业:闇黑不净之恶业。造黑业者,感闇黑不净之苦果。

[11]　大藏教:指《大藏经》。

[12]　大幻:佛说幻化之事,能为幻化之事,称大幻师。

[13]　六合:天地四方,称六合。也泛指天下。

[14]　化人:神佛化作人形,称化人。

附　传

　　《续传》既行，信而游者，发于诚心，靡不感应。四年二月，本路都总管司走马承受公事刘友端，于罗睺殿前雪中，祈见金灯一，分而为三，跃而上者一。五月末，转运司勾当公事付君俞，于中台祈见圆光五，摄身光一，清辉阁前雨中飞金灯一。经略司准备差遣潘璟，于清辉阁前松林中，祈见白光三道直起，万菩萨队仗罗列，金色师子游戏奋迅，金殿一，圆光二，圆光中现佛头。如地踊状一，菩萨骑师子一，白衣观音一，金桥三，银灯一，而往来者八。金灯三，而明灭者十五。璟自以三世奉罗汉，一生以医术济人，而未睹罗汉、药王相状，默有所祷。行至金阁，空中现大金船一，上有罗汉数百，行者、立者、礼拜者。又行至藏头，见白云西来，药王菩萨立于云端，方冠大袖，皂绦皂屦。凡璟之所见，独多且异，不可具纪。六月末，僧温约自京来，施金裲袈裟及斋内中香来。监镇曹谞，晨至菩萨殿启香之际，殿前长明灯忽吐大金光，如车轮飞照殿中。经略司勾当公事李毅，侍其母亲及阳曲县尉江沄之母王氏游，祈见圆光、摄身光、直光、金灯。毅以书来言曰："今日乃知《续传》非虚也。"资政殿学士知河南府李清臣闻之曰："文殊与释迦文[1]异名一体，虽已为古佛，其实寿蔽天地。示迹垂化，尚尔老婆心。"龙图阁学士、本路经略安抚使曾布曰："布昔移师广东，游庐山天池，登文殊台，大风振，林木昏霾，咫尺不辨道路，灯烛火炬俱灭，而下视莽苍中，金灯四出，或远或近，或大或小，或隐或现。会夜分疲寝所见，盖有未尽者。然大风所不能摧，昏霾所不能掩，非大光明，有无量神力，不可思议，其孰能若是乎？故言之难信，不敢纪以示人。及观天觉《续清凉传》，则布之闻见,未足怪也。"或谓商英曰:"外道波旬[2],大力鬼神[3],山精木魅,皆能为光为怪,子何信之笃邪?"答曰:"尔所谓光怪,或道果垂成,见而试之;或正法将胜,出而障之。今吾与诸人自视,决然未有以致光怪者,夫何疑哉?精进,精进,损之又损,运木杓于粥锅,乃吾曹之常分。"

又述二颂(有序):

商英及汾州西河宰李杰,同谒无业禅师[4]塔,惜其摧腐,相与修完。既而,塔放光,又梦无业从容接引,觉而阅其语,见无业问马祖[5]:"西来心印?"祖云:"大德正闹在,且去。"无业去,祖唤云:"大德。"无业回首。祖云:"是什么?"商英因此豁然省悟台山所见,及作二颂曰:

四入台山礼吉祥,五云深处看荧煌。而今不打这鼓笛,为报禅师莫放光。

是什么?是什么?罗睺殿前灯似火。不因马祖唤回,泊被善财觑破。毗岚风急九天高,白鹭眼盲鱼走过。

【注释】

[1] 释迦文:释迦牟尼佛又称释迦文佛。

[2] 波旬:梵语,又作波旬逾、波卑面、波椽等,恶魔名,译杀者、恶者。

[3] 大力鬼神:胎藏界曼荼罗金刚手院第一行金刚菩萨前之使者,名大力,为忿怒形。疑指此。

[4] 无业禅师:俗姓杜,商州人,禅宗马祖弟子,《五灯会元》卷三有传。

[5] 马祖:俗姓马,汉州人,禅宗怀让弟子,法名道一。他大兴禅法,入室弟子一百二十九人,各为一方宗主,时号马祖。

《清凉传》历代附录

Qing Liang ZhuanLiDaiFuLu

附　录（宋）

供备库使、同勾管河东沿边安抚司公事侍其瓘，元祐庚午[1]守祁阳时，提刑张公行部过郡，以所续《五台清凉传记》出示于瓘，乃张公前领宪河东日，纪五台山文殊菩萨化现之事。殊胜奇异，实耳所未闻，目所未睹。瓘阅之再三，恨未得其便以瞻礼圣境。然渠渠倦倦之心，未忘于寤寐也。一梦，高塔前数紫衣僧拜礼，传呼菩萨出现，瓘亦从而瞻望久之。既觉，则以谓精神思虑所致，默且记识。是岁五月，忽误恩，就移副绥之任。偶僚友相告曰："夏暑，长途可畏。"白云自涧底涌出直上，省奇曰："此祥云也。"映山如银屏，壁立不动。须臾，现圆光四。最后，现摄身光一环，如大车轮，五色焕烂，无可拟比者，不假云气，不假日光，现于盘石之上。相去目前，无数尺之地，自见己身背影，于光相之内。移刻方散。僧众咸相谓曰："现圆光于云中，屡获瞻礼。若盘石之上，咫尺之间，从来未之见也。"共睹者百余众，莫不叩头作礼，起敬信心赞叹。其至诚感应，如此之异。少顷，云散雾合，继之微雨，遂与众下台，逼以之官。异日出山，瓘以自信之笃，不复语。众人以瓘今日所睹光相，信乎昔日张公所见圣像殊胜，灵光宝焰，岂妄语哉？瓘遂作书，以告其事于张公。公答书云："先自得公书欲游台山，出于至诚，必知有所见。始知古人无量劫修行，因果不昧，岂可与聋俗道也。《续传》后可序述所见，并诗于后，不以夸人，要与天下人生信心，此受佛记莂[2]之意也。"瓘故书之于后："览之者以予言是邪？非邪？待信者而后信之，予言固无妄牟！"

奉议郎、守尚书刑部员外郎、措置会计河东路财用钱盖，一心归命，敬自大慈大悲大圣文殊师利菩萨摩诃萨[3]：

伏念盖幸顾人间,忻遇好时,得男子身,六根完具。偶缘世赏,获齿仕途,愧无补于事助,徒自益于过恶。而况经无量劫,造罪等恒河沙。自非夙荷于觉慈,岂免永沉于异趣[4]。用是,久虔一念,愿至五峰,澡雪其心,忻扬其咎。今者,幸缘将命,恭叩灵场,瞻万德之容仪,睹千种之光相。岂惟见所未尝见,实亦闻所未尝闻。退生冥顽,真为荣遇,既伸庆忭,谨稽首拜手而说偈言:

稽首文殊师,昔为七佛祖。尝发大悲愿,广度诸有情。念彼东北方,是为清凉境。龙神五百俱,眷属万菩萨,设化于此土,示现无量光。闻者叹希有,何况目所见。我于曩劫中,曾种种供养,今复得亲近,瞻睹异于常。念无始劫来,有尘沙数罪,一获光明相,释然尽消灭。又念诸众生,与我同体性,乘此胜妙力,离苦悉解脱。我今永归依,敬礼发弘誓,愿尽未来际,常居佛会中,一闻微妙音,即证无上道。十方虚空界,一切诸有情,尽愿同我心,速悟无生忍[5]。

建中靖国元年[6]六月八日拜赞

《游台录》附之于右云:

建中清国元年,吴兴钱盖,将命河东。六月,自雁门趋定襄,三日,经台山真容院,时乐安任良弼、太原王直方偕行。是夕,祷于瑞应轩,有银灯现北台之西。次日,供养真容及诸圣像已,午后现菩萨大真相于白云之端,乘从悉备,又睹金色世界,辉耀远迩。是夕,复现金灯,大如盘盂,在轩前松林之杪。五日,先登东台,申后,现五色祥云,如宝陀罗山[7]状,徐现白直光三,其高亘天;红碧直光二,横彻数里;圆光二,其一如方出之日。又现金灯十余,其一如蜡炬,有光甚明。六日,游北台,至台中,烈日无云。未后,恳祷,先现五色祥云无数,其间有七宝树及宝座、芝草之状。前有人设拜者,冠带皆具,已而,白云起于真容院之上及诸山间,遂东方现圆光及金桥三道,平而栏柱皆足,桥之上现菩萨队仗。又,于云中间现华严境界,金碧宝阶,彩错焕烂,并现踞地白金师子,耳目形仪如生。因祈光相附近,以表信心,遂于岩下现圆光,或大或小无数,徐合而为一,凡三重五色八晕,中有菩萨乘师子像。又现圆直金光,抵暮方罢。七日早,拜请摄身光相,即现于中台之西,凡六七。别现通身光二及五色圆光五、七十数。继而,彩云起于谷口直上,遍复西台,久且不散。复于云中现金桥,及岩下现数大圆光,遇近众人,上有焰光四出者。凡种种奇特,既异于常,又累日晴霁无雨。合道场众,欢喜踊跃,叹未之闻见也。然此姑纪其大概,余纤悉未易数述。先是,朔日离雁门,方及中途,已有五色直光现于台山之北,乃兆兹日灵迹。既还真容院,陈供饭僧,信礼敬谢而去。

【注释】

[1] 元祐庚午:元祐,宋哲宗年号。元祐庚午,1090 年。

[2] 莂:合同,契约。

[3] 摩诃萨:梵语,摩诃萨埵之略,吾萨之通称。

[4] 异趣:指地狱、饿鬼、畜生等。

[5] 无生忍:安住于无生无灭之理而不动,称无生忍。

[6] 建中靖国元年:建中靖国,宋徽宗年号,仅一年,即 1101 年。

[7] 宝陀罗山:疑即宝陀洛迦山,观音住处。

题五台真容院(宋)

濮阳　李师圣　述

　　梵书五顶清凉府,冬冰夏雪无炎暑。我来七月愁尽寒,何况萧萧秋作雨。信无残暑亦无寒,迥然天界精神聚。真容古基鹫峰寺,高山之麓雄今古。西方楼观缥缈间,灿然金碧莲花宇。悬崖峻岭架大木,神物所持凭险阻。金珰垂空殿檐响,森森铁风相交舞。忆昔文殊出大宅,金刚宝窟通西土。牵牛老人饮玉泉,二子一犬为贫女。变化无方饶益情,如是西天七佛祖。重闻清凉之境界,无穷陈迹书妙语。我有诚心颇出群,瑞应神奇目亲睹。须臾光相现咫尺,玉洞金灯明可数。松杉摇空山谷中,夜寂太阴隐龙虎。丹楼碧阁香案前,敬畏生心谁敢侮。从来昏述如梦回,前三后三慎莫取。我今不作前后想,香烟稽首清凉主。

　　　　　　　　　　崇宁三年[1]七月二十九日焚香拜读

【注释】

　　[1]　崇宁三年:崇宁,宋徽宗年号。崇宁三年,1104年。

台山瑞应记（金）

江东　朱弁撰

诸佛、菩萨与阿罗汉，悲悯一切有情，常出光景，以导迷起信，摄服同异。凡山地胜所，示现境界，有趾斯至，有目斯睹，以是因缘，故握符御极，宅中图本者，往往布慈云以复之，揭慧日以烜之，霈法雨以濡之，而不忘嘱累之重。如天台、五台，比州郡别置僧官，使董正其徒。而庄严宫殿，盖螺髻宝轮，威神所宅，不可不肃也。

雁门史君折侯彦文，下车未逾时，以赤子弄兵涧谷，衣绣持斧，迹捕至台下。与邑之令佐，奉香火，作礼于狻猊座[1]前。五香之烟，遍满空际，崒兮直上。倏然改容，引人四顾，目不得瞬。无大无小，各有所见：为五色云者七，为白云者六，为黑云者一，为金桥者三，为圆光者五。五色云：有戴白云为冠而其中有洞者，有如圆光者，有如日晕五色六七重者，有如孤石苍黑圆而耸出者，有如仙花之敷芬者，有如仙花而现菩萨像于其上者。白云中，亦有菩萨端严相者，有奋迅如文殊所乘者，有天桥如龙之上飞者，有横光青、红、黄、绿而相间者，有如玉石为佛冠者。黑云中，有独现师子者。金桥：有如鲸鲵[2]负天者，有如蟏蛛[3]而中断者，有重叠如鱼鳞相次者。圆光：有玉连环者，有现金网而光耀夺人目者。

史君图其事而谓予曰："此吾与众人所可见者也。若其他变态，百工所不能状者，吾亦不能言也。子其为我记之。"予曰："曼殊室利[4]住此山中，诱接群迷，示此方便，史君得其开示，岂无所因哉？昔世尊在舍卫国[5]，举身放光,其光金色,绕祇陀园[6],周遍七匝。照须达[7]舍,犹如段云,亦作金色。须达者,佛之大坛越[8]也,光明所烛,先至其舍,盖以导迷起信,摄服同异也。山之上首僧[9]明崇尝谓:'我侯家世奉佛,自高曾[10]来,尤于兹山开大施门。'则曼殊室利今所示现,亦犹世尊之于须达也,可不记乎?"予闻:无尽居士[11]在元祐中尝游此山矣。作《清凉传》,神化变异与身所亲睹者,靡不具载。而味禅悦者[12],或有为病。予谓:无尽平生,运佛、菩萨慈以济世拯物,清凉之述,所以化导未悟,亦为众人设耳,以是身心无适不可。故于时为元首,则黎民所宗仰;于法为外护,则释子所依赖。史君能不坠世芬,以无尽之心为心,用报曼殊室利所以开示之意,乃予素所期也,亦予之乐书也。

始,予欲为史君记其事而未果也,而油幕诸公,宛转道史君之恳,既不可辞,又尝见其上首曰明崇者言:"当是时,我与僧正精惠大德、麟府总制折可直暨寺众,实从史君所共睹也。兹事不诬。"于是乎书。

皇统辛酉[13]六月辛巳日

【注释】

[1] 狻猊座:狻猊,即狮子。文殊塑像多为骑狮子形。

[2] 鲸鲵:即鲸。孔颖达《左传》疏引裴渊《广州记》:"鲸鲵长百尺,雄曰鲸,雌曰鲵。"

[3] 蝀蛛:即虹。

[4] 曼殊室利:即文殊师利梵文异译。

[5] 舍卫国:古印度一王国名,在今印度西北部拉普地河南岸。传说释迦牟尼成佛后,尝住此,二十五个雨季安居。

[6] 祇陀园:在舍卫城,舍卫国祇陀太子之园。给孤独长者买园献给释迦,祇陀太子施舍园中之林,因名此园为祇树给孤独园,又称祇树或祇陀园。

[7] 须达:人名,王舍城长者,因哀恤孤危,因又被称为给孤独长者。

[8] 坛越:梵语,译施主。

[9] 上首僧:一座大众中之主位,称为上首。后称首座为上首。

［10］　高曾:指高祖父、曾祖父。

［11］　无尽居士:即宋朝张商英。

［12］　味禅悦者:禅悦,入于禅定,快乐心神。《维摩经·方便品》:"虽复饮食,而以禅悦为味。"味禅悦者,指深明佛理,乐在其中而不热衷迷信活动的人。

［13］　皇统辛酉:皇统,金熙宗年号。皇统辛酉,即皇统元年,1141 年。

后　序(元)

紫府真容院松溪老人文琉述

伏闻大圣度生,应迹无方,所现之处,无非利益。虽不局于形教,使归心有在,唯止一方。故我文殊大士,妙践真觉,廓净尘习,寂寥于万化之域,动用于一区之中,示居因位[1],果彻因源[2],不舍悲心,恒居紫府。三千界内,有清凉之一名;万亿国中,无文殊之二号。净居梵世,服道而倾心;花藏欲天,餐风而合掌。是以统十年之众圣,伏五百之毒龙。金灯夜灿,烁煌于碧嶂之前;瑞气晓迎,闪灼于翠峰之上。奇葩天坠,岂局之于春秋;明月泉生,宁分之于晦朔。自斯历代,王臣敬礼,积著弥繁,传照百灯,相继不绝,胡可胜言?昔宋朝丞相无尽居士天觉,梦游紫府,既至无殊,见不思议之境界,睹无穷数之神光,具奏。帝闻,重加修葺,庄产土田,倍加先帝。山门荣耀,缁侣汪洋。自此,洪岩巨壑,峭壁荒溪,古之伽兰,无不周备,可谓名高百代,道光千载。朝臣奉信,竞趣宝方,《续传》流传,至今无替。迄于逝金,犹存松风灵迹、诗颂歌词、《清凉》等传,十有余本。近因兵革,屡遭火废,堕荡无遗。幸于河西僧法幢处,得《清凉传》一部。余钞录编集,校勘无差,访诸有缘,刻板流行。本山僧义祥者,英俊博学,崇贤好古,愍余衰退,罄自衣盂,并诱信士,命工镂板,不日而成,祝余曰:"山门老宿,知事多矣,序述来由,续之传后。"余先劝请,今既工毕,事不获已,聊述云耳。以此洪因,祝严皇帝万岁,臣宰千秋,内宫天眷福禄遐昌,助缘施主增添寿算,法界有情同登觉岸。

【注释】

〔1〕 因位:修行佛道所得之位,从发心到成佛之间有多种等级,总称为因位。

〔2〕 因源:一件事,对于果说称为因,对于末说称为源,概称为因源。《华严经疏》四:"因该果海,果彻因源。"

附　录（明）

　　洪武二十七年[1]六月十有九日，余与四众[2]百十余人游台山，礼文殊化境。所睹光相圣灯，千变万态，灵异叵测，乃踊跃无量，喜不自胜。真所谓旷劫尘劳，一时顿尽矣。游览之间，偶遇宝峰金禅者，亦淳厚人也，就于清凉古刹，罄舍衣资，接纳游礼缁素，三载如初，四事[3]之需，无所乏少，实法门中苦行兴福僧也。余甚佳之。一日，炷香作礼曰："此山乃大圣所居，师幸特来瞻礼，可谓千载之难逢也。自古游观之士，率多王臣贵族，硕德大儒，咸有诗偈发挥圣迹。请师一言，赞咏圣境及策发余怀，不亦可乎？"余曰："大圣境界，以虚空为口，须弥为舌，尚不能赞其万分之一。况大圣不思议境界，智识岂能到乎？"辞不获已，遂书拙偈。以塞其请云：

　　"上人觐礼曼殊叟，亲闻震地金毛吼。胸次狐疑悉荡绝，日午面南看北斗。五峰森耸侵天长，俯视众刹如铺张。大地山河作金色，树林池沿腾辉光。宝剑倚天寒，圣凡情尽扫。五百贤圣僧，当下离烦恼。靠倒释迦老子，掀翻居士净名[4]。释迦分疎不下，居士饮气吞声。杀活纵擒出思议，逆行顺化超常情。刀山与婬舍，常谈四谛轮[5]。耳根塞却方真闻，大智洞明非外得。屠沽负贩皆玄门，道人拟欲重相见，翻身挼到光明殿。顶门眼正没嫌猜，佛头佛头全体现。从此遍游诸佛刹，于诸佛所闻妙法。——三昧得总持，利他自利原无乏。"

崇善住山雁门野衲了庵

性彻（洞然）书于台山清凉石上

【注释】

〔1〕洪武二十七年：洪武，明太祖年号。洪武二十七年，1394年。

〔2〕四众：僧伽四众，指比丘、比丘尼、沙弥、沙弥尼。

〔3〕四事：指衣服、饮食、卧具、汤药。或指房舍、农服、饮食、汤药。

〔4〕净名：即维摩诘菩萨。

〔5〕四谛轮：苦、集、灭、道四者，佛家以为至极真理，杯为四谛。释迦开始讲此四谛，为转法轮之初，因也称为四谛轮。

重印后记(清)

　　释慧祥《清凉传》，见宋史志。《广传》、《续传》，则史志及诸家藏书志俱不著录。杭州何梦华(元锡)得之，示阮文达。文达缮录进呈，世乃知有此书。第天府卷轴，既非草茅能窥，阮氏文选楼书又毁于火，藏书家以不得见为憾。闻此书原本，今藏归安陆氏皕宋楼。武陵赵君伯藏(于密)为居间得借读，纸脆殆不可触，内佚《广传》中卷。清翊恐其日就湮没，方录付梓，颇以佚卷为憾。适钱塘丁氏正修堂藏有钞本，则佚卷存焉。亟合梓之，甫成全璧。钞本讹字颇多，然无可校正，姑仍其旧。

　　忆咸丰、同治间游迹，淹留太原，距台山仅数百里，尘鞅牵绊，竟未游礼灵蜂。今筋力日衰，息影东南，五顶云山，无因投迹。香火缘悭，抚书慨叹。

光绪甲申^[1] 十月吴县蒋清翊字敬臣书

【注释】

　　[1]　光绪甲申——光绪，清德宗年号。光绪甲申即光绪十年，1884年。

五 台 山 行 记

WuTaiShanXingJi

【日】圆仁　著

前　言

　　这一本《五台山行记》，是日本圆仁《入唐求法巡礼行记》的五台山部分。

　　圆仁，日本佛教史上有名的"入唐八家"之一。俗姓壬生氏，生于日本桓武天皇延历十三年，当唐德宗贞元十年，即公元794年。他幼年落发为僧，十五岁时，至日本佛教胜地京都府滋贺县比睿山，投入日本天台宗大师最澄门下。最澄也是"入唐八家"之一，曾在公元803年泛海入唐求法。805年，最澄返日，在比睿山盛弘天台，兼传密教和大乘戒法。次年，得日本政府许可，从807年起，每年度"止观"和"遮那照"各一人。圆仁于813年以"遮那照"得度，取得了天台宗佛学研究的最高学位。约在822年，最澄圆寂前后，圆仁担任了"教授师"，从此下山布道传法。835年，即日本承和二年，当唐文宗大和九年，圆仁秉承最澄遗志，带领弟子惟正、惟晓，行者丁雄万（丁万），以"请益僧"身份随日本遣唐使泛舟入海，几经挫折，于838年至唐。先在扬州海陵，后转经登州、青州、贝州、赵州、镇江，于840年农历四月二十八（阳历6月2日）抵达五台山，从大华严寺志远和尚获天台宗教迹、文书等共三十四部、三十七卷，巡礼五个台顶，观光了竹林寺、法华寺、金阁寺、灵境寺、菩萨寺等处，于840年农历七月七（阳历8月7日）下山，经并州、汾州、晋州、蒲州、同州，抵达长安。在长安六年。847年，他带经论章疏、传记等五百八十四部、八百零二卷，胎藏金刚界两部，图像、舍利等五十九种，由登州回国，仍上比睿山，传台、密二教，为日本天台宗第三代座主。

　　圆仁入唐求法十年，足迹遍及半个中国。他在唐时所写的《入唐求法巡礼行记》(以下简称《行记》),翔实地记载了求法巡礼的见闻经历,不仅是中日佛教关系的珍贵史料,也是当时唐代佛教状况、社会风土人情、典章制度以及某些历史事件的重要记录,可与玄奘的《大唐西域记》、法显的《佛国记》、马可波罗的《马可波罗游记》并列,是古代东方游记中一颗璀璨的明珠。

圆仁《行记》中有关五台山的部分,跨卷二及卷三(卷二后半部及卷三前半部),总计约一万三千余字,对于五台山佛教史的研究来说,尤其值得重视。因为,我们现在很难找到类似的资料了。

众所周知,从整个中国佛教史来看,唐代是佛教鼎盛时期。而唐代佛教之胜境,则首推五台山。唐代杰出的唯物主义者刘禹锡曾说:"北方之人锐以武,振武莫若示现,故言神道者宗清凉山。"(《刘梦得文集·唐故衡岳律大师湘潭唐兴寺俨公碑》)晚唐《大泉寺新三门记》说:"今天下学佛道者,多宗旨于五台,灵迹贤踪,往往而在,如吾党之依于丘门也。"(《金石萃编》卷一一二)这里把学佛道者宗旨于五台,比为儒者依托于孔子,可见五台山佛教在唐代的地位。圆仁《行记》所记述的,正是五台山佛教黄金时代的概况。圆仁离开五台山到长安,不久便发生了武宗废佛事件。会昌五年(845)七月,武宗下诏废佛,废毁寺院,没收寺院土地,解放寺院奴婢,还俗僧尼等。这次废佛的时间只有一年多,但对佛教的打击是非常沉重的。五台山佛教也受到严重损失,僧人多散逃幽州,以至于宰相李德裕通知幽州进奏官:"汝趣白本使,五台僧为将,必不如幽州将;为卒,必不如幽州卒。何为虚取容纳之名,染于人口?"(《资治通鉴》卷二四八)驻幽州的卢龙节度使张仲武得知,立即封二刀付居庸关,命令:"有游僧入境,则斩之。"圆仁于847年起程回国时,沿途所见,寺院寂寥,无人来往,在楚州不敢把佛像随身行,在文登县无寺可住。紧接着,爆发了唐末农民大起义,进入五代十国时期,数十年间,战乱频仍。包括五台山在内的整个中国佛教,从此日益走上了下坡路。《清凉山志·丞相张商英传》记载,北宋年间,五台山僧联合请愿,其词有"我等寺宇,十残八九,僧众乞匄,散之四方"等语,可见一斑。由此,圆仁的《行记》便成为五台山佛教全盛时代最后的历史见证。

作为中日文化交流的使者,圆仁当年曾从我们的祖先求法,而他的著作今天又成为我们的史料,这也是中日文化交流史上的一桩佳话吧。

圆仁是佛教中人，他是抱着宗教的虔诚来五台山的。他对所见闻的理解，自然带有浓厚的宗教色彩。正如他自己所说："入大圣境地之时，见极贱之人，亦不敢作轻蔑之心。若逢驴畜，亦起疑心，恐是文殊化现。更举目所见，皆起文殊所化之想，圣灵之地，使人自然对境起崇重之心也。"比如五台山五峰并峙，主峰北台海拔 3058 米，为华北最高峰，周围千峰环拱，万壑窈窕，吞云吐雾，时阴时晴。每当晴时，可以看到五彩缤纷的半个椭圆形光圈在人身边，这个光圈在气象学上称为"峨嵋宝光"。本来，这是自然现象，圆仁却以为是文殊菩萨化现。又如，文殊化为孕女求供、慧思生于日本等传说，原是无稽的迷信，圆仁也都信以为真。这表现出圆仁世界观上的局限性。不过，《行记》的价值不在于此，而在于以下三点：

一、关于五台山佛教的宗派情况。

隋唐以前，中国佛教没有完全的宗派。自隋以来，各个宗派相继形成。所谓宗派，按汤用彤的意见，其质有三："①教理阐明，独辟蹊径；②门户见深，入主出奴，③时味说教，自夸承继道统。"（《隋唐佛教史稿》一〇五页）这就是说，各宗派之间，不仅对教理各有各的解释，因而有学派的不同，而且，由于有了雄厚的寺院经济，这就产生了继承权和门户之见问题。某个宗派的僧人充当一座寺院的住持之后，往往师徒相传，变寺院为该宗派的世袭财产。为防止众多徒弟之间的争夺，立一人为法嗣，作为住持的当然继承人。法嗣代代相承，形成道统。然后扩占其他寺院，盘根错节，建立本宗派的根据地。他们口虽谈"空"，实际上行在"有"中，门户之见极深。这样一来，每一宗派便成为一个有创始、有道统、有信徒，有根据地、有教义、有教规的宗教团体。在本宗派的根据地内，别的宗派很难插入，如天台山属天台宗派，就连江浙一带的寺院，也多属天台宗。

这就自然带来一个问题：五台山属哪一宗呢？按一般常理推测，华严宗特奉文殊菩萨，天台崇普贤菩萨，法相宗崇弥勒佛，净土宗奉阿弥陀佛，五台山相传为文殊道场，当然是华严宗的势力范围。然而，按圆仁的记载，事实上各个宗派都可以在这里自由存在和发展，五台山并未被哪个宗派所垄断。

从圆仁的记载分析，天台宗在五台山最有势力。当时，大华严寺是五台山最大的寺院，它包括现在的显通寺、塔院寺、菩萨顶等。而大华严寺以至整个五台山佛教的首要人物则是天台宗的志远。《行记》写道：

"大华严寺十二院，僧众至多，皆以志远和尚为首座主。和尚不受施利，日唯一餐，戒行清高，六时礼忏，不阙一时，而常修'法花三昧'、'一心三观'以为心腑，志超物外。遍山诸寺老宿，尽致钦敬。"

这个志远和尚不但有学问，戒行高，而且很有活动能力。他除自己讲经外，大力组织同宗名僧在这里讲经，弘扬天台教义。由于志远等天台宗人的活动，天台山国清寺僧人巨坚等不断来大华严寺学习；圆仁远从日本入唐，在登州登陆后，本想赴天台山，因从新罗僧人圣林那里听说，志远在五台山修"法华三昧"，而且五台山多圣迹，便不去天台山而专来五台山请教志远；天子敕使来寺，也特地"到涅槃院礼拜远和尚"。这些，都可以说明五台山当时俨然是天台宗的中心之一。《行记》写道："实可谓五台山大花严寺是天台之流也。"这个评语是不虚的。

密宗当时也正在五台山上大力经营。圆仁所瞻礼的金阁寺，便是不空创建的密宗寺院。不空(705—774)，原为北印度人，一说为师子国(今斯里兰卡)人，自幼随叔父来中国，拜金刚智为师，从学密教。金刚智死后，他秉承遗命，于742年率弟子含光等到师子国，寻求密藏梵本，744年返回中国，译出密教经典143卷，与罗什、真谛、玄奘并称为中国佛教史上的四大译师。他与朝廷深相结纳，被封为肃国公、开府仪同三司，食邑三千户，赐号"广智三藏"。在中国佛教史上，像他这样位列国公的和尚是罕见的。中国密宗的建立和发展，他起了重要的作用。767年，他派门下"六哲"之一、随侍多年的亲信弟子含光在五台山建金阁寺，依诸经轨构置殿堂及诸佛菩萨像，作为密宗专修道场，并命印度那烂陀寺僧纯陀督工。《资治通鉴》记载："造金阁寺于五台山，铸铜涂金为瓦，所费巨亿。缙(宰相王缙)给中书符牒，令五台僧数十人散之四方，求利以营之。"(卷二二四《唐纪》卷四代宗大历二年)寺建成后，不空又造玉华寺，并表请以含光为金阁等五寺上首，还曾亲自到这里活动。《不空三藏行状》记述：大历五年(770)五月，"诏请大师往太原台山修功德，是岁也，有彗出焉，法事告终，妖星自伏"。(《大藏经》第五十卷史传部二)不空原在东西两京推行密宗，他插足于五台山，原是打算以五台山为根据地，把文殊菩萨的信仰推向全国，从而建立密宗在全国佛教界的统治地位。为了实现这番雄心，他除在五台山苦心经营外，还运用自己在朝廷的势力，奏请在天下著名寺院都建文殊阁，作为五台山根本道场的支院。当他在所住的长安大兴善寺建造大圣文殊镇国阁时，天子为施主，国库捐献三千万金，公主、宫嫔、大臣的施物不绝于路。他又奏请在天下各寺院食堂中供奉文殊菩萨像。于是，他便精心编造了一个文殊信仰之网，这个网以五台山为中心，以各主要寺院的文殊阁为枢纽，遍布于全国大小寺院。大历九年(774)，不空去世，遗书中把自己的一切私财施舍给兴善寺文殊阁及五台山的金阁、玉华两寺。可见，在全国建立对五台山文殊菩萨的信仰，乃是不空的凤愿。这个凤愿由于他的去世而未能完成，但在他的推动下，密宗当时在五台山很为兴旺则是可以想见的。圆仁到五台山时，上距含光不远，《行记》中描绘金阁寺陈设之富丽堂皇，便是这种状况的反映。

圆仁一再提到竹林寺的法照和尚，说法照曾在竹林寺念佛，寺内般舟道场安置有法照影像。法照是净土宗很有影响的人物，被称为净土宗四祖。他是蜀人，曾在庐山结西方道场，修念佛三昧，后来到衡山师事净土宗三祖承远。大历二年(767)往衡州云峰寺，依《无量寿经》立五会念佛之说，成为念佛程式。代宗尊为国师，世称为五会法师。他到五台山，自云见到文殊、普贤等，勉其专修念佛法门，"命终之后，决定往生"。于是，在五台山建竹林寺，与众僧五十余人，共修念阿弥陀佛，以期往生净土。《宋高僧传》说他卒于大历十二年(777年)，日人冢本善隆《唐中期之净土教》考证，竹林寺的建立应在贞元十四、十五年(798、799)，汤用彤以为法照卒年应在贞元十五年之后。《行记》中谈到法照的卒年，但手稿本字迹不清，自相矛盾，不足为据。可以肯定的是，法照晚年在竹林寺活动，圆仁到五台山时，法照死去并不久。圆仁详细记录了竹林寺斋礼佛式及法事仪式，可信是法照所传的典型的净土法门。当然，唐代中国佛教各宗都修净土，净土并没有统一的理论，而且净土宗各祖之间并没有前后承传的关系，到宋代才以弘扬净土法门有贡献的人排出法系，宗晓把法照排为净土宗三祖，志磐则把法照排为四祖。所以，净土宗在唐代是否是一个宗派，尚成问题。不过，法照是宣扬净土法门很有名望的人，他晚年在五台山活动，则净土宗在五台山必定会有一定的影响。

圆仁本是天台宗人，并传密教，后在日本也提倡净土念佛法门。因此，他在五台山所注意的是天台宗、密宗和净土宗，对华严宗、法相宗毫未提及，关于禅宗也未说明。实际上，华严宗、法相宗和禅宗的名僧都曾在五台山活动，特别是华严宗，以五台山为圣境，一直在五台山经营，和五台山有不解之缘。华严宗四祖澄观在五台山弘法，这是天下共知的。

澄观(738—839)，俗姓夏侯氏，越州山阴(今浙江绍兴)人，十一岁出家，早年到处参学，后来专研《华严经》。大历十一年(776)，到五台巡礼，又往峨嵋求见普贤，再回五台，住大华严寺，作疏并讲解。他天资颖悟，学问渊博，一生中翻译了不少经籍，并有《华严疏抄》等著述。这些著述颇有影响，远传至朝鲜、日本等地。《华严悬谈会玄记》说他活了102岁，生历玄宗、肃宗、代宗、德宗、顺宗、宪宗、穆宗、敬宗、文宗九朝，而《宋高僧传》则说他死于元和年中，年七十余。德宗时，他被尊为教授和尚，诏授"镇国大师"称号，任天下大僧录。宪宗赐他金印，因他常住五台山，赐号清凉国师。796年，德宗诏迎澄观到长安，命他和罽宾国高僧般若以及圆照、鉴虚等翻译《华严经》后分梵本，又诏命澄观造《华严经疏》。到长安后，澄观可能没有再回五台山。他的弟子千人，散处各地，得其秘传，号称华严宗第五祖的宗密，长住在陕西圭峰山诵经修禅，人称圭峰大师，便是一例。圆仁到五台山时，澄观已死，其主要门徒不在五台山，华严宗的势力自然减弱，圆仁没有提到华严宗人，这可能是原因之一。但是，澄观在五台山起码居住十五年，有这样的华严耆宿在，则华严宗在五台山必定曾兴盛一时的。

法相宗的窥基，是玄奘的大弟子，造疏百本，后世称百疏论主。他也曾到五台山活动，按《古清凉传》记载，中台台顶石室中的花幡供养之具，氍荐受用之资，都是窥基陈设的。

圆仁提到在法华寺见神道(神英)和尚之影，把神英描绘为天台宗人。实际上，神英属禅宗。武则天时，禅宗的神秀在京师很受尊崇，称为北宗。慧能则在南方活动，称为南宗。后来，南北两宗争夺禅宗的正统地位，南宗获胜，势力扩展至全国，成为佛教中势力最大的宗派。在这场斗争中，慧能弟子神会起了很大作用，而神英则正是神会的弟子，由神会派到五台山活动的。神英在五台山创建法华寺，在此寺住持四十五年。可见，禅宗在五台山也已扎下了根。

总之，唐代的五台山看来并非哪一宗派所独占，它兼容并蓄，如同海纳百川一般。

二、关于五台山佛教的国际交流情况。

唐朝是一个开放的时代，文化交流十分活跃。五台山作为佛教圣地，也是文化交流的一个重要场所。圆仁到五台山求法巡礼，本身便是一个例证。

圆仁到五台山，向志远学习天台教义，同时广泛地学习。如圆仁到竹林寺食堂，见上僧座安置文殊象，不见置宾头卢座，感到奇怪，便问众僧，众僧告说五台山诸寺尽是如此。原来这个宾头卢是十六罗汉中的第一尊罗汉，白头长眉。印度小乘各寺以宾头卢为上座，大乘各寺以文殊为上座，两派争论甚为激烈，水火不容。南北朝时，中国名僧慧远，在食堂中央安置宾头卢为上座，每天设食供奉。以后，各寺都供奉宾头卢。唐代，不空奏请按天竺诸寺之式，改以文殊为上座，于是，各寺改供文殊。日本的佛教是从中国传入的，包括庙宇建筑、僧伽组织，都效法中国。食堂供奉宾头卢，也是摹仿中国的。至唐人改供文殊，从不空以来已近百年，圆仁觉怪，说明圆仁以至日本佛教界当时尚未解决这个问题，或者他所在的比睿山及他所到日本各处还没有改供。他专门记载下来，可见他的学习是很精细的。关于净土宗斋礼佛式，金阁寺、大华严寺的陈设，以及有关佛教的各种奇迹的传说，他都作了详细记载，实际上这都是他学习的内容。

圆仁曾在五台山寻访日僧灵仙的遗迹，抄录下灵仙的孙弟子、渤海国(在今我国东北一带)僧贞素悼灵仙的诗并序。贞素序云：长庆二年(822)，灵仙入五台山求法。长庆四年(824)日本淳和天皇远赐灵仙百金，贞素将金送到五台山，灵仙受金后，把一万粒舍利、两部新经等物交给贞素，请他送日本答谢国恩。贞素慨然渡海赴日。大和二年(838)，贞素返唐，淳和天皇又附百金赐灵仙。不料，贞素再到五台山时，灵仙已死。灵仙致力于中日文化交流，有所贡献，壮志未酬，中道而亡。幸有圆仁的记载，他的下落才不至于完全湮没。

圆仁遇到南天竺僧法达，也是到五台山巡礼的。法达写取五台山诸灵化传碑等回国。北天竺僧佛陀波利，于唐高宗仪凤元年到五台山巡礼，以后又返本国取来《佛顶陀罗尼经》，圆仁见到了他的遗迹。

可贵的是，圆仁记下了中日之间的亲密友情。他曾与志远等互颂中日交往之谊。志远很关心日本天台宗的情况,并告诉圆仁,他曾与圆仁之师最澄相识。圆仁也向志远等人"粗陈南岳大师生日本之事,大众欢喜不少,远座主听说南岳大师生日本弘法之事极喜"。圆仁所说的南岳大师,指的是南北朝时被尊为天台宗第三祖的慧思。慧思(515—577),先在北方,后来定居南岳衡山,称南岳大师。说慧思死后生于日本,这在历史上是子虚乌有之事,但在感情上却是真实的。因为这种说法包含了中日文化亲如一家之情。志远等听到都喜欢,原因就在这里。

五台山对远来的外国客人非常热情。以圆仁来说,他所到之处,无不受到欢迎。他的两个随行弟子惟正、惟晓,与中国数十沙弥在竹林寺同时受具足戒。当他们告别大华严寺时,主僧广初设空饭,送路斋,引大众相送到三门外,洒泪分别。遍五台十二大寺供养主僧义圆,送米到五台山后返汾州,与圆仁师徒结伴同行。一路之上,主动盛情地供应圆仁师徒食宿,"无所缺少",并雇人画五台山化现图相赠,请圆仁带回日本供养。

在国际文化交流中,五台山自尊自得,热情好客,赢得了国际佛教界的尊重和景仰。圆仁的《行记》,正如实地反映了五台山的这种精神。

三、关于五台山佛教的历史轨迹。

《行记》记述的不过是 840 年五十多天的所见所闻,然而透过这短暂时间的见闻,却反映出某些历史轨迹。

如关于现今塔院寺的白塔,《清凉山志》说:"台怀大塔,内藏阿育王所造释迦佛舍利宝塔,元朝重建。隆庆间……圣母出宫金,遣中官范江、李友督修,撤而改作。"圆仁记载:"阁前有塔,二层八角,庄严殊丽,底下安置阿育王塔,埋藏地下,不许人见。"可见,在圆仁时阿育王塔已被二层八角塔包裹在底下,到元代重建,明代修成尼泊尔式,几经修建,而阿育王塔则始终埋藏塔中。

金阁寺的建设,《通鉴》上只说"所费巨亿",究竟建成什么样子,史阙明文。《行记》则从主体建筑到内中塑像以及陈设布置,都作了描绘,从而弥补了史料之不足。高宗显庆六年(661 年)敕令会昌寺沙门会颐往五台山修理寺塔,实际上这是武则天所命。《行记》记述了四个台顶的则天铁塔大小、形状、数目,显然具体得多了。唯有南台顶上,《行记》未说有则天铁塔,不知是当时就没有,还是圆仁漏记。

　　圆仁也详细记录了一些佛教的传说,如现今菩萨顶真容院的文殊菩萨像,据说六遍造六遍裂,求得文殊显现真容后才塑成,以后各寺文殊像都照此塑制;今塔院寺文殊发塔,相传其中有文殊化为贫女乞食时所留之发,佛陀波利于金刚窟遇见化为老人的文殊,受文殊指点回本国取回《佛顶尊胜陀罗尼经》后,入此窟不出。这些传说,至今仍在五台山流传,与圆仁所记述的内容出入不大。可见,民间的传说,特别是宗教的传说,其生命力是很顽强的。研究民间文学理论的人,也许会对这些现象感兴趣。

　　敦煌莫高窟两壁有中国式的五台山图,北宋初制作。画面上寺院林立,香客如云。六十一窟西壁上半部的那幅,高五米,宽十三米半,面积六十余平方米,堪称巨制。这样巨型的壁画地图,不可能是在敦煌单凭记忆制作的。在这以前,一定已有蓝图,实际上所反映的大致是中晚唐五台山的情况,这是迄今所能见到的最早的五台山图,也大致是五台山佛教鼎盛时期的形象图,但它缺乏文字说明。《行记》则记述了各主要寺院的位置、建筑以至内中的陈设。把敦煌图搬回五台山老家,而以《行记》配合解释,当是珠联璧合、图文并茂的珍贵文献。游客欣赏这件文献,一定能增加对五台山佛教史的了解,激发对五台山文物的热爱。

　　下面,关于《行记》的整理,需要说明:

　　一、整理所据底本,是日本大正十五年(1926)东洋文库的影印手稿本。《行记》原书久佚。明治十六年(1883)后,在日本京都东寺观智院发现《行记》的手抄本,抄写时间为伏见天皇正应四年(1291),抄写者为日本京都东山长乐寺的僧人兼胤,这个手抄本简称东本,是现今流传的《行记》最早的抄本,被尊为日本国宝之一。东洋文库大正十五年的影印手抄本就是按东本影印的。手抄本用汉文抄写,半行半草,汗漫难认;有的简草也许是手抄者自创的,只能猜度;加以时有笔误,衍出、漏写、错别均有。为了认清这些字,颇费了一番工夫,从《行记》本身作上下文对照、前后对比,还需要从别的有关专书查对,这也是校对吧。有的字,至今还只能是臆测,不敢保其不误。凡此,一般在注中说明。

　　日本足立喜六于昭和二十二年(1947)译注(译为现代日语),后由盐入良道补注的《行记》,小野胜年、日比野丈夫于昭和十七年(1942)所著《五台山》中附有《行记》五台山部分,曾用以参校。

二、圆仁自840年农历四月二十八日入山,七月七日出山,共五十天。实际上,在此前后数日所记,仍与五台山之行有关。为完整计,整理内容起于四月二十三日,止于七月二十六日。

三、卷二所记的五台山之行,在卷三又记述一遍,日本各整理本往往合并在一起,以免重复。实际上二者各有详略,可以参看。因此,整理时一仍其旧,未作任何改动。

四、东本原文不分段,此次整理按日划分。

五、东本原文中的异体字,如:上(尚)、丼(菩萨)、躰(体)等字,均径改。

六、佛教专用名词、术语,以及某些生僻字,均作注解。个别难懂句子,也在注解中试作说明,以便读者。

卷　二

　　四月二十三日(前略)：从上房行得二十里,到刘使普通院[1],宿。便遇五台山金阁寺僧义深等,往深州[2]求油归山,五十头驴驮油麻[3]油去。又见从天台国清寺[4]僧巨坚等四人向五台,语云："天台国清寺日本国僧[5]一人,弟子沙弥[6]一人,行者[7]一人,今见在彼中住。"云云。

　　二十四日：天阴。发,从山谷西北行廿五里,见遇一羊客,驱五百许羊。行过一岭,到两岭普通院。院主不在,自修食,院中曾未有粥饭。缘近年虫灾[8],今无粮食。斋后,乘山谷行,西北三十里,到果苑普通院,宿。雷鸣降雨。

　　二十五日：雨下。普通院深山,无粥饭吃,少豆为饭。从赵州[9]已(以)来,直至此间,三四年来有蝗虫灾,五谷不熟,粮食难得。斋后雨停,寻谷向西行三十里,到解(脱)普通院。巡礼五台山送供人僧、尼、女人共一百余人,同在院宿。

　　二十六日：天晴。吃粥了,向(西?)行山谷二十里,到净水普通院修餐。院中贫乏。山风渐凉,青松连岭。逾两重岭,西行三十里,到塘城普通院。过院西行,岭高谷深,翠峰吐云,溪水泻绿流。从塘城西行十五里,申时到龙泉普通院,宿。后丘上龙堂里,出泉清冷,院近此泉,唤为龙泉普通院。院有粥饭。

　　二十七日：发,从山谷向西行二十里,到张花普通院,共九僧断中[10],院有粥饭。斋后,行谷十里,到茶铺普通院。过院,西行十里,逾大复岭。岭东溪水向东流,岭西溪水向西流。过岭渐下,或向西行,或向南行。峰上松林,谷里树木,直而且长,竹林麻园[11],不足为喻。山岩崎峻,欲接天汉,松翠碧,与青天相映。岭西,木叶未开张,草未至四寸。从茶铺行三十里,薄暮,到角诗[12]普通院,宿。

院无粥饭。

二十八日：入平谷，两行三十里，巳时到停点普通院。未入院中，向西北望见中台，伏地礼拜。此即文殊师利[13]境地。五顶圆高，不见树木，状如复铜盆。遥望之会，不觉流泪。树木异花，不同别处，奇境特深。此即清凉山[14]金色世界[15]文殊师利现在利化。便入停点普通院，礼拜文殊师利菩萨像。因见西亭壁上题："日本国内供奉[16]翻经大德[17]灵仙[18]，元和十五年[19]九月十五日到此兰若[20]。"云云。院中僧等，见日本国僧来，奇异，示以壁上之题，故记著之。午时，食堂里斋。斋后，见有数十僧游南台去。暮际，雷鸣雨下。自二十三日申时入山，至于今日，入山谷行，都经六日，未尽山源，得到五台。自去二月十九日离赤山院[21]，直至此间，行二千三百余里[22]，除却虚日，在路行正得四十四日也。惭愧，在路并无病累。

二十九日：停点院设百僧斋[23]，赴请同斋。因台州国清寺僧巨坚归本寺，付书二封，送圆载上人[24]所。斋后，见数十僧巡礼南台去。一上时，晴天忽阴，风云斗暗，零雨降雹。晚际，见其归来，被雹打破笠子而来。

五月一日：天晴。拟巡台去，所将驴子一头，寄在停点院，嘱院主僧勾当草料。从停点西行十七里，向北过高岭十五里，行到竹林寺断中。斋后，巡礼寺舍，有般舟道场[25]，曾有法照和尚[26]于此堂念佛，有敕谥为大悟和尚，迁化来二年[27]，今造影安置堂里。又画佛陀波利[28]仪凤元年[29]来到台山见老人时之影。花严院堂中有金刚界[30]曼荼罗[31]一铺。

二日：入贞元戒律院[32]，上楼礼国家功德七十二贤圣[33]。诸尊曼荼罗，彩画精妙。次，开万圣戒坛，以玉石作，高三尺，八角，底筑填香泥。坛上敷一丝毯，阔狭与坛齐。栋梁椽柱，妆画微妙。谒押坛老宿[34]，法讳灵觉，生年一百岁，七十二夏腊[35]，貌骨非凡，是登坛大德，见客殷勤见说："去年六月，中天竺[36]那兰陀寺[37]僧三人来游五台，见五色云、圆光、摄身光[38]，归天竺去。"竹林寺有六院：律院、库院、花严院、法花院、阁院、佛殿院。一寺都有四十来僧，此寺不属五台[39]。

五月五日：寺中有七百五十僧斋，诸寺同设，并是齐州灵岩寺[40]供主所设。竹林寺斋礼佛式：午时打钟，众僧入堂，大僧、沙弥、俗人、童子、女人，依次列坐了。表叹师打槌，唱"一切恭敬、敬礼常住三宝[41]"，"一切普念"。

卷二

《五台山行记》古籍校注

WuTaiShanXingJiGuJiJiaoZhu

次，寺中后生僧二人，手把金莲[42]，打蠡钹[43]。三四人同音作梵[44]，供主行香，不论僧俗男女，行香俱遍了。表叹（师）先赞，施主设供香。次，表赞了，便唱"一切普念"，大僧同音唱"摩诃般若波罗密[45]"。次，唱佛菩萨名。大众共词，同礼释迦牟尼佛[46]、弥勒尊佛[47]、文殊师利菩萨、大圣普贤菩萨[48]、一万菩萨、地藏菩萨[49]、一切菩萨、摩诃萨[50]，为二十八天释梵王[51]等，敬礼常住三宝；为圣化无复，敬礼常住三宝；为今日供主众善庄严[52]，敬礼常住三宝；为师僧、父母、法界众生[53]，敬礼常住三宝。打槌，唱云施食咒愿[54]。上座[55]咒愿了，行饭食，上下老少、道俗男女，平等供养也。众僧等吃斋了，行水饬口[56]。次，打槌念佛。表叹师打槌云："为今日施主、善庄严及法界众生，念摩诃般若波罗密多[57]。"大众同音，念："释迦牟尼佛、弥勒尊佛、大圣文殊师利菩萨、一万菩萨、一切菩萨、摩诃。"如次学词[58]同念。念佛了，打槌随意，大众散去。暮际，雷鸣雹雨。阁院铺严道场[59]，供养七十二贤圣。院主僧常钦，有书巡报诸院知：同请日本僧。便赴请入道场，看礼念法事[60]。堂中傍壁，次第安列七十二贤圣画像。宝幡宝珠，尽世妙彩，张施铺列。杂色毡毯，敷遍地上。花灯、名香、茶、药食[61]供养贤圣。黄昏之后，大僧集会。一僧登礼座，先打蠡钹，次说法事之兴由，一一唱举供主名及施物色，为施主念佛菩萨。次，奉请七十二贤圣，一一称名。每称名竟，皆唱"唯愿慈悲，哀愍我等，降临道场，受我供养"之言，立礼七十二遍，方始下座。更有法师登座，表叹念佛，劝请诸佛菩萨云："一心奉请大师释迦牟尼佛、一心奉请当来下生弥勒尊佛、十二上愿药师琉璃光佛[62]、大圣文殊师利菩萨、大圣普贤菩萨、一万菩萨。"首皆云"一心奉请"，次，同音唱《散花供养之文》[63]，音曲数般。次，有尼法师，又表叹等，一如僧法师。次，僧法师与诸僧同音唱赞了，便打蠡钹，同音念"阿弥陀佛"[64]，便休。次，尼众赞，僧亦如前。如是相替[65]赞叹佛，直到半夜。事毕，俱出道场归散。其奉请及赞文，写取在别[66]。

七日：阁院有施主设七月僧斋，斋时法用[67]，略同昨日。但行香时，道场供养音声[68]，表叹师不唱"一切恭敬"等，但立表叹。更别有僧打槌，作余法事。饮食如法。

十四日：夜，惟正、惟晓[69]共数十远来沙弥，于白玉坛受具足戒[70]。

十六日：早朝，出竹林寺，寻谷东行十里，向东北行十里，到大花严寺，入库院住。斋后，入涅槃院，见贤座主^[71]于高阁殿里讲《摩诃止观》^[72]。有四十余僧列座听讲，便见天台座主志远和尚^[73]在讲筵听《止观》。堂内庄严，精妙难名。座主主讲第四卷毕，待下讲，到志远和尚房礼拜，和尚慰问殷勤。法坚座主从西京^[74]到来，文鉴座主久住此山，及听讲众四十余人，并是天台宗^[75]。同集相慰，喜遇讲庭。志远和尚自说"日本最澄^[76]三藏^[77]，贞元二十年^[78]入天台求法。台州刺史陆公^[79]，自出纸及书，手写数百卷与澄三藏，三藏得书，却归本国"云云，便问日本天台兴隆之事。粗陈南岳大师^[80]生日之事，大众欢喜不少。远座主听说南岳大师生日本弘法之事，极喜。大花严寺十五院僧，皆以远座主为其首座，不受施利，日唯一餐，六时礼忏^[81]不阙，常修"法花三昧"^[82]，"一心三观"^[83]，为其心腑。寺内老僧宿，尽致敬重。吃茶之后，入涅槃道场，礼拜涅槃相^[84]：于双林树下，右胁而卧，一丈六尺之容，摩耶^[85]闷绝倒地之像，四王八部龙神^[86]及诸圣众，或举手悲哭之形，或闭目观念之貌，尽经所说之事，皆相^[87]为像也。次，入般若院，礼拜文鉴座主，天台宗，曾讲《止观》数遍，兼画天台大师^[88]影，长供养。谈话慰问，甚殷勤。更见大鞋和尚影，曾在此山修行，巡五台五十遍，于中台顶冬夏不下。经三年也，遂得大圣加被^[89]，着得大鞋。鞋高一尺，长一尺五寸。大一，量二十五斤；小一，量十斤。现着影前。和尚曾作一万五千具衣帔，施与万五千僧，设七万五千供。今作影于高阁上，安置供养。此清凉山，五月之夜极寒，寻常着棉袄子。岭上谷里，树木端长，无一曲废之木。入大圣境地之时，见极贱之人，亦不敢作轻蔑之心。若逢驴畜，亦起疑心，恐是文殊化现。便举目所见，皆起文殊所化之想。圣灵之地，使人自然对境起崇重之心也。

【注释】

[1] 普通院：圆仁在《行记》中曾说明："长有饭粥，不论僧俗，来集便宿（按：宿字之前原有僧字，当为衍文，删去），有饭即与，无饭不与，不妨僧俗赴宿，故曰普通院。"

[2] 深州：今河北省深县故城。

[3] 油麻：即胡麻。

[4] 天台国清寺：天台山，在今浙江省天台县城北二公里。陈、隋之际，智𫖮率弟子居

此山,创立天台宗。智𫖮去世后,隋朝晋王杨广(后登基为隋炀帝)承智𫖮遗愿,在山麓建国清寺,为天台宗的根本道场。

〔5〕 日本国僧:指圆载。圆载,也是最澄弟子,于唐文宗开成三年(838)随遣唐使入唐,留唐四十年,唐僖宗乾符四年(877)乘船回国,途中船破身死。

〔6〕 沙弥:梵文音译,意为息慈、身恶、行慈、勤策男等。佛教称谓。中国内地俗称小和尚,指七岁至二十岁以下受过十戒的出家男子。随圆载入唐的沙弥为其弟子,名行好。

〔7〕 行者:佛教称谓,指在佛教寺院服杂役而没有剃发出家的人,也指行脚参禅或乞食之僧人,也可泛指佛教修行者。随圆载入唐之行者名伴始满。

〔8〕 近年虫灾:《新唐书·五行志》:开成元年至三年,镇州管内蝗虫为灾。《旧唐书·五行志》:开成四年,河南河北蝗虫为灾,镇、定等州田稼不收。

〔9〕 赵州:今河北省赵县。

〔10〕 断中:中午(日正中时)斋饭,称为中食。中食前或食后长时间的休息,称为断中。断中相当于午休,其内容包括午睡、吃饭(并做饭)等。

〔11〕 竹林麻园:竹林,即竹林精舍,在印度王舍城旁。迦兰陀长者皈佛,以竹园奉佛而立精舍,是为印度僧园之始。麻园,疑为鹿园之误。鹿园即鹿野苑,又称仙人论处、仙人住处、仙人鹿园等,传说释迦牟尼成道后首先在这里说法,有了第一批佛教信徒,因而这里成为佛教圣地。其地属中印度波罗奈国,在今瓦腊纳西城西北约十公里处。

〔12〕 角诗:应为石咀之误。石咀,今山西省五台县石咀镇。“角”为“觜”的误写,“诗”与“石”同音。“角诗”当为“石嘴(咀)”上下倒转之误。

〔13〕 文殊师利:略称文殊。意译妙德、妙吉祥等。佛教菩萨名。中国佛教四大菩萨之一(其余为普贤、观音、地藏),释迦牟尼佛的左肋侍,专司智慧,常与司理的右肋侍普贤并称。顶结五髻,手持宝剑,表示智慧锐利。塑像多骑狮子,表示智慧威猛。

〔14〕 清凉山:五台山别名。《华严经·菩萨住处品》:“东北有处,名清凉山。从昔以来,诸菩萨众,于中止住。现有菩萨,名文殊师利,与其眷属诸菩萨众一万人俱,常在其中而演说法。”《华严经疏》:“清凉山者,即代州雁门郡五台山也。以岁积坚冰,夏仍飞雪,曾无炎暑,故名清凉。”

〔15〕 金色世界:文殊菩萨净土之名。

〔16〕 内供奉:职名,供奉宫廷道场的僧官,皇帝的祈福僧。

〔17〕 大德:原为对佛的尊称,后泛指高僧。不过,原先不是国家称号。代宗时,敕京城僧尼临坛大德各置十人,以为常式,有缺即补,官授“大德”由此开始。以后又有引驾大德、禅大德、上座大德等各地本道大德。灵仙为翻经大德,似日本当时也仿此。

《五台山行记》古籍校注

[18]　灵仙:日本遣唐学问僧,日本桓武天皇延历二十二年(803)入唐。唐宪宗元和五年(810),在长安醴泉寺与罽宾国三藏。赐紫沙门般若等共同翻译《大乘心地观经》梵笑,为参与唐朝译经事业的唯一日本僧人。后入五台山,住停点普通院、七佛教诫院等处,为最早进入五台山的日本僧人。唐文宗太和元年(827)左右,在五台山灵境寺被人药致中毒而死。

[19]　元和十五年:元和,唐宪宗年号。元和十五年,公元820年。

[20]　兰若:僧人所居之处。《资治通鉴二四八卷·考异》云:唐制,赐额始名寺。山野闲静未赐额之小寺,称兰若、招提。

[21]　赤山院:赤山,古称斥山,在登州文登县(今山东省文登县)。赤山院,赤山的法华院。圆仁于登州登陆后,在839年6月7日至赤山院,840年2月19日离开。

[22]　行二千三百余里:这是估数。按圆仁行程,赤山(400里)—登州(540里)—青州(315里)—禹县城(215里)—贝州(315里)—镇州(360里)—停点普通院,共计2145里。下文所说行路四十四日,也是约数。

[23]　百僧斋:僧字前原有斋字,当为衍文,删去。百僧斋,施主招请百名僧人,设斋供养,实际上即请百僧吃饭。

[24]　上人:上德之人。佛家称内有德智、外有胜行之僧人为上人,意为在人之上。

[25]　般舟道场:般舟,梵文音译之略,意为“出现”、“佛立”,佛教禅定的一种,又称“般舟三昧”、“佛立三昧”。据说修此禅定,十方诸佛就会出现在眼前。东汉支谶说,若一昼夜乃至七天七夜一心念佛,就可见佛立面前。天台宗据此立“常行三昧”修持方法,以三个月为一期,九十日中,身常行无休息,口常持阿弥陀名无休息,心常念阿弥陀佛无休息,据说死后就可生阿弥陀国。道场,供养佛之处,学道修行之处,均称道场。般舟道场,即修持般舟三昧的道场。

[26]　法照和尚:蜀人,唐代净土宗名僧(?—821)。起初,入庐山结西方道场,修念佛三昧,后到衡山师事承远(弥陀和尚),既而依《无量寿经》立“五会念佛”,以音韵文学弘扬净土法门,曾在并州及官廷中举行,道化甚盛,代宗尊为国师,世称五会法师。撰有《净土五会念佛诵经观行仪》三卷,《净土五会念佛略法事赞仪》及《大圣竹林记》各一卷。宋、明以后的一些净土宗人编造“莲宗七祖”之说,以法照为第四祖。

[27]　迁化来二年:此处“迁化来二年”句,手稿本旁有“百”字;卷三“迁化来近年”,旁有“二”字。似乎法照死已二年,或二百年,前后矛盾。汤用彤以为法照卒年应在唐德宗贞元十五年(799)以后,《佛祖统纪》以为卒于唐代宗大历九年(774),《宋高僧传》以为卒于大历十二年(777),日人考证卒于唐穆宗长庆元年(821)。无论哪个说法,手稿均有误。

[28]　佛陀波利:罽宾国(古西域国名,在今喀布尔河下游流域克什米尔一带)人,远闻

中国五台山文殊师利灵迹,于唐高宗时入唐,抵达五台,虔诚礼拜。后返本国,取得《佛顶尊胜陀罗尼经》,再到中国,并亲自送到五台山。

[29] 仪凤元年:仪凤,唐高宗年号。仪凤元年,公元 676 年。

[30] 金刚界:佛教密宗有金刚界、胎藏界两部。按密宗的说法,宇宙万物都是大日如来的显观,表现其"智德"的方面称为"金刚界"。因为其"智德"能摧毁一切烦恼,所以喻为"金刚"。金刚界部以《金刚顶经》为根本经典,胎藏界部则以《大日经》为根本经典。

[31] 曼荼罗:梵文音译,意译为"坛"、"坛场"。印度密教修"秘法"时,为防止"魔众"侵入,在修法处画一圆圈或建土坛,有时还在上面画上佛菩萨像,这种修法的地方或坛场称曼荼罗。中国、日本等把佛、菩萨像画在纸帛上,也称曼荼罗。实际上,曼荼罗就是密宗所臆想的一种佛神群居图。

[32] 贞元戒律院:唐德宗贞元年间(785—804)。竹林寺创立时开设的戒律院,因以贞元为名,为竹林寺六院之一。贞元戒律院的万圣戒坛,为皇帝敕许的国家戒坛。按圆仁《行记》开成三年十月十九日条记载,当时天下仅有洛阳终(南)山琉璃坛及五台山两处戒坛。因此,远方僧侣来此受戒者甚多,跟随圆仁入唐的日僧惟正、惟晓也是在这里受的具足戒。

[33] 国家功德七十二贤圣:按佛家之说,功德即功能福德。国家功德指德高且于国家有功之人。七十二是古代常用的数字,为天地阴阳五行的成数。泰山封禅七十二家、孔子七十二弟子等都是用的这个成数。这里所说的七十二贤圣的具体人名不可考。《广清凉传》卷下《高德僧事迹十九之余》法兴条,记法兴于佛光寺造弥勒大阁,其中绘塑七十二位圣贤像。据此,则当时五台山寺院中供有七十二尊贤圣像,似已有定式。

[34] 押坛老宿:老宿,对长老的尊称。押坛老宿,指管领戒坛的长老,精通戒律,为受戒者授戒。

[35] 夏腊:原文无"腊",疑为笔漏。夏腊,又称法腊、戒腊、法岁,指僧人受戒出家后的年数,即僧龄。

[36] 中天竺:天竺,印度古称。天竺分东、西、南、北、中五部。

[37] 那兰陀寺:古印度王舍城东的著名寺院,在今印度比哈尔邦巴腊贡地方。盛时,主客僧众常达万人,名僧辈出,成为古印度佛教最高学府。中国的玄奘、义净等人也曾来此就学多年。12 世纪被毁。

[38] 圆光、摄身光:圆光,放自佛菩萨顶上的光,形如圆轮。摄身光,则指佛菩萨周身的光。五台台顶都在海拔三千米左右,当风清日朗之时,往往可见到五彩缤纷的椭圆形光圈,光圈中映出人影。这个光圈,气象学上称为"蛾嵋宝光"。这种自然景色,被僧人附会为佛光。

[39] 此寺不属五台:这一句,手稿本"寺"作"等";卷三"寺"也作"等",但"等"旁有

"寺"字。按上下文意,似以"寺"为妥。从地理位置说,竹林寺在五台山腹地,理当属于五台。《广清凉传·五台境界寺名圣迹六》记"今益唐来寺六",首为竹林寺,可见宋代竹林寺也属五台。圆仁此处明言竹林寺不属五台,可能当时竹林寺为天下仅有二戒坛之一,因而与五台山区别开来;也可能指不属五台中心台怀镇。

[40] 齐州灵岩寺:齐州,今山东省济南市。唐代,长清县(今山东省长清县)属齐州,境内有灵岩寺,北魏时建,今尚存。

[41] 常住三宝:法无生、灭、变迁,谓之常住,佛、法、僧谓之三宝。

[42] 金莲:金色的莲花。《观天量寿经》:"行者命欲终时,阿弥陀佛与诸眷属持金莲华,化作五百化佛,来迎此人。"因此,佛家作法事时,以会莲为法器。

[43] 蠡钹:即铙钹。钹,圆形铜板,中央部分呈碗形隆起,中间有孔,穿绳以便抓握,两个相击,音量洪大。

[44] 同音作梵:梵,这里指梵呗,意译为赞叹,即读经或赞佛之声,音韵屈曲升降。"同音作梵",众人声调相同地赞佛或读经。

[45] 摩诃般若波罗密:梵文,意译为大慧到彼岸。此处似指《摩诃般若波罗密经》,为罗什译。

[46] 释迦牟尼佛:释迦牟尼,佛教创始人,姓乔答摩,名悉达多。释迦,种族名,意为"能"。牟尼,也译"文",尊称,意为"仁"、"儒"、"忍"、"寂"、"寂默"。"释迦牟尼",合为"能仁"、"能儒"、"能忍"、"能寂"等,意为释迦族的"圣人"。"释迦牟尼"是佛教徒对他的尊称。相传他是古印度北部迦毗罗卫国(在今尼泊尔南部提罗拉科特附近)净饭王的太子,幼时受传统的婆罗门教育。29岁(一说19岁)时,有感于人世生、老、病、死各种苦恼,又对当时婆罗门教不满,舍弃王族生活,出家修道。35岁(一说30岁)时,达到觉悟,各处传教,并组成适应传教的僧团,奠定原始佛教的基本教义。80岁时于拘尸那迦城逝世。起始,被看作"先觉者",尊之为佛,后渐被神化。关于他的生卒年代,推断为前565年至前485年,约与中国孔子同时。南传佛教或作前623年至前544年,或前622年至前543年。

[47] 弥勒尊佛:弥勒,梵文音译,意译慈氏。佛教传说,弥勒将继承释迦佛位为未来佛。

[48] 普贤菩萨:亦译编吉,佛教菩萨名。中国佛教四大菩萨之一,释迦牟尼佛的右胁侍,专司"理"德,其塑像多骑白象。

[49] 地藏菩萨:佛教菩萨名。《地藏十轮经》说他"安忍不动犹如大地,静虑深密犹如秘藏",所以名为地藏。据说他受释迦牟尼佛的嘱咐,在释迦既灭、弥勒未生之前,自誓必尽度六道众生,拯救诸苦,始愿成佛。中国佛教把他作为四大菩萨之一,相传其显灵说法的道场在安徽九华山。据《宋高僧传》卷二十等载,地藏菩萨降诞为新罗国王族,姓金名乔觉,出

家后于中国唐玄奘时来九华山,居数十年圆寂,肉身不坏,以全身入塔。九华山之月(肉)身殿,相传即为地藏成道之处。

[50] 摩诃萨:梵文音译,意译为大有情,菩萨的通称。

[51] 二十八天释梵王:佛教说法,欲界之六天、色界之十八天及无色界之四天,统称二十八天。释即帝释,又称天帝释、帝释天,佛教护法神之一,为忉利天之主。梵王,又称梵天、大梵天王,原为婆罗门教、印度教的创造之神。佛教产生后,被吸收为护法神,为色界初禅天之王,常住佛之右边为右胁侍,持白拂。

[52] 庄严:《探玄记》:"庄严有二义,一是具德义,二是交饰义。"可见,装饰佛像等称庄严,以功德积身也称庄严。

[53] 法界众生:法界,佛教名词,有多种含义。在这里,法泛指一切事物和现象,包括物质的和精神的,存在的和不存在的,过去的、现在的和未来的。界指分界,即事物的类别。所以,"法界"泛指世界一切的各类事物。众生,也有多种含义,这里泛指众生命。"法界众生",指世界各种生物。

[54] 施食咒愿:僧众吃斋时唱愿施食之咒文,称为施食咒愿。

[55] 上座:有三种用法:一、对法腊(出家年岁)高者的尊称;二、对有德行僧人的尊称;三、全寺之长。

[56] 行水饬口:按佛家戒律,斋食前后,须洗手、饬口。行水饬口指此。

[57] 摩诃般若波罗密多:即摩诃般若波罗密,见注[45]。

[58] 学词:表叹师唱一句,大众照词一同再唱一句,称为学词。

[59] 铺严道场:道场庄严铺设之意。

[60] 法事:也称佛事,指念经、供佛、施僧、拜忏、为人追福等佛教仪式。

[61] 药食:戒律规定,僧人午后不食,所以晚间之粥称为药食,意思是治疗饥渴病用。药食又称药石。

[62] 十二上愿药师琉璃光佛:药师琉璃光佛,佛名,也称药师佛、大医王佛、医王善逝等,是东方净琉璃世界的教主。《药师经》称他曾发过十二上愿,要满足众生一切欲望,拔除众生一切痛苦。

[63] 《散花供养之文》:供养佛、菩萨所唱散花音曲之词,如:"散花庄严净光明,庄严宝花以为帐。散众宝花偏十方,供养一切诸如来。""愿我在道场,香花供养佛。……"

[64] 同音念"阿弥陀佛:阿弥陀佛,佛名,净土宗称他是西方极乐世界的教主,能接引念佛人往生"西方净土",所以又称接引佛。还有十三个名号,即:无量寿佛、无量光佛、无边光佛、无碍光佛、无对光佛、焰王光佛、清净光佛、欢喜光佛、智慧光佛、不断光佛、难思光佛,

无称光佛、超日月光佛。密教则称为甘露王。净土宗宣称,只要"持名"念佛,便可以往生极乐世界。法照创立五会念佛,以抑扬顿挫的音调念,风行全国。这里所说法照建立的竹林寺"同音念阿弥陀佛",自然是五会念佛,即:第一会,除乱意(平声念南无阿弥陀佛);第二会,高声,遍有缘(高声,调子有缓有急);第三会,响飏,能里雅(不缓不急);第四会,和鸟,真可怜(渐次急);第五会,震动,天摩散(急唱阿弥陀佛四字)。

[65] 相替:手稿本原文为"相赞",疑"赞"为"替"之误。

[66] 写取别处:即写取在别处,指圆仁的《请贤圣仪文并诸杂赞》一卷。

[67] 法用:捐方法。

[68] 道场供养音声:指五日晚间立礼七十二遍,奉请七十二贤圣所唱之文。

[69] 惟正、惟晓:随圆仁入唐,为圆仁弟子。原文"晓"上无"惟"字,疑笔漏。

[70] 具足戒:又称大戒,指佛教僧尼戒律。与沙弥、沙弥尼所受十戒相比,戒品具足,所以称具足戒。戒条数目不一。隋唐以后,中国僧尼依《四分律》规定,比丘戒二百五十条,比丘尼戒三百四十八条。出家人依戒法规定受持此戒,便取得正式僧尼资格。

[71] 贤座主:即下文提到的法坚座主。

[72] 《摩诃止观》:佛教书名,天台宗三大部之一。天台大师智者说,弟子章安记之。有十卷,开为二十卷。

[73] 志远和尚:志远(768—844?),俗姓宋,汝南(今河南省汝南县)人,二十八岁出家,初学荷泽禅,后归天台宗,在五台山大华严寺四十年,弘传天台。所著有《法华疏》等。《宋高僧传》卷七、《广清凉传》卷下,均有传。

[74] 西京:此处指长安(今陕西省西安市)。

[75] 天台宗:中国佛教宗派之一,实际创始人是陈隋之际的智顗,因为他常住浙江天台山,所以称天台宗。又因此宗以《法华经》为主要经典,又称法华宗。

[76] 最澄:(767—822),日本天台宗创始人,又称睿山大师、根本大师、山家大师、澄上人。俗姓三津首,近江(今滋贺县)人。幼年出家,游学奈良,在东大寺受具足戒,后入比睿山建日技山寺,临山城高雄寺讲天台宗教义。804年,与空海等人入唐求法,为日本入唐八家之一。翌年回国,正式创立日本天台宗。

[77] 三藏:佛教中最高学位。在佛教中,通晓佛法,能为人讲说的人,称为法师。较高的,精通经藏的称为经师,精通律藏的称为律师,精通论藏的称为论师。遍通经、律、论三藏的学法,称为三藏法师。

[78] 贞元二十年:贞元,唐德宗年号。贞元二十年,804年。

[79] 陆公:陆淳(?—805),字伯冲,后改名质。吴郡(今江苏省吴县)人,唐代著名经学家,曾为国子博士,后历任信州、台卅刺史。

［80］　南岳大师：慧思(515—577)，南北朝僧人，天台宗三祖。俗姓李，武津(今河南上蔡县)人。十五岁出家，因东魏及北齐战乱，从北方转移到南方，定居于南岳衡山，也称南岳大师。他大量吸收了中国和印度的神仙方士一套迷信佛教手法，由此而有他生日本之传说。

［81］　六时礼忏：昼三时(晨朝、日中、日没)及夜三时(初夜、中夜、后夜)，合为六时。礼忏，礼拜三宝，忏悔所造之罪。

［82］　修"法花三昧"："三昧"即精义的意思。天台宗以《法华经》为主要经典，以"三谛圆融"为《法华经》的精义，称为"法华(花)三昧"。所谓"三谛圆融"，即空谛、假谛、中谛的统一。在天台宗看来，一切事物都由因缘而生，没有永恒不变的实体，这叫空谛；一切事物虽无永恒不变的实体，却有如幻如化的相貌，这叫假谛；空、假不可分离，非空非假，叫做中谛(中道)。这三谛可以由"心"统一起来，随便举起一个事物，都可以认为既是空，又是假，又是中，所以称为"三谛圆融"。为了证得"法华三谛"，设立道场，奉行一定仪式，称为行"法华三昧"，又称修"法华三昧"。

［83］　"一心三观"：天台宗的基本教义之一。在心中同时观悟空、假、中三谛，观空即观假、中，观假即观空、中，观中即观空、假，称为"一心三观"。

［84］　涅槃相：涅槃，梵文音译，意译为"灭"、"灭度"、"寂灭"、"无为"等，是佛教全部修习所要达到的最高理想，一般指熄灭生死轮回而后获得的一种精神境界，大乘佛教把涅槃当作成佛的标志。在佛教史籍中，通常也作死亡的代称。涅槃相，指释迦牟尼佛进入涅槃之相。据说，佛八十岁时，在中天竺拘尸那城跋提河边娑罗树之间，讲经一日一夜后入定，头北面东，右肋而卧，中夜入灭。此时，四边娑罗双树开白花，如白鹤群居。

［85］　摩耶：相传是释迦牟尼生母，天臂国善觉王之女，迦毗罗卫国净饭王的王后。据说，生下释迦牟尼后，七日而没，生于忉利天。

［86］　四王八部龙神：四王，也称四天王。印度佛教传说，须弥山腰有一山，名犍陀罗山，山有四峰，各有一王居之，各护一天下，东方持国天王，南方增长天王，西方广目天王，北方多闻天王，共四天王，俗称"四大金刚"。八部龙神：一天众；二龙众，畜类，水属之王；三夜叉，飞行空中的鬼神；四乾闼罗，帝释天之乐神(奏俗乐)；五阿修罗，常与帝释战斗之神；六迦楼罗，译为金翅鸟；七帝释天之歌神(奏法乐)；八大蟒神，即地龙。这八部中，以天龙之神最灵验，所以称为天龙八部或龙神八部。

［87］　相：中文、日文均无此字。日人注解，或为担、捏、摸、把，可供参考。

［88］　天台大师：即天台宗实际创始人智𫖮。智𫖮(538—597)，俗姓陈，祖籍颍川(今河南许昌)，其父陈起祖，梁元帝时封益阳侯(一说封孟阳公)。智𫖮出家后，创建了中国佛教史上的第一个宗派天台宗，后世称为天台大师。因隋炀帝赠给智𫖮以"智者"的称号，又称智者大师。

［89］　加被：佛教术语，意思是：神佛之力加于众生而助之。加祐，加备，义与加被同。

　　二十八日：入平谷，西行三十里。巳时，到停点普通院前，始望见中台顶，此即文殊师利所居清凉山五台之中台也。伏地遥礼，不觉雨泪。远望台顶，圆高，不见树木。便入停点普通院，礼文殊像。见西亭壁上题名云："日本国内供奉翻经大德灵仙，元和十五年九月十五日到此兰若。"午时，入食堂斋，见上僧座安置文殊像，不见置宾头卢[1]座，怪而问众僧，乃云："此山诸(寺)，尽如是矣。"斋后，见数十僧游南台去。一上时，晴天忽阴，风云斗暗，雹雨降临。晚际，见其归来，被雹打破笠子，浑身湿而来。自今月二十三日申时始入山，至于今日，每日入山谷行，经六日始得到此五台。由二月十九日离赤山院，直到此间，行二千三百余里，除却歇日，正在路行得四十四日也。惭愧，同行并无病累。

　　二十九日：院中有百僧斋，亦同赴请。又因台州国清寺僧巨坚巡台归本寺，付二封书送圆载上人所。

　　五月一日：天晴，巡五台去。从停点普通(院)西行十七许里，向北，过一高岭，行十五里，到竹林寺断中。仍见诸州来求受戒沙弥数十人在寺候。日斋后巡礼，寺有般舟道场，曾有法照和尚于此堂修念佛三昧[2]，有敕：谥号"大悟和尚"，迁化来近二年[3]，今造影安置堂里。又画佛陀波利仪凤元年到山门见老人之影。花严院佛堂有金刚界曼荼罗一铺。

　　二日：入贞元戒律院，上楼，礼国家功德七十二贤圣诸尊曼荼罗，彩画精妙。次，开万圣戒坛巡看，纯用白玉石作，高三尺而八角，以香泥筑填坛底。坛上，敷一张五色丝毯，亦八角[4]，阔狭共坛恰齐。押坛老宿法讳灵觉，生年一百岁，七十二夏(腊)貌骨非凡，是登坛大德，见客殷勤，见(说)："去年六月，中天竺那兰陀寺三藏三人来巡礼五台，见五色云、圆光、摄身光，归天竺去。"此竹林寺有六院：律院、库院、花严院、阁院、佛殿院和般若道场。一寺都有四十来僧。此寺不属五台。

五月五日：有七百五十僧斋，诸寺同设，并是齐州灵岩寺供主所设矣。晚际，随喜[5]。

十四日：夜，惟正、惟晓，共数十人于白玉坛上受具足戒。

十六日：早朝，出竹林寺，寻谷东行十里，向东北行十余里，到大花严寺，入库院住。斋后，到涅槃院，见贤座主于高楼上讲《止观》，讲第四卷欲终，有三十余僧同听。便见志远和尚在讲下听《止观》。其殿内外庄严，精丽难名。待下讲，礼拜志远和尚及座主、同听众僧等。和尚等慰问殷勤。座主新从西京来，文鉴座主久住山，曾讲《止观》《法花经》数遍，诸听众是远和尚门下，不或有诸方来听者[6]。志远和尚云："贞元二十年，见日本国最澄三藏入天台求法，台州刺史陆公，自出纸墨及书，手写数百卷与澄三藏，三藏兼得印信[7]，却归本国。"云云。便问日本天台宗兴盛之事，因粗陈南岳大师生日本弘法之事。远和尚及大众甚喜欢。大花严寺十二院，僧众至多，皆以远和尚为首座主。和尚不受施利，日唯一飡[8]，戒行清高，六时礼忏，不阙一时，而常修"法花三昧"、"一心三观"，以为心腑，志超物外。遍山诸寺老宿，尽致钦敬。看其深意，一生欲得见普贤菩萨，证"法花三昧"也。吃茶后，入涅槃道场，礼佛涅槃相——于双树下右胁而卧，一丈六尺之容，摩耶夫人闷绝倒地之像，四王八部龙神、天人[9]及诸圣众，或举手悲哭之形，或闭目观念之貌，一切依经相作。次，入般若院，礼文鉴座主，兼礼天台大师影。鉴座主相喜不已，乃云："此寺开二座讲，弘传天台教。感见远国僧求天台教来至此处，甚有感应哉。"更见大鞋和尚影，曾在此山修行，巡五台五十遍，又曾在中台顶冬夏不下，住顶三年，遂得大圣加被。着大鞋，高一尺五寸，大一，量则二十五斤；小一，量则十斤[10]，见（现）在影前。和尚曾造一万五千具衣披，施一万五千僧，设七万五千供。今置影于高阁上供养。

十七日：延历寺未决三十条[11]，呈上志远和尚，请决释。远和尚云："见说，天台山已决此疑，不合更决"，不肯通矣。晚际，与数僧上菩萨堂院[12]，见持念和尚，年七十[13]，见可四十来（岁）也。人云："年高色壮，得持念之力"。开堂礼拜大圣文殊菩萨像，容貌颙然[14]，端丽无比，骑狮子像，满五间殿[15]。其狮子精灵生骨，俨然有动步之势，口生润气，良久观之，恰似运动矣。老宿云：初造此菩萨时，作了便裂。六遍相作，六遍颓裂。其博士[16]惆怅而云："吾此一才，天下共知，而皆许孤秀矣。一生来相作佛像，不曾见裂损之。今时作此像，斋戒至心，尽自工巧之妙。欲使天下人瞻礼，特为发心之境。今既六遍造，六遍皆摧裂，的应不称大圣之心。若实然者，伏愿大圣文殊菩萨，为我亲现真容，亲睹金颜，即仿而造[17]。"才发愿了，开眼见文殊菩萨骑金色狮子，现其人前，良久，乘五色云腾空飞去。博士得见真容，欢喜悲泣，方知先所作不是也。便改本样，长短大小容貌，髣取所现之相。第七遍相作此像，更不损裂，每事易为，所要者皆应矣。其人造此像了，安置此殿露光，眼中注泪，乃云："大奇！曾(从)来未曾见者，今得见也。愿劫劫生生[18]常为文殊师利弟子。"言竟身亡。向后，此像时时放光，频现灵瑞。每有相时，具录闻奏，敕施袈裟。今见披在菩萨体上者，是其一也。因此，每年敕使送五百领袈裟，表赐山僧。每年敕使别敕送香花宝盖，真珠幡盖，珮玉宝珠、七宝宝冠、金缕香炉、大小明镜、花毯白氎、珍假花果等。积渐已多，堂里铺列不尽之余者，总在库贮积，见(现)在。自余诸道州府，官私施主，每年送者，不可胜数。今五台诸寺造文殊菩萨像，皆照此像之样，然皆百中只得一分也。其堂内外，七宝伞盖当菩萨顶上悬之，珍彩花幡，奇异珠鬘等，满殿铺列。宝装之镜，大小不知其数矣。出到殿北，望见北台、东台，圆顶高耸，绝无树木，短草含彩，遥望观之，夏中秋色。却到堂前，遥望南台，亦无树木，台顶独秀，与碧天连接，超然出于众峰之外。西台隔中台，望不见也。于菩萨堂前，临崖有三间亭子，地上敷板，西面高栏，亭下便是千仞之岸，险峻。老宿云："昔者日本国灵仙三藏于此亭子奉见一万菩萨。"遍礼讫，到阁院见玄亮座主，从四月始讲《法花经》兼天台疏，听众四十余人，总是远和尚门下。朝座阁院讲《法花经》，晚座涅槃院讲《止观》，两院之众，互往来听。从诸院来听者甚多。当寺上座僧洪基共远和尚同议，请二座主开此二讲，实可谓五台山大花严寺是天台之流也。共众僧上阁礼拜功德，阁之内外庄严，所有宝物，与菩萨堂相似也。见辟支佛[19]顶骨，其色白黯色，状似本国轻石，骨内坚实，大二升，桄(碗)许大，见是额已(以)上之骨。上生白发，长五分许，似剃来更生矣。西国僧贞观[20]年中将来者也。兼有梵夹[21]《法花经》，又，佛舍利[22]置之于琉璃瓶里。金字《法花》，小字《法花》，精妙极也。阁前有塔，二层八角，庄严殊丽，底下安置阿育王[23]塔，埋藏地下,不许人见,是阿育王所造八万四千塔之一数也。次,入善住阁院随喜。有禅僧五十余人,尽是毳衲锡杖,各从诸方来巡者也[24]。敕置镇国道场[25],有天台宗僧讲《四分律》[26],亦是远和尚门下。

十八日:赴善住阁院,(院)主请到彼断中,仍见从台州国清寺将来书。先于楚州[27]付留学僧圆载上人,送天台山延历寺未决三十条,国清寺修座主[28],已通决之,便请台州印信,刺史押印已了。修禅寺[29]敬文座主[30]具写,送台山弘天台诸德。兼日本国无行和尚[31]送天台书,及天台修座主通决已毕,请州印信之书,台州刺史批判[32]与印信之词,具写付来。

二十日:始巡台去。从花严寺向西上坡,行七里许,到王子寺[33]吃茶。向西上坡,行六七里,至玉花寺[34]。更向西上坡十余里,到中台。台南面有求雨院,从院上行半里许到台顶。顶上近南,有三铁塔,并无层级、相轮[35]等也。其体一似复钟,周围四抱许。中间一塔,四角,一丈高许,在两边者团圆,并高八尺许,武婆天子[36]镇五台所建也。武婆者,则天皇是也。铁塔北边,有四间堂,置文殊师利及佛像。从此北一里半,是台顶中心,有玉花池,四方各四丈许,名为龙池。池中心小岛上有小堂,置文殊像,时人呼之龙堂。池水清澄,深三尺。来在岸边,见底砂净洁,并无尘草。台顶平坦,周围可百町[37]余,超然而孤起,犹如隽[38]出。台形圆耸,于此望见余之四台。西台、北台去中台稍近。下中台向北上坡,便是北台之南崖。又下中台,向西上坡,便是西台之东崖也,三台地势近相连。东台、南台,去中台并五十来里。中台东脚长岭,高低屈曲,逦迤向南五十里地,便与南台西北脚连。北台东北脚岭,下而复上,高低长岭,参差向东四十余里,便与东台西脚连。然五台高,显出众岭之上。五台周围,五百里外,便有高峰重重,隔谷高起,绕其五台而成墙壁之势,其峰参差,树木郁茂。唯五顶半腹向上,并无树木。然中台者,四台中心也。遍台水涌地上,软地上软草,长者一寸余,茸茸稠密,复地而生,塌之即伏,举脚还起。步步水湿,其冷如冰,处处小洼,皆水满中矣。遍台砂石,间错石塔无数[39],细软之草,间莓苔而蔓生。虽地水湿,而无卤泥,缘莓苔软草,布根稠密,故遂不令游人汗其脚。奇花异色,满山而[40]开。从谷至顶,四面皆花,犹如铺锦。香气芬馥,熏人衣裳。人云:"今此五月,犹寒,花开未盛。六七月间,花开更繁。"云云。看其花色,人间未有者也。从台顶东,下坡半里许,有菩萨寺,夏有粥饭,只供巡台僧俗。从铁塔前向西渐下路,行十余里,下峻坂二里许,更上坂向西半里许,到西台供养院[41]。于院后有三大岩峰,险峻直秀,三峰并起,名曰香山[42]。昔天竺僧来,见此三蜂,乃云:"我在西国,久住香山,今到此间,再见香山,早出现此乎?"从供养院向西,上坂五六里,到西台顶。台顶平坦,周围十町许。台体南北狭,东西阔,东西相望,东狭西阔。台顶中心,亦有龙池,四方各有五丈许,周二丈许。莓苔软草,条石石塔,奇异花草,不异于中台。地上水涌,潜停于草下,洼处水停。三方崖峻,而东岸逦迤渐下,与中台脚根连。从台西下坂,行五六里,近谷有文殊与维摩对谈处[43]。两个大岩,相对高起,一南一北,高各三丈许,岩上皆平,皆有大石座。相传云文殊师利菩萨共维摩相见对谈之处。其两座中间,于下石上,有狮子蹄迹,塌入石面,深一寸许。岩前有六间楼,面向东造。南头置文殊像,骑双狮子。东头置维摩像,坐四角座,老人之貌,顶发双结,幞色素白而向前复,如戴莲荷;着黄丹衣及白裙,于衣上袭披皮裘,毛色斑驳而赤、白、黑;两手不入皮袖,右膝屈之,着于座上,竖其左膝而踏座上,右肘在案几之上,仰掌以申五指,左手把尘尾,以腕押左膝之上,开口显齿,似语笑之相。进于座前,西边有一天女,东边有一菩萨[44],手擎钵,满盛饭而立。又,于此楼前,更有六间楼相对矣。人云:"见化现时之样而造之矣。"楼东行百步许,有八功德池[45]。水从大岩底涌。巡看至夜,却到供养院宿。

二十一日:斋后,却到中台菩萨寺吃茶。向东北遥望,谷底深处数十町地,见白银之色,人云:"是千年冻凌,年年雪不消,积为冻凌。"谷深而背阴,被前岩遮,日光不曾照着,所以,自古以来,雪无一点消融之时矣。谷之前岭,便是中台之东脚也。从菩萨寺向北,傍中台之东岸,逦迤下坂十里来,又更上坂行十余里,到北台。台顶周围六町许,台体团圆。台顶之南头有龙堂,堂内有池,其水深黑,满堂澄净。分其一堂为三隔,中间是龙王宫,临池水上置龙王像。池上造桥,过至龙王座前。此乃五台五百毒龙之王。每台各有一百毒龙,皆以此龙王为君主。此龙王及民,被文殊降伏归依,不敢行恶。龙宫左右隔板坛,置文殊像。于龙堂前,有供养院,见有一僧,三年不饭,日唯一食,食泥土便斋[46],发愿三年不下台顶。有数个弟子。院前院俯临深谷,台崖参峨而可千刃[47]。此谷是文殊曾化现金钟宝楼之处,今呼为钟楼谷[48]。谷之西,原是中台东岸之底,谷南便是高岭。岭之北岸极险而深,至谷底千年冻凌,在幽底而皓晖。又向东南望,见大花严寺。台头中心,有则天铁塔,多有石塔围绕。软草莓苔,遍敷地上,隔三四步,皆有小井池无数,名为龙池,水涌沙底而清浅。正北、正东岸峻,高临深谷。北谷名之宋谷,曾有一僧[49],依天台智者"法花三昧"行法礼忏,得见普贤菩萨及多宝塔之处。南面虽险路,而有路可攀躇。西北岸渐下成堆[50],终为深谷。台顶东头有高阜,名罗汉台。遍台亦无树木。从罗汉台向东南下,路边多有燋石,满地方圆,有石墙之势,其中燋石积满,是化地狱之处[51]。昔者,代州刺史性暴,不信因果,闻有地狱,不信。因游赏,巡台观望,到此处,忽然见猛火焚烧岩石,黑烟冲天而起。焚石火炭赫奕而成廓,狱卒现前忩悃。刺史惊怕,归命大圣文殊师利,猛火即灭矣。其迹今见在,燋石垒为垣,周五丈许,中满黑石。

二十二日:斋后,傍北台东腹,向东北逦迤下坂,寻岭东行二十里许,到上米普通院[52]。在堂里忽见五道光明,直入堂中照,忽然不见矣。惟正、惟晓等同在堂,皆云不见物,奇之不已。斋后,寻岭向东,渐上坡二十里,来到东台,台东头有供养院,入院吃茶。向南上坂二里许,到台顶。有三间堂,垒石为墙,四方各五丈许,高一丈许。堂中安置文殊师利像。近堂西北,有则天铁塔三,基体共诸台者同也。台顶天龙池,地上亦无水,生草稍深。台顶周圆,四方各可十丈许。台体南北渐长,东西狭,北根长一里许。台南有岭,高低长连三里许。然台顶最高显而无树木。从台顶向东,直下半里地,于峻崖上有窟,名为那罗延[53]窟。人云:"昔者,那罗延佛于此窟行道,后向西去。"窟内湿润而水滴,广阔六尺,窟内黑暗,宜有龙潜藏矣。日晚,却到供养院宿。时欲黄昏,天色忽阴,于东谷底,自云蓰蒇,忽赤忽白而飞扬。雷声霹雳,在深谷纷斗。人在高顶,低头而视,风雨共雹乱坠,夜深而息。

二十三日:斋后下台,却到上米普通院,便向南直下坂,行十八里许入谷,更向东南行三四里,更向西谷行一里许,到金刚窟[54],窟在谷边。西国僧佛陀波利,空手来到山门,文殊现老人身,不许入山,更教往西国取《佛顶尊胜陀罗尼经》[55]。其僧却到西天取经,来到此山,文殊接引,同入此窟。波利才人,窟门自合,于今不开。窟岩坚密带黄色,当窟广[56]有高楼,窟门在楼下,人不得见。于楼东头,有供养院。窟广楼上有转轮藏[57],六角造之。见于《窟记》[58]:"窟内多有西天圣迹。维卫佛[59]时,香山摩利大仙[60]造三千种七宝乐器。其佛灭后,文殊师利将来,取此窟中。拘留秦佛[61]时,兜率天王[62]造钟,盛一百二十石,闻声者或得四果[63],或得初地[64]等。佛灭,文殊师利将此钟来,置此窟中。迦叶佛[65]时,造银箜篌,有八万四千曲调,八万四千曲调各治一烦恼。佛灭度后,文殊师利将此箜篌来,收入窟中。星宿劫[66]第二佛全身宝塔,一千三百级,文殊师利菩萨将此塔来,收入此窟。振旦国银纸金书[67]及百亿四天下文字[68],文殊菩萨收入此窟。"从窟上坂百步许,有文殊堂、普贤堂,此乃大超和尚[69]见金色世界之处也。日晚,却到大花严纲维寺,于涅槃院安置[70]。阁下一房,此则讲《法花经》座主玄亮上人房,座主因讲,权居阁院。远和尚及文鉴座主院,天台教迹、文书备足。

二十三日:始写天台文书日本国未有者。

六月六日:敕使来寺中,众僧尽出迎候。常例:每年敕送衣钵香花等使,送到山表,施十二大寺[71]细披五百领,绵五百屯,袈裟布一千端[72],青色染之,香一千两,茶一千斤,手巾一千条,兼敕供巡十二大寺设斋。

七日:于此寺设敕斋。斋后,转[73]《花严经》一部。晚际,敕使共数十僧上菩萨堂求化现,到涅槃院礼拜远和尚。

八日:敕使设斋,供一千僧。

九日:斋后,敕使到金阁寺。

十一日:今上德阳日[74],敕于五台诸寺设降诞[75]斋。诸寺一时鸣钟,最上座老宿五六人,起座行香。闻敕使在金阁寺行香,归京。

二十一日:天色放晴,空色青碧,无一点翳。共惟正、惟晓、院中数僧,于院阁前庭中见色光云,光明晖曜,其色殊丽,炳然流空,留于顶上,良久而没矣。院中数十僧,不出来者不得见。爰有汾州[76]头陀[77]僧、五台十二寺及诸普通兰若十年供养主[78],名义圆,因送今年供米,一[79]同见光瑞,注泪而出:"义圆发心,十年已来,每年送遍山供不阙,未曾见一相。今共外国三藏同见光云。诚知生处虽各在殊方,而蒙大圣化同有缘哉!从今已后,同结结缘[80],长为文殊师利菩萨眷属。"

二十九日:写天台教迹[81]毕,作目录[82]呈远和尚,命题法讳[83]。

七月一日:为往长安排比行李。见人说:"从五台往长安,向西南行二千余里,得到长安也。"斋前,拜远老宿及讲天台《止观》文句二座主及诸大众,讫。院主僧广初,设空饭[84]送路。斋后便发,院内大众相送到三门外[85],扪泪执手别矣。取竹林路，从竹林寺前向西南，逾一高岭，到保磨镇国金阁寺坚固菩萨[86]院，遍台供养主僧义圆，亦归汾州去，今日从花严寺续后来，同院宿。院僧茶语云："日本国灵仙三藏，昔住此院二年，其后移向七佛教诫院[87]，亡过。彼三藏自剥手皮，长四寸，阔三寸，画佛像，造金铜塔安置。今见在当寺金阁下，长年供养。"云云。

二日：共义圆供主等及寺中数僧，开金阁，礼大圣。文殊菩萨骑青毛狮子，圣像金色，颜貌端严，不可比喻。又见灵仙圣人手皮佛像及金铜塔，又见辟支佛牙[88]、佛肉身舍利[89]。当菩萨顶，悬七宝伞盖，是敕施之物。阁九间，三层，高百尺余，壁檐椽柱，无处不画，内外庄严，尽世珍异。颙然独出树林[90]之表。白云自在下而滟滟，阁层[91]超然而高显。次，上第二层，礼金刚顶瑜伽五佛[92]像。斯乃不空[93]三藏为国所造，依天竺那兰陀寺[94]样作，每佛各有二胁士[95]，并于板墙上列置。次，登第三层，礼顶轮王瑜伽会五佛[96]金像，每佛各一胁士菩萨。二菩萨作合掌像，在佛前，面向南立。佛菩萨手印容貌，与第二层像各异。粉壁内面，画诸重曼荼罗，填色未了，是亦不空三藏为国所造。瞻礼已毕，下阁到普贤道场，见经藏阁《大藏经》[97]六千余卷，总是绀碧纸、金银字、白桱玉牙之轴。看愿主题云："郑道觉，长安人也。大历十四年[98]五月十四日巡五台，亲见大圣、一万菩萨及金色世界，遂发心写金银字《大藏经》六千卷。"云云。亦有画脚迹千辐轮相[99]，并书迹之根由云："贞观年中，太宗[100]皇帝送袈裟使[101]到天竺，见阿育王古寺石上有佛迹，长一尺八寸，阔六寸，打得佛迹来，今在京城，转画来此安置。"云云。次，开持念曼荼罗道场，礼拜尊像。此则不空三藏弟子含光[102]，为令李家昌运长远，奉敕持念修法之道坛。面三肘[103]，以白檀汁和泥涂作，每风吹时，香气远闻。金铜道具甚多，总著坛上。次，开普贤堂，礼普贤菩萨像。三象并立，背上安置一菩萨像。堂内外庄严，彩画镂刻，不可具言。七宝经函、真珠绣佛，以线串真珠绣着绢上，功迹奇妙。自余诸物，不暇具录。礼看毕，却到院断中。斋后，共供主头陀僧义园等数人，同为一行，向南台去。从金阁寺[104]西，去寺五里，有清凉寺[105]，今管南台。此五台山都号清凉山，山中造寺，此寺最初，故号清凉寺，寺中有清凉右。被头陀引向南台去，不得到彼寺。出金阁寺三门，寻岭向南上坡，行二十里，到南台西头。向东，傍台南岸行四五里，到台上，并无树木。台东南侧有供养院。从院向北上坡三百步许，方到台顶。于三间堂内,安置文殊菩萨像,白玉石造,骑白玉狮子。软草稠茂,零陵香花[106],遍台芳馥。台体西北及东南,长岭高低逦迤而渐远,东西北面峻崖,临于邃谷。在顶向北,遥见四台,历然在眼前。回首遍观,五顶圆高,超然秀于众峰之上。千峰百岭,松杉郁茂,参差间出五顶之下。深溪邃谷,不见其底,幽泉洞水,但闻流响。异鸟翱翔众峰之上,羽翼凌高而飞台上顶者稀矣。五顶之地,五百里[107]外,四面皆有高峰,帐列围拥五台而可千里,并其锋刃而有重炉周绕之势。峰谷重重,不知几重。且从东入台山[108],入山谷行五百里,上至岇岩之顶,下到深谷之底,动经七日,方得到五台山地。其余三方四维[109],亦是远涉山谷,方到五台。诚知五台山乃万峰之中心也。五百毒龙,潜山而吐纳风云。四时八节[110],辄雷、雹频降矣。天色急晴,游人不见长明之光景。每晴明时,观于五台,是浅黄之色,台上忽见一点云起,俄尔之间,重云遍山。

入此山者,自然起得平等之心。山中设斋,不论僧俗男女大小,平等供养。不考其尊卑大小,于彼皆生文殊之想。昔者,大花严寺设大斋。凡俗男女、乞丐、寒穷者,尽来受供。施主憎嫌云:“远涉山坡,到此设供,意者只为供养山中众僧,然此尘俗乞索儿等,尽来受食,非我本意。若供养此等乞(丐),只令本处设斋,何用远来到此?”山僧劝令皆与饭食。于乞丐中,有一孕女,怀妊在座,备受自分饭食讫,更索胎中孩子之分。施主骂之,不与。其孕女再三云:“我胎中儿虽未产生,而亦是人数,何不与饭食?”施主曰:“你愚痴也。肚里儿虽是一数,而不出来。索得饭食时,与谁吃乎?”女人对曰:“我胎里儿不得饭,即我亦不合得吃。”便起出食堂。才出堂门,变作文殊师利[111],放光照曜,满堂赫奕皓玉之貌,骑金毛狮子,万菩萨围绕,腾空而去。一会之众,数千之人,一时走出,茫然不觉倒地,举声忏谢,悲泣雨泪,一时称唱“大圣文殊师利”,迄于声竭喉涸,终不蒙回顾,仿佛而不见矣。大会之众,餐饭不味,各自发愿:从今已(以)后,送供设斋,不论僧俗、男女、大小、尊卑、贫富,皆须平等供养。山中风法,因斯置平等之式。自余灵化,频现多瑞,天下共知。今见斋会于食堂内,丈夫一列,女人一列,或抱孩儿,儿亦得分;童子一列;沙弥一列;大僧一列;尼众一列,皆在座上受供养。施主平等行食。有人分外多索,亦不怪之,随多小皆与之也。

山中多寒,五、六、七月,遍五台五百里内,奇异之花,开敷如锦,满山遍谷,香气熏馥。每台多有葱韭生。昔者,孝文皇帝[112]住此五台游赏,文殊菩萨化为僧形，从皇帝乞一座具地[113]。皇帝许之。其僧见许已，敷一座具，满五百里地。皇帝怪云："朕只许一座具地，此僧敷一座具遍满五台，大奇。朕不要共住此处。"遂以葱韭散五台上，便出山去。其僧见后，将零陵香子散葱韭之上，令无臭气。今见每台遍生葱韭，总不闻臭气，有零陵香满台生茂，香气氛氲，相传云："五台五百里，敷一座具地"矣。

今在南台上，共头陀等数十人，同求大圣化现，及夜不见，遂归院宿。初夜，台上，东隔一谷，岭上空中，见有圣灯一盏。众人同见而礼拜。其灯光，初大如钵许，后渐大如小屋。大众至心，高声唱大圣号。更有一盏灯进谷现，亦初如笠，向后渐大。两灯相去，远望十丈许，灯光焰然，直至半夜，没而不现矣。

三日：斋后，共头陀等，同为一行，头陀云："相送直到汾州，在路与作主人。"从台顶向南下，行十七里许，于谷里有一院，屋舍破落无人，名为七佛教诫院[114]，院额题云："八地超兰若"[115]。日本僧灵仙，曾居此处，身亡。渤海[116]僧贞素哭灵仙上人诗，于板上书，钉在壁上。写之于后：

哭日本国内供奉大德灵仙和尚诗并序□□渤海国僧贞素

起余者，谓之应公矣[117]。公，仆而习之，随师至浮桑[118]。小而大之，介立见乎缁林[119]。余亦身期绛物，负笈来宗霸业[120]。元和八年[121]，穷秋之景，逆旅相逢[122]，一言道合，论之以心[123]。素至于周盐，小子非其可乎[124]？居诸未几，早向鸰原[125]，鹡鸰之至，足痛乃心[126]。此仙大师是我应公之师父也[127]。妙理先契，示于元元[128]。长庆二年，入室五台[129]。每以身厌青淤之器[130]，不将心听白猿之啼[131]。长庆五年，日本大王远赐百金，送至长安[132]，小子转领金、书，送到铁勤[133]。仙大师领金讫，将一万粒舍利、新经两部、造敕五通等，嘱咐小子，请到日本答谢国恩。小子便许。一诺之言，岂惮万里重波。遂得钟无外缘，期乎远大[134]。归回之日，又附百金。以太和二年四月七日，却到灵境寺求访[135]。仙大师亡来日久，泣我之血，崩我之痛，便泛四重溟渤，视死若归[136]。连五同行李，如食之顷者，则应公之原交所致焉[137]。吾信始而复终，愿灵凡分表悉[138]：空留涧水呜咽千秋之声，仍以云松惆怅万里之行[139]。四月蓂落，如一首途望京之耳[140]。

不航尘心泪自涓[141]，情因法眼奋幽泉[142]。

明朝傥问沧波客[143]，的说遗鞋白足还[144]。

太和二年四月十四日书

于小窟中安置七佛像。当窟广有一堂，堂南边有一小菴室，于堂下有二屋，并破落，庭地荒芜而无人。昔于此窟前，七佛现矣。南行三里许，到大历灵境寺、向老宿问灵仙三藏死处。乃云："灵仙三藏先曾多在铁勤兰若及七佛教诫院。后来此寺住浴室院，被人药，致中毒而亡过。弟子等埋殡，未知何处。"云云。于寺三门西边，有圣金刚菩萨像。昔者，于太原[145]、幽、郑等三节度府，皆现金刚身，自云："我是楼至佛[146]，身作神，护佛法，埋在地中，积年成尘。再出现，今在台山灵境寺三门内。"三州节度使惊怪，具录相貌，各遣使令访。有二金刚在寺门左右，其形貌体气，一似本州所现，体色同。其使却到本道报之。遂三州发使来，特修旧像，多有灵验。具为碑文，写之在别[147]。进三门，侧乾角有山榆树，根底空溪成窟，名曰：圣钟窟。窟中时时发钟响，响发之时，山峰振动。相传云：斯是大圣文殊所化也。相传呼为圣钟谷。寺之正东，去寺十来里有高峰，号为宝石山。窟中多有小石，每石现圆光、摄身光、五色云，此亦圣人化现所致也。

四日：斋后，向西南人谷嵛岭，行十五里，到大历法花寺。重阁于峻崖上建立，四方崖面，尽是花楼宝殿，任地高低，堂舍比栉。经像宝物，绝妙难言。巡观诸院次，入法花院，见神通和尚[148]影。此和尚在生，依天台"法花三昧"行法修行，长念《法花经》，四十三年不出院，感得六根清净[149]，迁化数年矣。其影及所持《法花经》及三昧行法，并证得三昧坐处大椅子，并今见在。从法花寺西北十五里，有佛光寺[150]。

五日：斋后，西南行二里，到上房普通院宿。

六日：早发。向西南行五里许，向南遥望高岭，岩顶峣嶬，中心有一大孔，透见那畔之空。其孔远见如笠子许大，斯乃孝文帝射箭透过之处。向西南行七里许，到思阳岭[151]。昔仪凤元年，西天梵僧佛陀波利来到此处，雨泪遥礼台山，感得大圣化为老人，约令却回天竺取《佛顶》之处。今见建宝幢，幢上镌《佛顶陀罗尼》及序，便题波利遇老人之事。从思阳岭西南行十三里，到大贤岭[152]，于普通院断中,路从岭上过。当岭头,有重山门楼,此乃五台南山门也[153]。斋后,向西南行五里许,到代州所管五台县[154]。向西南行三十里,过胡渰河[155],到建安寺宿。

八日:斋后,向西南行三十里,到忻州定襄县七岩寺[156]宿。

九日:早发。西南行三十里许,到胡村[157]普通院断中,歇。

十日:早发。行三十里许,到宋村[158]普通院断中,行三十五里,到石岭镇[159]南关头普通院,宿。

十一日:早发。行三十里许,到大于[160]普通院断中。行三十五里,至蹋地店[161],宿。

十二日:五更发。行三十五里,到白杨[162]普通院断中。更行十五里,到三交驿[163]。歇次,入定觉寺庄,见水碾,名三交碾。更行十五里,到古城[164]普通院,宿。

十三日:平明发。行十五里,到太原府,属河东道。此则北京[165],去西京二千来里。北门入,到花严下寺住。见南天竺僧法达,从台山先在,自云:"我是鸠摩罗什[166]三藏第三代苗裔。"

五台山大花严寺僧下山来者,皆此寺(住)下,故名花严下寺。彼供养主义圆头陀,引到此寺。头陀自从台山为同行,一路已来,勾当饭粥茶,无所阙少。

十五日:赴四众寺主请,共头陀等到彼寺斋。斋后,入度脱寺巡礼盂兰盆会[167]。及入州,见龙泉。次,入崇福寺巡礼。佛殿阁下诸院,皆铺设张列,光彩映人,供陈珍妙。倾城人尽来巡礼,黄昏自恣[168]。

十六日:入开元寺。上阁观望,阁内有弥勒佛像,以铁铸造,上金色,佛身三丈余,坐宝座上。诸寺布设,各选其胜。

十七日:赴节度同十将[169]胡家请,共供主僧义圆到彼宅斋。诸寺盂兰盆会,十五日起首,十七日罢。

十八日:南天竺三藏法达,写取五台山诸灵化传、碑等,十八日欲向长安发去。头陀僧义圆,见(现)雇博士,自出帔袄子一领,画五台山化现图,拟付传日本国。为待画毕,不得发去。

十九日:随头陀赴女弟子真如性请,到宅断中。因同巡台来,今为主人。

二十二日：共头陀赴尼真如心宅斋，亦是同巡五台者也。

二十三日：共头陀赴尼真如大业寺律大德院斋。尼大德三人，亦共头陀同巡台来。

二十六日：画化现图毕。头陀云："喜遇日本国三藏同巡台，同见大圣化现。今画化现图一铺奉上，请将归日本供养，令观礼者发心，有缘者同结缘，同生文殊大会[170]中也。"斋后，辞别院中众僧，始向长安去。

【注释】

[1] 宾头卢：十六罗汉中的第一尊者，白头长眉。南北朝时，中国名僧慧远，在食堂中央安置宾头卢为上座，每日设食供奉。唐代，依名僧不空的奏请，按天竺诸寺的格式，以文殊为上座。

[2] 念佛三昧：佛教禅规之一，指以念佛为观想内容的一种禅定。据称，专心念佛（或称名念佛，或观想念佛，或两者结合），可以见到佛的形相，死后可往生佛国。

[3] 迁化来近二年：此处，手稿本身有误，参看卷二注[27]。

[4] "角"字下，手稿本原有"造"字，当为衍文，删去。

[5] 随喜：见人之善事，随之欢喜。又，游谒寺院，也称随喜。此处，应指卷二所述的参加竹林寺斋礼七十二贤圣仪式一事。

[6] 不或有诸方来听者：意思应为"不时有从诸方来听者"，即"常有从各处来听讲的人"。

[7] 三藏兼得印信：意思是说，最澄三藏除得到陆公手写的数百卷经之外，还得到陆公的印信。印信，相当于证明书。《台州录》有印信的原文："最澄阇梨……远求天台妙旨……处请当州印记。安可不为凭。大唐贞元廿一年二月廿日。朝议持节台州诸军事守台州刺史上柱国淳给书。"

[8] 飡：同飧，汤浇饭的意思。

[9] 天人：天上的人，佛家传说的天界生类之总称。

[10] "十斤"下原有"遍"字，当为衍文，删去。

[11] 延历寺未决三十条：延历寺，在日本比睿山。日本平安朝（781—1185），学问僧入唐，已不像前代那样毫无计划，他们对于入唐后请教什么问题，大体上已预先确定。关于天台宗的教义，延历寺有三十条疑问未能解决，圆仁便是带着这三十条入唐的。

[12] 菩萨堂院：即今菩萨顶真容院。

[13] "七十"下原有"遍"字，当为衍文，删去。

[14] 颙然：大貌。

〔15〕 "殿"字下原有"在"字,当为衍文,删去。

〔16〕 博士:对多才多艺之人的尊称,如后世称人为"师付"。按《广清凉传·安生塑真容菩萨十》载,此博士名安生,不知从何处来,得见文殊真容,因塑成文殊像。

〔17〕 "而"字下,手稿本原尚有"而"字,当为衍文,删去。

〔18〕 劫劫生生:劫,梵语音译,又作劫波,意为大时,即通常年月日时不能计算的远大时节。劫劫,无数的时间。生生,指无穷尽的流转轮回。《楞严经》三:"生死,死生,生生死死,如旋火轮,未有休息。"劫劫生生,实际上即永远的意思。

〔19〕 辟支佛:梵文,又译辟支迦佛、辟支迦佛陀,意译为独觉,因此佛不逢佛世而自然独悟。

〔20〕 贞观:唐太宗年号。

〔21〕 梵夹:又称经夹、梵筴。古印度佛家把经文写在贝多罗树的叶上,称为贝叶经。用厚板夹住贝叶经,以绳结之,称为梵夹。

〔22〕 舍利:梵文,又译室利罗、设利罗,意译为尸体或身骨。佛教名词,指释迦牟尼佛遗体火化之后结成的珠状物。后来,德行较高的和尚死后烧剩的骨头,也叫舍利。

〔23〕 阿育王:印度摩揭陀国孔雀王朝创始人頻陀罗籍多之孙,相传杀兄即位(前273,一说前288),除半岛南端外,统一全印度。他立佛教为国教。据传,在位时(前273—前232)建八万四千寺塔,在全国颁布敕令和教谕,刻制于摩崖和石刻,派遣传教师去四方传布佛教。

〔24〕 "者"字下原有一"者"字,当为衍文,删去。

〔25〕 敕置镇国道场:唐代宗时,经不空奏请,于五台山的金阁寺、玉华寺、华严寺、清凉寺、大历法华寺等五寺置镇国道场。

〔26〕 《四分律》:佛教戒律书,后秦佛陀耶舍与竺佛念共译,六十卷,为中国古代最有影响的佛教戒律,是唐代律宗所依据的基本典籍。

〔27〕 楚州:唐代楚州,治所在山阳(今江苏省淮安县)。

〔28〕 修座主:即天台山禅林寺(修禅寺)座主广修(770—843),天台宗道邃之弟子,传为天台宗第八祖。日本延历寺未决三十条,即广修所解答的。

〔29〕 修禅寺:在天台山。天台山有三寺,在顶称福林寺,在腰称国清寺,在麓称修禅寺。陈宣帝太建十年(578),给智顗在天台山修建寺院,命名为"修禅寺"。隋炀帝时,建国清寺,为天台宗根本道场。唐德宗贞元四年(788),修禅寺改称禅林寺。

〔30〕 敬文座主:天台山禅林寺僧人,天台宗七祖行满之弟子,与圆仁在扬州相识。

〔31〕 日本国无行和尚:比睿山传戒师,最澄(圆仁之师)临终时随侍人之一。

［32］ 批判：即台州刺史批语。

［33］ 王子寺：即王子烧身寺。按《古清凉传》，此寺为北齐时所建。宋以后称寿宁寺，今存。

［34］ 玉花寺：即玉华寺。《广清凉传》载，世传者有五百梵僧于此修习；《清凉山志》称，隋有五百僧人住此。唐代，不空在五台山建金阁寺后，又建玉华寺，并奏请以金阁寺、玉华寺等五寺为国家根本道场。明代，改称万寿寺。今俗称玉花池。

［35］ 相轮一安放在塔顶的金轮，有九重，称为相轮，又称九轮。

［36］ 武婆天子：即武则天。《古清凉传》卷上载，咸亨四年(673)，忻州道俗造铁塔一，高达丈余。《广清凉传》卷上载，长安二年(702)，敕万善寺尼妙胜于中台造塔，凡一期功毕，未说是否铁塔，也来说造几塔。

［37］ 町：日本的长度单位，一公里为9.167町。

［38］ 隽：意思是钻镂。别本作"雙"(双)字。

［39］ 间错石塔无数：《古清凉传》卷上：中台"有小石塔数十枚，并乡颓毁"。《广清凉传》卷上：中台"有小石浮图(塔)，其量千许，即后魏文帝所立也"。

［40］ 原文为"西"字，疑误。

［41］ 供养院：性质与普通院同，多设在巡礼者集中巡礼之附近，供应食宿，与现今招待所类似。招待所收费，供养院则不收，其经济来源为大寺供给或靠施主布施。

［42］ 香山：又称香醉山，在大雪山之北，中国古代称昆仑山，今称喜马拉雅山。婆罗门教传说山上为天界。

［43］ 文殊与维摩对谈处：维摩罗诘，或称毗摩罗诘，略称维摩诘或维摩，菩萨名。据说他本是在家居士，佛说法时，他托病不去，为的是让佛派弟子来问病，他可借机说法。他与佛弟子问答中，与文殊的对答最为有名。二人对谈处在五台山，当然是附会。

［44］ 西边有一天女，东边有一菩萨：《维摩经·观众生品》：舍利弗(佛弟子，智慧第一)化为天女，与维摩对谈。同经《香积佛品》：维摩化为菩萨，赴香积佛处受香饭，于座说法。维摩像之西边天女，似为舍利弗所化；东边菩萨，则是维摩受香饭时形象。

［45］ 八功德池：此处说在西台之西边。《广清凉传》提到西台有八功德水，未说位置。《清凉山志》说在西台之北。总之是指西台或其附近之某一泉水。称为八功德水，是喻指。佛家传说，须弥山有八功德水：澄净、清冷、甘美、轻软、润泽、安和、除过患、长养诸根。

［46］ 食泥土便斋：《广清凉传》卷上："石(食)泥和尚者，不知何代人也。闻诸古老人云：住西台，近东北谷下岩间修道，每至午际，搓泥成剂，以充中食，人莫能测。后不知其终。"这条记载，可能即圆仁所见之僧。

［47］ 刃：同仞，古代长度单位，陶方琦《说文仞字八尺考》：周制八尺，汉制七尺，东汉

末则为五尺七寸。千仞,形容其深。

[48] 钟楼谷:《广清凉传》卷下:"华严寺东北有楼观谷,谷内有金刚窟。"圆仁所说钟楼谷,应即楼观谷。

[49] 曾有一僧:圆仁《行记》开成四年七月二十三日条记载,此僧为进禅师,楚州龙兴寺僧,至五台从大华严寺志远受"法花三昧"。

[50] 堆:手稿本此字似"惟"、"帷"。

[51] 化地狱之处:《广清凉传》卷上记有"生地狱",去北台东不远,传闻张善和逐白兔而陷入,见有地狱,张善和打扫其傍藏经阁,因而得出。《清凉山志》卷二,记有"生陷狱",在北台后半麓,隋时张爱盗钱将归,堕陷于此,后念菩萨名,见白兔随出。

[52] 上米普通院:《广清凉传·天女三昧姑九》:传说有天女三昧姑,自称大圣命居此,亲自从山下背米面上山,后于唐贞元三年(787)去世。《清凉山志》卷二法云寺条:法云寺即唐三昧姑开化处。圆仁所见上米普通院,应是三昧姑所建。

[53] 那罗延:梵文音译,天界力士(金刚)之名。一说是梵天王之异名。

[54] 金刚窟:《清凉山志》卷二载,金刚窟在楼观谷左崖畔,乃万圣秘宅,神乐、经藏,俱收入此窟。传说唐高宗时,佛陀波利入此窟不出。此窟深度及内部情况如何,无人知晓,据说有人入窟后始终未出,为避免此类事件重演,已将此窟之口堵死。圆仁说:"波利才人,窟门自合,于今不开。"可见圆仁时已无门可入。现今金刚窟寺有金刚窟,深约一米半,口小幽暗,非原来之窟,乃是后人所造。

[55] 《佛顶尊胜陀罗尼经》——佛家说法:善住太子有受七度畜生恶道身之苦,帝释天怜之,到祇园精舍请释迦如来救济,释迦佛由佛顶现轮五形(顶有肉髻形,其上复有发髻,即重髻),说尊胜陀罗尼,令诵之。这里所现的轮五形,名为尊胜佛顶,即大日如来。他说的陀罗尼(密语,即咒),称尊胜陀罗尼、佛顶尊胜陀罗尼。《佛顶尊胜陀罗尼经》,有五译,其一为佛陀波利译。

[56] 广:因岩架成之屋,称为广。日本各本或作"户"。

[57] 转轮藏:即收藏经文的回转书架。在大层龛中心,建一柱,开八面,放置经文,安上机轮,使可旋转。

[58] 《窟记》:圆仁撰《入唐新求圣教目录》中,有《五台山金刚窟收五功德记》一卷,疑《窟记》指此。以《行记》推测,所谓"五功德",是指:一、摩利大仙七宝乐器;二、兜率天王之钟;三、迦叶佛之银箜篌;四、星宿劫第二佛之全身宝塔;五、振旦国之银纸金书及百亿四天下文字。

[59] 维卫佛:佛教有过去七佛之说,从释迦牟尼佛前溯至第七佛,称为七佛。维卫佛

为七佛中第一佛,又称毗婆尸佛。

　　[60]　摩利大仙:又称摩利支菩萨、摩利支提婆、摩利支天等。密宗所传之此菩萨,为武士之守护神,天女形相。不空译《摩利支天经》称:"有天名摩利支,有大神通自在之法。常行日前,日不见彼,彼能见日。无人能见,无人能知,无人能害,无人欺诳,无人能缚,无人能债其财物,无人能罚。不畏怨家,能得其便。"

　　[61]　拘留秦佛:又称俱留孙佛,为过去七佛中之第四佛。

　　[62]　兜率天王:佛家说法,世界中心为须弥山,山腹为四天王天。其上,第二层为忉利天,在须弥山顶。第三层为夜摩天。第四层为兜率天。兜率天依空而居,一昼夜为人间四百年,如此,则人间十四万四千年,方为此天一年。兜率天王为兜率天之王。一说,弥勒佛现居兜率天,即此天之天王。一说,此天王原在地狱,蒙释迦牟尼佛足下光照而出地狱,生于兜率天,所以称兜率天子。

　　[63]　四果:佛教所说的修行成果,有四等。一为预流果,或称入流果,指去凡夫初入圣道之法流;二为一来果,一来,一度往来,指尚须在欲界的人间与天界受生一度;三为不还果,指不再还来欲界之位;四为阿罗汉果,永入涅槃,不再来生三界。

　　[64]　初地:十地之一。十地又称十住,指既得信后进而住于佛地之位,初地为第一位。

　　[65]　迦叶佛:过去七佛中第七佛。

　　[66]　星宿劫:过去、现在、未来三大劫中,未来大劫之名。据称,此劫中有千佛出世,始于日光佛,终于须弥相佛。佛之出兴,如天之星宿,所以名星宿劫。星宿劫第二佛名龙藏佛。

　　[67]　振旦国银纸金书:振旦,或作震旦,即中国,是印度古代对中国称呼的音译。道宣所撰《祇园寺图说》卷下关于星宿劫第二佛之记述中有:"又有迦叶佛时,此震旦国一人书大毗尼藏(律藏)及修多罗藏(经藏)。修多罗藏银纸金书,毗尼金纸银书。书此经时,在今荆州大明寺处。……佛去世后,文殊收入此清凉山金刚窟中。"

　　[68]　百亿四天下文字:按佛家世界观,须弥山为天下中心,住于须弥山四方咸海中有四大洲,即:南瞻部洲、东胜神洲、西牛货洲、北俱卢洲。此四洲称为四天下。人类所居住世界,只相当于一个南瞻部洲。"百亿四天下文字",形容多国文字。

　　[69]　大超和尚:应为大悟和尚之误。大悟和尚,法照之谥号。《广清凉传》卷中记,法照曾见数十道白光,应为此处。

　　[70]　却到大华严纲维寺,于涅槃院安置:此句疑有笔误。日本诸本,有的改为"却到大华严寺,纲维等于涅槃院安置",或改为"却到大华严寺纲维寺,于涅槃院安置"。纲维本是寺院职名,指领导、维持寺内佛事者,如寺主、上座,维那,称为三纲。以"纲维"名寺,似不可解。

　　[71]　十二大寺:不明何指。《广清凉传·法照入化竹林寺十六》记:"每皇帝诞圣之日,

于五台山十寺普通兰若,设万僧供。《亡身徇道僧十七》记:"时院僧智顗,为五台山十寺都检校,主厘僧务。"也没明指哪十寺。

[72] 屯、端:唐代度量衡制,一端五丈,一丈六尺,一尺十寸。一屯六两。

[73] 转:指转读,只读每卷的初中后数行。这是佛教的一种仪式。

[74] 德阳日:唐文宗时,中书省奏以帝诞日为德阳节。

[75] 降诞:即生日。

[76] 汾州:今山西省汾阳县。

[77] 头陀:梵文音译,意译为去掉尘垢烦恼。佛教苦行之一。头陀共有二种修行规定:著粪扫衣(用破布缝制的衣服)、著三衣(三种不正色布制的袈裟)、常乞食、不作余食(一天只吃午饭)、住阿兰若(住远离人家的空闲处)、塚间坐(坐坟地)等。按这些规定修行的,叫修头陀行者,或称头陀。

[78] 供养主:劝募供养物以供养僧徒者。

[79] 一:手稿本原文为"于"字,疑误。

[80] 同结结缘:结缘,佛家术语,指于佛法结缘,创未来得度之缘。"同结结缘"一句,日本诸本有的改为"同结缘"或"同结因缘"。

[81] 天台教迹:指天台宗之经典、章疏等。圆仁不仅从五台山写取天台教迹,甚至取得五台山土石。他在《入唐新求圣教目录》中列记:"在五台山所求教迹及诸章疏传等三十四部三十七卷,并台山土石等三种。"附记有:"右件教迹等于大唐代州五台山大华严寺经夏写得,谨具录如前。然土石等者,是大圣文殊师利菩萨住处之物,圆仁因巡礼五台取得。缘是圣地之物,列之于经教之后,愿令见闻随喜者同结缘,皆大圣文殊师利眷属也。"

[82] 目录:即《入唐新求圣教目录》中五台山所取部分。

[83] 法讳:和尚之名,称法名,尊称为法讳。

[84] 空饭:空饭的本义是素食。《太平广记》引《广古今五行记》:"唐定州嘉定县人王珍断肉食。以咸亨五年入海运,船上无菜,人皆食肉。珍不食,唯餐空饭而已。"圆仁《行记》所用"空饭"一词,也是素食,但有招待之客饭意义,似是一种礼法。

[85] 三门:寺院正面大门,有左、中、右三门扉,称为三门。

[86] 坚固菩萨:密宗胎藏界九尊之一,位居第八,密号称超越金刚。

[87] 七佛教诫院:七佛,一般指过去七佛,即:维卫佛、式佛、隋弃佛、拘留秦佛、拘那含牟尼佛、迦叶佛、释迦牟尼佛。五台山所指七佛,似与此不周。《广清凉传》卷上,述南台灵迹有七佛谷,未作任何说明。《清凉山志》卷二述南台灵迹,有:"七佛洞,台西南二十里。古有七梵僧,至此入寂不起,遂立七佛像。"照此,则七佛指七梵僧。七佛教诫院当为七佛洞之寺

院,圆仁《行记》七月三日条记:从南台顶"向南下,行十七里许,于谷里有一院,屋舍破落无人,名为七佛教诫院",可证。

[88] 辟支佛牙:火化佛身时,全身化为细粒舍利,其右上颌牙不损,现形在灰烬中,称为佛牙舍利。这是指释迦牟尼佛牙。至于辟支佛,本是想象的产物,辟支佛牙显系伪托。

[89] 肉身舍利:《法苑珠林》舍利篇:"舍利有其三种:一是骨舍利,其色白也;二是发舍利,其色黑也;一是肉舍利,其色赤也。"此处所说"佛肉身舍利",不知何指,如指辟支佛肉身舍利,也是伪托。

[90] 树林:手稿本原文似为"杉林"或"枚林",疑误,姑以"树林"代之。

[91] 原文为"碧层","碧"字疑误。

[92] 金刚顶瑜伽五佛:密宗金刚界之法,有十万偈十八会,总名金刚顶。瑜伽教即密教总称。金刚顶瑜伽五佛指大日如来、阿閦如来、宝生如来、无量寿如来、不空成就如来。

[93] 不空——唐代僧人,为中国佛经四大译师之一,密宗创始人之一。原籍北天竺,一说师子国(今斯里兰卡)。十五岁出家,师事金刚智,随同来洛阳。金刚智死后,奉其遗命,率弟子含光等三十七人,至师子国和天竺广求密藏,天宝五年(746)返唐。代宗时,赐号"大广智三藏",加封"开府仪同三司","肃国公"。所译经典共七十七部,一百二十余卷。

[94] 那兰陀寺:古印度摩揭陀国王舍城东的著名寺院,在今印度比哈尔邦巴腊贡地方。全寺分八个大院,规模宏大,盛时主、客僧常达万人,为古代印度的佛教最高学府。12世纪被毁。

[95] 胁士:侍立在佛两胁的菩萨,也作挟侍、胁侍。

[96] 顶轮王瑜伽会五佛:顶轮王,金轮佛顶之异名。金轮佛顶像,为黄金色或白色,坐八叶白莲花上,手持拳印,顶有肉髻之形,其上更有发髻,形如轮王,所以又名顶轮王。顶轮王瑜伽会五佛,按不空所译《菩提场所说一字顶轮王经》,指:一字顶轮王、白伞盖佛顶王、胜佛顶王、高佛顶王、光聚佛顶王。一般统称为五佛顶。五佛顶信仰在盛唐时很流行。

[97] 《大藏经》:佛教典籍的丛书。以经、律、论为主,并包括印度、中国等国的其他佛教撰述在内。南北朝时称《一切经》,隋代以后才称《大藏经》。

[98] 大历十四年:大历,唐代宗年号。大历十四年,公元779年。

[99] 千辐轮相:佛的三十二相之一,佛的足下,有千辐轮之印纹。

[100] 原文为"大宗","大"应为"太"之误。

[101] 送袈裟使:指王玄策。《法苑珠林》卷二十九:中印度摩揭陀国阿育王故寺有佛足石。唐贞观二十三年(649),王玄策出使时写归。

[102] 含光:不空六大弟子(六哲)之一。开元十九年(741),随不空到师子国(今斯里

兰卡),在佛牙寺与不空等依止普贤阿阇黎受五部灌顶,学习密法三年。后随不空在武威开元寺从事灌顶译经。代宗大历元年(766),奉不空之命,到五台山修建金阁寺,后奉命为金阁等五寺上首。

[103] 肘:此处为长度单位。《大唐西域记二·印度总述》:"分一拘卢舍为五百弓,分一弓为四肘,分一肘为二十四指。"

[104] 原文为"等",疑为"寺"之误。

[105] 清凉寺:《古清凉传》卷上:孝文石室之东南,"相去数里,别有小峰,上有清凉寺,魏孝文所立。其佛堂尊像,于今在焉"。这里明确说明清凉寺为北魏孝文帝所造。而大孚灵鹫寺呢,《古清凉传》也说"本元魏文帝所立"。两寺差不多同时建立。圆仁《行记》说:"此五台山都号清凉山,山中造寺,此寺最初,故号清凉寺。"照此,可能清凉寺的建造稍早于大孚灵鹫寺。《行记》所说清凉寺"今管南台",日本有的本子改为属南台管,可参考。

[106] 零陵香花:零陵香,荁科。其花阴乾后,可作卧荐、坐褥,芳香长存。以南台顶为最。

[107] 五百里:《古清凉传·封域里数二》:"环基所至,五百余里。"

[108] 从东入台山:古代入五台山有四路,东路(河北等地入台):阜平县城—沙河谷—龙泉关—石咀—清水河谷—台怀镇;南路(长安、洛阳、太原等地入台):五台县城—阁道岭—厫阳岭—酱房村—清凉寺—金阁寺—竹林寺;西路:繁峙县城、代县城—峨口镇—岩头村—台峪口—狮子窝岭—竹林寺;北路:繁峙县城—滹沱河谷—南峪口—华严水谷—野子厂—太平沟—华严岭—台怀镇。

[109] 三方四维:三方,即除东路之外的西、南、北三路。四维,即四角、四隅,指四方之隅。三方四维,指其余各路。

[110] 四时八节:四时指春、夏、秋、冬四季。八节指立春、春分、立夏、夏至、立秋、秋分、立冬、冬至八个节令。

[111] 文殊化为贫女乞食:关于这一传说,《广清凉传》卷中所载略有不同。按《广清凉传》,贫女携抱二子,一犬随之。贫女无钱,剪发以施。后吃斋,贫女与二子俱足,又索犬食,僧勉强给予,又索腹中胎儿之食,僧呵叱不给。贫女即化为文殊,犬化为狮子,二子为善财及于阗王。后来,以贫女所施之发建塔供养,称为文殊发塔。发塔今在塔院寺。

[112] 孝文皇帝:北魏孝文帝元宏,在位时间471—499年。

[113] 文殊乞一座具地:《广清凉传》所记这一传说,与圆仁所记有出入。《广清凉传》卷上关于憨山条载:文殊化为僧人,向孝文帝乞一座具地,孝文帝许之。僧人张开座具,满五百里。孝文帝知其神,驰骑而去,回顾此山,跟随在后,孝文帝叱曰:"尔好憨山,何随朕耶?"因此而止,故名此山为憨山。

[114] 名为七佛教诫院：手稿本"七"字之上原有"名"字，当为衍文，删去。

[115] 八地超兰若：佛家修行之果，有十地之说。十地，又称十住，即十阶位。从第一至第四，都称"入圣胎"，第五至第八称"长养圣胎"，第九则相形具足而出胎，第十可住于佛地。"八地超"，指修行超越八地，将达最高果位。"兰若"即寺院。

[116] 渤海：国名。唐时战国靺鞨族等所建的地方政权，受唐封为左骁卫大将军、渤海郡王，改名渤海。最盛时全境包括松花江以南，以至日本海。有五京、十五府、六十二州。后为辽所灭。

[117] 起余者，谓之应公矣：引导我的，是称为应公的人（姓应的某一僧人，其名不详，所以称为应公）。

[118] 公，仆而习之，随师至浮桑：仆，自我低下的谦称。扶桑，又作浮桑，我国对日本的旧称。《南史·东夷传》："扶桑在大汉国东二万余里。"按地在东海之外，相当于日本的方向，故相沿以为日本的代称。此句大意是说，应公谦虚地向灵仙学习，随师到了日本。

[119] 小而大之，介立见乎缁林：介立，独立、出类拔萃的意思。缁林指佛教界（缁是僧人的法衣，代表僧人，缁林即僧众）。此句的大意是说，应公从微小而显赫，成为佛教界中的出众人物。

[120] 余亦身期绛物，负笈来宗霸业：绛物，深红色的袈裟。负笈，求学（笈，书籍，《后汉书·李固传》注：固"负笈追师三辅，学五经，积十余年"）。霸业，"霸"与"贝"同音，"业"与"叶"同音，霸业可解释为贝叶，古印度以贝叶写经，称贝叶经，贝叶代表佛经。霸业，也可解释为僧徒心目中的伟大事业，即成佛。所以，这一句的大意是说：我也希望能成为法师（穿袈裟），因而远来求学，学习成佛事业。

[121] 元和八年：元和，唐宪宗年号。元和八年，813年。

[122] 穷秋之景，逆旅相逢：穷秋，晚秋。逆旅，旅途，旅店。这一句意思是说，景色晚秋之时，在旅途中与应公首次相逢。

[123] 一言道合，论之以心：一经交谈，信仰相合，互表衷情，肝胆相照。

[124] 素至于周盐，小子非其可乎：素小子，都是贞素自称。周盐，成就之意（《易经》："知周于万物。"周有无所不知之义。盐，有丰满、艳丽之义。周盐可解为成就。这一句的意思是说："我贞素能够有所成就，并不仅仅凭借自己之所长，乃是有赖于应公教化的恩典。"

[125] 居诸未几，早向鸰原——《诗经·国风·邶一之三》："日居月诸。""居诸"是说话的口气。《诗经·小雅·常棣》："脊令在原，兄弟急难。"在《群书治要》本中，"脊令"作"鹡鸰"。《常棣》这句的意思是说，那鹡鸰是个水鸟，一时失了群，落在野地里，或是飞着叫着，或是下来走着，这是只有兄弟能够相救的急难呀!后来，便以"鹡鸰"喻兄弟，而以"鸰原"喻急难。"居诸未

几,早向鸰原"的大意是说:不久,便像奔赴兄弟急难那样去了。这一句,没有主语,不知是贞素本人还是应公去了,也不知是去了哪里。缺乏史料,无从臆断。日本盐人良道补注以为,是贞素奉师命赴日本,此意见可供参考。

[126] 鹡鸰之至,足痛乃心:意思是说,兄弟情意极深,不仅是救助,而且听到了也会痛心疾首。

[127] 此仙大师是我应公之师父也:此仙大师,指灵仙。"是我应公之师父也"一语,可以有两种解释:是我贞素及应公共同之师父;二,是我贞素之师应公之师父,即我贞素之师祖。日本盐入良道补注,解释灵仙为贞素及应公共同之师父,恐欠妥。

[128] 妙理先契,示于元元:契,投合。元元,众人。《国策·秦策一》:"制海内,子元元,臣诸侯。"鲍彪校注:"元,善也,民之类善,故称元。"这一句的意思是说:早就悟解佛家的妙理,显示于众人(为众人所知)。盐入良道补注以为,"元元"本义指基本义理。此句指很早就通达于佛法的基本玄理。

[129] 长庆二年,入室五台:长庆,唐穆宗年号。长庆二年,822年。入室五台,指的是到五台山探求佛教奥义。

[130] 每以身厌青瘀之器:佛家有"九想"之说,为观禅不净观之一种。所谓九想,即对人之尸相,起九种观想:一、胀想(死尸之膨胀);二、青瘀想(风吹日晒而死尸变色);三、坏想(死尸之破坏);四、血涂想(破坏后,血肉涂地);五、脓烂想(脓烂腐败);六、噉想(鸟兽来噉死尸);七、散想(鸟兽噉后而筋骨头手分裂破散);八、骨想(血肉既尽,只有白骨狼藉);九、烧想(白骨又火烧,归于灰土)。"每以身厌青瘀之器"是说,常常作九想观,把身体看作青瘀之物而厌恶之,轻视之。

[131] 不将心听白猿之啼:白猿不一定实指白色猿猴。世有断肠猿之说,其啼声悲哀,闻听之后,感到哀痛。但于佛理大彻大悟之后,对白猿之啼无所动心,不予理会。

[132] 长庆五年,日本大王远赐百金,送至长安:长庆,唐穆宗年号。长庆仅四年,穆宗去世。长庆五年,应是唐敬宗宝历元年,即825年,当日本淳和天皇天长二年。

[133] 小子转领金、书,送到铁勤:指贞素转领日本大王所赐金、书,送到五台山铁勤寺。《广清凉传》卷上记西台十二古寺,有铁勤寺。又记"东峨谷南有铁勤寺"。

[134] 得遂钟无外缘,期乎远大:此句费解。按佛家说法,三界唯心,心外无缘(与心外无任何关系),这是佛家修行的很高境界。此句似说:达到专心致志,不受外界干扰的境界,只求达到远大目的(远至日本)。盐入良道补注:有赖于所有因缘的庇护,终于能够达到此远大目的。不知何据。

[135] 以太和二年四月七日,却到灵境寺求访:手稿本为"大和二年",应为"太和二

年”之误。太和，唐文宗年号。太和二年，828 年，当日本淳和天皇天长五年。到灵境寺求访，《广清凉传》卷上记南台今益寺中有灵境寺。贞素于长庆五年在铁勤寺见到灵仙，受灵仙之托赴日本，而太和二年到灵境寺求访时，灵仙已死日久。可见，灵仙约死于 825—828 年之间。

　　[136]　便泛四重溟渤，视死若归：溟渤，溟海和渤海，此处比喻大海。两次来回为四次。这一句的意思是说：便视死如归地冒险四次渡海。

　　[137]　连五同行李(旅)，如食之顷者，则应公之原交所致焉：连续五次行旅，好像吃饭那样迅速、平常，这是由于与应公有很久交情才这么做的。这五大旅行，小野胜年以为是：渤海—日本—渤海—唐—日本—唐。盐入良道以为是由长安、五台到日本连续两次往返的“五大”旅行(五非实指)。

　　[138]　吾信始而复终，愿灵凡兮表悉：有始应有终之说，我是相信的，实行的，因此，尽管灵仙大师已死，我希望凡俗及死去的灵魂都能知道(按上下文意，贞素送金到灵境寺，灵仙已死，贞素仍将负责处理此金，可能是回长安处理)。

　　[139]　空留洞水呜咽千秋之声，仍以云松惆怅万里之行：云松，指高耸入云之松，从毫末之微长成合抱之木，需要很长时间。这一句的意思是说：洞水呜咽之声，千秋万载如此，人已死去，洞水空自呜咽，但我仍将长期怀念他，完成万里之行。

　　[140]　四月蓂落，如一首途望京之耳：蓂即蓂荚，传为尧时灵草，初一到十五每天长一叶，从望到朔再每天掉一叶，所以看蓂荚可知日历。“四月蓂落”是说已到四月蓂落之时(后半月)。首途，起程，上路。杜甫《敬寄族弟唐十八使君》：“登陆将首途，笔札枉所申。”京，指京城，即当时长安。此句的大意是说：已经四月后半月了，我将一如既往，启程奔赴长安。

　　[141]　不航尘心泪自涓：航，航行。佛家思想以为，现实世界一切苦，称为此岸。涅槃无生无死，常乐我净，称为彼岸。佛法如同由此岸到达彼岸之船，修行者可以乘佛法之船航行到彼岸去。“不航”，则是不去修佛法，意为不觉悟。尘心，受世俗事物污染之心。涓，细流。这一句的意思是说：我贞素不觉悟，受尘心牵累，不自觉地流泪。

　　[142]　情因法眼奄幽泉：法眼，佛家以菩萨智慧能照见一切法门，称为法眼。《大经》慧远疏曰：“智能照法，故名曰法眼。”这里是对灵仙的美称。幽泉，指地下。这一句是说：我为什么流泪呢？因为灵仙长眠于地下呵。

　　[143]　明朝傥问沧波客：傥，同倘。沧波客，飘泊无定之人，指贞素自己。这一句的意思是说：以后倘若有人问我，灵仙何在？

　　[144]　的说遗鞋白足还：菩提达摩于梁朝时由印度到达金陵(今南京)，与梁武帝萧衍谈佛理，武帝不能理解。达摩便北行至魏，止于嵩山少林寺，面壁九年，死后葬于熊耳山。后来，魏的宋云出使印度归国，在葱岭遇到达摩，见达摩腰挂一只鞋，光脚行走。宋云问何往，

《五台山行记》古籍校注

达摩答道:不得"机缘",回西方去。于是,飘然离去。以后发掘魏帝墓,见到有只鞋。"遗鞋白足还"便用的此典。这一句承上句之问而答,意思是说:我可以确实答告,灵仙的尸骨虽在五台山,但他一定已经像当年达摩遗鞋中国一样,光脚回乡了(回到日本去了)。

[145] 原文为"大原",疑误。太原为河东节度使治所。

[146] 楼至佛:又称卢至佛、楼由佛、卢遮佛,为贤劫千佛中最后之佛。劫末后才成佛,现今是执金刚神。又称密迹金刚、圣金刚菩萨。

[147] 写之在别:圆仁《入唐新求圣教目录》有《五台山大历灵境寺碑文》一卷,"写之在别"指此。

[148] 神通和尚:应为神英和尚。神英,禅宗实际创始者慧能的再传弟子。慧能所创的禅宗风行全国,其弟子荷泽神会的活动起了很大的作用。而神会就是神英之师。《广清凉传·神英和尚入化法华院十四》:"释神英,俗姓韩氏,本沧州人也。……诣南岳参神会和尚。他日谓英曰:汝于五台山有大因缘,速须北行。以开元四年(716)……到山愿礼大圣。"神英到五台山后,创建法华寺,"远自易州,求采玉石,制造尊像,罢琢精绝,功妙入神。壁画多是吴道子之真迹。院成工毕,费盈百万"。终年七十五岁。据此,神英当为禅宗。按圆仁记载,神英依天台宗"法花三昧"修行,常念"法花经",到840年刚死数年。二者记载,出入甚大。

[149] 六根清净:眼耳鼻舌身意,称为六根。按佛教说法,消除六根自无始以来的罪垢,以无量功德庄严之,使之清净洁白,叫六根清净,由此可得功位。

[150] 佛光寺:《古清凉传》卷上:"(南)台西有佛光山,下有佛光寺,(魏)孝文所立。有佛堂三间,僧室十余间。"历代随毁随修,其东大殿建于唐大中十一年(857),为国内现存最古的木构建筑之一。

[151] 思阳岭:即虒阳岭。唐高祖李渊之祖名李虎,唐代避李虎的讳,改虒阳岭为思阳岭。

[152] 大贤岭:即今阁子岭,山下今有南大贤、北大贤二村。民间传说,古代有一良母,大孩不是己生,小孩是亲生,因而走路时背负大孩而拖小孩,人称大贤,故以此地名大贤村、大贤岭。

[153] 五台南山门也:五台山有东、南、西、北四门。南门有三层,第一层称大关,在河边村附近。又称虎牢关。次为阁子岭(即圆仁所称大贤岭),昔有"阁道穿云"之景。第三层为阁子岭东北十余里的虒阳岭。圆仁这里所说"五台南山门也",指的是第二层门。

[154] 代州所管五台县:隋、唐、五代时,五台县属代州所管。

[155] 胡陁河:即滹沱河。

[156] 忻州定襄县七岩寺:忻州,今忻县。定襄县城东南十余里,有七岩山,其上有寺,名七岩寺。

[157] 胡村:今定襄县南有湖(胡)村。

[158]　宋村:今忻县城东南。

[159]　石岭镇:手稿本为"名岭镇","名"为"石"之误。石岭镇,在忻县与阳曲县之间的石岭关下。

[160]　大于:手稿本为"大干",应为"大于"之误。即今石岭关南面大盂镇。

[161]　蹋地店:阳曲县有北塌地(北塔地),应即圆仁所说蹋地店。

[162]　白杨:阳曲县北有柏杨树之地名。

[163]　三交驿:阳曲县北三交村,古为三交驿。

[164]　古城:即太原府古城。

[165]　北京:即太原。《读史方舆纪要》山西条:"太原府,禹贡冀州地,春秋时属赵,秦置太原郡,唐初曰并州。武后长寿元年(692),置北都,旋复曰并州。开元十年(722),又置北都,改并州为太原府。"《小学绀珠》地理类:四京为"中京(京兆)、东京(河南)、北京(太原)、西京(凤翔)"。

[166]　鸠摩罗什:(344—413),后秦僧人,中国佛教四大译经家之一,父籍天竺,生于西域龟兹国(今新疆库什一带),七岁出家,博读大小乘经论,名闻西域诸国。后入后秦,后秦待以国师之礼,所译佛经总数,说法不一,一说三十五部二百九十四卷,一说七十四部三百八十四卷。据传,弟子三五千,著名者数十人。

[167]　盂兰盆会:也称盂兰盆节、盂兰盆斋、盂兰盆供,又称中元节,后称鬼节。佛教节日,每逢阴历七月十五举行。"盂兰盆",梵文音译,意译为救倒悬。《盂兰盆经》载,释迦弟子目连,看到死去的母亲在地狱受苦,如处倒悬,求佛救度。释迦要他在七月十五备百味饮食,供养十万僧众,可使母解脱。佛教徒据此神话兴起盂兰盆会。节日期间,除施斋供僧外,寺院还举行诵经法会,举办水陆道场,放焰火、放灯等宗教活动。

[168]　自恣:佛教术语。旧律七月十六日,在新律为八月十六日,使其他信徒恣意列举自己所犯之罪,对其他僧人忏悔,所以称自恣。又称随意,随他人之意而恣意举出自己所犯之罪。实际上,相当于批评和自我批评。

[169]　节度同将:为节度使下属之军官,其待遇、荣誉等同于中央十军之监军使。中央十军为:左右羽林军、左右亲武军、左右神武军、左右神策军、左右神威军。

[170]　文殊大会:佛家之说:弥勒菩萨现在兜率天,经当来九十六亿七千万年成佛,在华林园中龙华树下开三番法会,普及人天,称为龙华会,或龙华三会。初会说法,九十六亿人得阿罗汉。第二大会说法,九十四亿人得阿罗汉。第三大会说法,九十二亿人得阿罗汉。信仰弥勒与信仰文殊是会通的,如《文殊师利法宝藏陀罗尼经》就以文殊为佛的右胁侍,而以弥勒为左胁侍。此处文殊大会,即指龙华会。

再版后记

　　《清凉三传》的注释完成是在二十五年前的 1987 年，这是我们校注的第一部佛教古籍。搜集资料的不易、佛教典籍文字及术语的艰涩、工作和家务的重负都未成压力，倒是朋友们的劝诫，常使我们有些惶惑。1984 年赵朴老先生在全国政协会上有一篇讲话题目就是"落实宗教政策还须花大力气"。之后数年，赵朴老先生不断演讲和著文，申说佛教是文化，佛教对中国的文化发生过很大影响和作用……但在我们当时所处的雁北，我们的所做还是有些不合时宜。

　　1989 年的《古清凉传　广清凉传　续清凉传》校注得以出版，面世后反响平平。我们倒也无所萦怀，古人说：世情推物理，人生贵适意。我们不过尽心而已。到本世纪初有人时对《古清凉传　广清凉传　续清凉传》的每一传前言提出批评，客气点的说是"苛求古人"，不客气的就说我们对佛门不敬。我们倒也坦然，自认是在特定的历史时期做了我们该做的事、说了我们能说的话罢了。当然，对所持观点，我们更加谨慎，做了比较深入的研究，争取做到符合历史真实。这其中最主要的一个就是：佛教何时传入五台山？

　　佛教何时传入五台山？《古清凉传》中作者慧祥说："寻岭渐下三十余里，至大孚图寺。寺本元魏文帝所立……创兹寺宇。"大孚图寺就是别的传中所说的大孚灵鹫寺，即今显通寺。一般认为，大孚灵鹫就是五台山的开山寺院。当代论者包括我们，据此当时就认为五台山佛教始于北魏时，现在看来此说值得推敲。首先,统观《古清凉传》,作者记载了他自己亲历事和亲耳听到的传闻,听到的能具体到高齐、大隋、初唐时人和事,有的久远到难说具体年代,便以"昔有……"来叙述,这都属事证,即目所能见了亲耳所闻事。但少理证,即据事实说理推证。其次,佛教从汉明帝"夜梦金人""白马驮经"传入中国,这只是朝廷正式承认、接纳佛教。而我们知道,印度孔雀王朝的阿育王死后,巽伽王朝(约前180—前75年)曾大兴毁佛,许多僧人逃离印度,到达西域。这其中一部分人走入上层(恐怕也只是少数),一部分是苦行乞食游方的行脚僧——比丘的意译就是乞士——继续东行。据说汉明帝时译出的《四十二章》里就说游方僧"日中一食,树下一宿,慎不再矣"。如果游方过程中身体出了毛病,或是信众挽留,结个茅庵多住几日,也是情理中事。早期佛教是讲神通的,他们走了,这里就留下了有关菩萨、罗汉的传说。晋以后佛教大盛时,也许又有僧人来此立祠寺,或有信佛者以此为圣迹,逐渐就传成这里汉代就立寺了。这些"佛寺"断非唐宋以来人们心目中寺院的样子,其规制不可同日而语。慧祥传中也说:"此山诸处,圣迹良多,至于感激心灵,未有如此也。"他还记了一个听说的故事,说"昔此寺有三沙弥"受人指点,访觅灵隐,"日午后,云间飘然如匹帛,下落树前,乃一丈夫也,散发高耳,色如桃花……卒不开言,沙弥放之,腾空而去"。这位伟丈夫会腾挪,从装束到肤色都不是中原人物,反映出唐之前五台山上大孚图寺之外很早以前就有不少修行人了。再次,历史上汉末和曹魏时虽然佛教已经传入,但汉人是不许出家的,也只许西域僧立寺。当时人们把佛徒斋戒和中国传统祭祀、祭祖混为一谈,把西域僧的斋戒之所都称为"祠",稍后又称为"祠寺",到西晋武帝司马炎时才"大弘佛事,广树伽蓝",允许汉人出家立寺。慧祥在传中记道:"大孚寺东北二百步,有五中祠。祠,隋末火烧,唯有处所。"可见,也在台怀,离大孚图寺不远就有"祠",慧祥所见只有地点可指。这"祠"大致不是汉民祭山、祭神、祭祖宗的祠堂,它的古老引人遐思。第四,关于摩腾、竺法兰,南朝刘宋以前不见记载,但寺方志传和佛教传记中记载颇多。如《四川通志》中记,大邑县雾中山寺也是摩腾、竺法兰于永平十六年建的。可见,摩腾、竺法兰两位印度僧人具体情况如厥如,但作为早期西域高僧来华的事实,他们是一个文化符号、一个象征。汉末曹魏时五台山有祠寺也只能托名西域来的高僧,这两位又盛名在外，就成为五台山最早的立寺僧了，如此而已。《古清凉传》一开始引《仙经》说"五台山名为紫府，常有紫气，仙人居之"，此论者便说慧祥认为北魏之前五台山是中国传统神仙所居。但紧接着慧祥便引《括地志》其中所说："……止者悉栖禅之士、思玄之流……法雷震音……慈觉之心……"又全是说佛教。佛教初传时，把"菩提"译为"道"，一些僧传中也常有"道人"一词出现。可知佛教早期常常用中国传统的道家、神仙思想和说法来解释佛教，慧祥所处的初唐时期还没有完全摆脱这种遗风。

季羡林先生曾在《佛教的传入中国——两种文化的撞击和吸收》一文中说：佛教传入中国"肯定早于汉明帝……至晚在公元 1 世纪中叶，佛教已经得到了比较广泛的传播"。这一观点已成为当代许多佛学界大家的共识。应该说，北魏时五台山上可能建了较大的佛寺，但佛教传入五台山不会是从北魏才开始的。

其实，佛教究竟何时传入五台山不应成为关注的重点，中国佛教两千多年来已成为中国传统文化中重要的组成部分，佛教的利生济世思想，就是以"人"为中心，运用般若智启迪智慧，净化人心。五台山是文殊菩萨道场，文殊在佛教中就是智慧的化身。现在的人当从浮躁的事务中偷一日之闲，登上台山，让雄深幽奇的绮丽风光荡涤心胸，或者能得到从未有过的慧悟呢。

冯巧英

2013 年 1 月于太原